심방
설교
110

다양한 상황에 맞는 맞춤 심방설교문 110편

심방설교 110

정영교·노지훈 지음

아가페

서문

　목사나 교회지도자에게 심방은 아주 중요한 사역입니다. 갈수록 성도의 가정심방이 어려워지는 시대지만 꼭 가정심방만 있는 것은 아니기에, 언제 어디서나 심방으로 위로와 격려, 영적 성장이 있을 수 있습니다. 목사는 목양 경험에서 나오는 많은 사례를 참고로 그 상황에 맞는 말씀을 전해, 영적 육적으로 성도를 세우는 데 책임이 있습니다. 성도는 심방을 통해 마음의 안정을 누리고 영적으로 성장하기도 합니다. 또 기쁨과 소망을 되찾기도 합니다.

　하나님의 축복은 관계를 통해 얻을 수 있습니다. 목사는 심방을 통해 성도로 하여금 하나님과의 관계, 이웃과의 관계를 점검하게 하면서, 더욱 하나님 앞으로 나아가게 합니다. 하나님은 그리스도를 통해 모든 신령한 복을 우리에게 주셨으므로, 문제가 있을 때는 하나님께 더 가까이 나아가야 합니다.

　심방은 상황 속에서 잊어버린 하나님을 찾게 합니다. 예수님은 우리의 모든 상황을 분명하게 알고 해결하고 치유하십니다. 역대상 29장

11-12절에 "여호와여 위대하심과 권능과 영광과 승리와 위엄이 다 주께 속하였사오니 천지에 있는 것이 다 주의 것이로소이다 여호와여 주권도 주께 속하였사오니 주는 높으사 만물의 머리이심이니이다 부와 귀가 주께로 말미암고 또 주는 만유의 주재가 되사 손에 권세와 능력이 있사오니 모든 사람을 크게 하심과 강하게 하심이 주의 손에 있나이다"라는 말씀이 있습니다.

 심방은, '하나님이 내게 어떤 변화를 원하시는가?' '영육 간에 질병을 가져오는 어떤 죄가 내 삶에 있는가?' '하나님은 이 모든 것에서 어떻게 영광받기를 원하시는가?' 하는 것들을 점검하게 합니다.

 이 책이 다양한 상황에서 어려움을 겪고 힘들어하는 성도들을 심방해 그들에게 격려와 위로를 주는 데 도움이 되기를 소망합니다. 더 나아가 그들이 하나님의 말씀을 통해 스스로 문제를 파악하고 적용해, 하나님께 영광 돌리는 그리스도인이 되기를 주님의 이름으로 소망합니다.

> 차례

서문 4

1장 약혼 및 결혼

양쪽 모두 신자인 경우 11 | 한쪽이 불신자인 경우 14 | 믿지 않는 가족이 있는 경우 17 | 신혼 가정 20 | 재혼 가정 23

2장 생일, 각종 축하, 교회 임직

백일·돌 29 | 생일 32 | 회갑·고희 35 | 입학 38 | 졸업 42 | 합격 45 | 취업 48 | 승진 51 | 제대 54 | 출산 57 | 개업 60 | 사업 확장 63 | 수상 66 | 입주 69 | 건축 1(착공) 72 | 건축 2(준공) 75 | 세례 받은 경우 78 | 집사 안수 및 장로·권사 취임 81 | 직분자 임명 84

3장 애도와 추모

신자의 임종 89 | 불신자의 임종 92 | 신자의 부모상 95 | 불신자의 부모상 98 | 부모가 연로해 임종한 경우 101 | 사고사 104 | 지병으로 임종한 경우 107 | 자살 110 | 배우자의 임종 113 | 자녀의 임종 116 | 입관 119 | 발인 122 | 하관 125 | 장례식 이후 128 | 추도식 131

4장 병문안

신자 본인 및 가족 137 | 불신자 140 | 사고로 입원한 경우 143 | 노년의 병 1(중풍) 146 | 노년의 병 2(치매) 149 | 정신질환(우울증 등) 152 | 수술 전 155 | 수술 후 158 | 암 환자 161 | 장기 입원 환자 164 | 퇴원 167

5장 위로와 격려

예기치 못한 재난을 당한 가정 173 | 경제적으로 어려운 가정 176 | 신앙 때문에 핍박받는 경우 179 | 시험이나 사업에 실패하거나 실직한 가정 182 | 고부 간에 갈등이 있는 가정 185 | 지체장애인이 있는 가정 188 | 이혼한 가정 191 | 사별한 가정 194 | 가족 간에 불화가 있는 가정 197 | 실종자가 있는 가정 200 | 수감자가 있는 가정 203 | 화재를 당한 가정 206 | 오랫동안 임신을 기다려 온 가정 209 | 이단에 미혹된 가족이 있는 가정 212 | 부모와 자녀 간에 갈등이 있는 가정 215 | 자녀가 문제를 일으킨 경우 218 | 가정폭력으로 어려움을 겪는 가정 221 | 부부 중 한쪽의 외도로 위태로운 가정 224 | 노부모를 모시는 가정 227 | 노부모와 불화한 가정 230

6장 일반 심방

교회에 새로 등록한 가정 235 | 초신자 가정 238 | 이사 가는 가정(다른 교회로 옮김) 241 | 이사 온 가정(다른 교회에서 옴) 244 | 불신자가 있는 가정 247 | 믿음에서 떠난 가족이 있는 가정 250 | 교회 출석률이 낮은 가정 253 | 주일 성수가 힘든 가정 256 | 교우 간에 문제가 있는 경우 259 | 십일조 때문에 시험 든 가정 262 | 인간관계로 시험 든 가정 265 | 교회 문제로 시험 든 가정 268 | 귀국한 가정 271 | 이민 가는 가정 274 | 입대할 자녀가 있는 가정 277

7장 직장 심방

회사원 283 | 교사 286 | 언론·출판인 289 | 자영업자 292 | 기업경영인 295 | 농어업·목축인 299 | 정치인 302 | 법조인 305 | 의료인(의사, 간호사, 약사) 308 | 음악가 311 | 건축업자 314 | 군인 318 | 체육인 321 | 문인·예술인 324 | 프리랜서 327

8장 불신자 심방

나중에 믿겠다는 사람 333 | 죄가 많아서 못 믿겠다는 사람 337 | 경제적 여유가 생기면 믿겠다는 사람 340 | 죄가 없다고 생각하는 사람 344 | 의심하는 사람 347 | 미신을 좇는 사람 351 | 교만한 사람 355 | 어떻게 믿어야 하는지 잘 모르겠다는 사람 358 | 가정의 핍박이 두려운 사람 361 | 하나님의 존재를 부인하는 사람 364

1장

약혼 및 결혼

Sermon for Visiting

양쪽 모두 신자인 경우
하나님의 설계도를 따라 살아가는 부부
_창 2:18-25

두 사람과 두 가정의 아름다운 만남을 축복합니다. 두 분의 만남과 가정을 향한 하나님의 계획과 설계를 잘 깨달아 이 땅에서 천국의 모델 하우스를 만들어 갈 수 있기를 소망합니다.

돕는 배필
두 사람은 하나님께서 '돕는 배필'로 서로 만나게 하셨음을 늘 잊지 말아야 합니다. 하나님이 보시기에 아담 혼자 사는 것이 좋지 않았습니다. 그래서 아담을 도울 수 있는 배필을 만드셨습니다. 그가 바로 하와입니다.
이기적인 인간의 심성은 돕는 삶을 터부시합니다. 누군가를 돕는 자로 사는 것을 하등한 존재가 되는 것으로 느낍니다. 그래서 어느 공동체에서든 돕는 자가 되길 꺼립니다. 그런데 돕는 자는 오히려 힘이 있는 위대한 존재입니다. 시편 기자의 고백을 보면, 전능하신 하나님도 이스라엘을 돕는 자로 묘사됩니다. 도울 힘과 능력이 있기 때문에 누군가를 돕는 것입니다.

두 사람이 서로 도우면서 살아가길 바랍니다. 그러면 사랑이 싹트고 행복이 찾아옵니다. 돕는다는 것은 결코 자존심 상하는 일이 아니며, 하등한 존재가 되는 것도 아닙니다. 상대방보다 못해서 돕는 게 아니라는 것입니다. 오히려 서로가 돕는 자가 될 때 부부의 삶과 가정은 더 아름다워질 수 있습니다.

변치 않는 사랑 고백

하나님은 아담의 갈빗대 하나를 취해 하와를 만드셨습니다. 그러므로 남편은 아내를 절대로 무시하면 안 됩니다. 자신의 몸에서 취한 갈빗대기 때문입니다. 그리고 흙으로 지음 받은 자신보다 더 좋은 재료로 만들어진 존재기 때문입니다. 부부는 서로를 대할 때 자신의 몸처럼 아끼는 마음이 있어야 합니다. 상대방을 존중하는 마음을 가져야 합니다. 자신보다 더 소중한 존재임을 인정해야 합니다. 그렇게 살아가면 행복해질 수 있습니다.

아담은 하나님이 이끌어 오시는 하와를 보면서 감탄하며 이렇게 고백합니다. "내 뼈 중의 뼈요 살 중의 살이라"(23절). 이게 무슨 말입니까? '당신이 바로 나입니다. 당신을 보니 나를 보는 것 같습니다'라는 고백입니다. 일체감을 느낀 것입니다. 자신과 하나임을 발견한 것입니다. 이 고백이야말로 세상에서 가장 아름다운 연인들의 사랑 고백입니다.

살아가면서 이 고백을 많이 그리고 자주 하십시오. 결혼식 날이나 신혼 초기에만 하지 말고, 힘들 때나 속상할 때 혹 얼굴을 마주 하고 싶지 않을 때도 의식적으로 이렇게 고백하십시오. 성령님이 그 사랑의 고백대로 만들어 주실 것입니다. 평생 이 사랑의 고백을 하며 살기를 당부합니다.

떠남과 연합, 그리고 벌거벗음

성경이 제시하는 부부의 길이 있습니다. 먼저 부부는 부모를 떠나야 합니다. 결혼하면 두 사람 모두 각자의 부모에게서 독립해야 합니다. 경제적·정신적·영적인 모든 면에서 독립이 이루어져야 합니다. 이 말은 부모를 내팽개치고 관계를 단절하라는 뜻이 아닙니다. 부모와 연결되어 있는 탯줄을 끊으라는 것입니다. 이 탯줄을 끊지 않아 어려움을 당하는 부부가 실제로 많이 있습니다.

부부는 연합해 한 몸을 이루어야 합니다. 연합한다는 것은 상호 완전히 결합되어 소속감을 갖는 것을 말합니다. 이는 마치 종이 두 장을 아교풀로 붙이는 것과 같습니다. 부부는 이렇게 한 몸을 이루어야 합니다. 육체적 연합뿐 아니라, 정신적·정서적·영적 연합까지 이루어야 합니다. 부부를 일심동체라고 하지만, 사실 많은 부부가 이 온전한 연합을 이루지 못한 채 살아갑니다.

또 부부는 벌거벗어도 수치를 느끼지 않는 관계입니다. 물론 이 일은 부부관계에서만 이루어져야 하며, 이때도 부부는 수치심과 부끄러움을 느끼지 않는 관계가 되어야 합니다. 육체적 벌거벗음뿐 아니라, 정서적·심리적 벌거벗음에도 부끄러움이 없어야 합니다. 혹 상대에게서 약점과 허물이 보여도 수치심을 느끼지 않게 해주어야 합니다.

지금부터 죽음이 갈라놓는 순간까지, 하나님의 설계도를 따라 서로 돕는 배필로 지금의 사랑 고백을 영원히 이어 가시길 바랍니다. 그래서 완전한 연합의 기쁨과 만족을 누리는 부부가 되어, 이 땅에서 가장 아름다운 천국의 모델 하우스를 만들어 가길 기원합니다.

한쪽이 불신자인 경우
아름다운 동반자로 살아가는 부부
_벧전 3:7

두 사람의 만남은 우연이 아닌 필연이요, 두 사람의 선택만이 아닌 하나님의 주도로 이루어진 것입니다. 죽음이 두 사람을 갈라놓는 순간까지 이 소중한 만남이 아름다운 관계로 지속되길 바랍니다.

바른 지식 갖고 살기

고대사회를 비롯해 과거에는 남존여비 사상과 가부장적 권위 의식이 팽배했습니다. 그러나 행복한 부부가 되려면 세상 사람들이 갖고 있는 그런 지식체계가 아니라, 성경이 제시하는 하나님의 지식을 따라 살아가야 합니다. 그럴 때 진정으로 행복한 부부생활을 할 수 있습니다.

성경은 남자와 여자가 평등한 존재임을 강조합니다. 그리고 하나님이 배필로 부부의 만남을 허락해 주셨다고 말합니다. 또 남편이 아내에게, 아내가 남편에게 어떻게 해야 하는지에 대한 구체적인 가르침도 주고 있습니다. 성경이 가르치는 이러한 삶의 원리와 공식을 따르면 분명히 행복하게 살아갈 수 있습니다.

간혹 결혼생활에 대해 주변 사람들의 충고나 조언을 맹목적으로 따르려는 사람들이 있습니다. 예를 들어, "신혼 초에 기선을 제압해야 평생 편하게 살 수 있다는 걸 명심해!" 같은 것입니다. 그러나 이런 조언은 결코 성경의 가르침과 맞지 않습니다. 성경은 예수님처럼 서로 종으로 섬기라고 말하기 때문입니다. 부부가 서로 섬기는 종으로 살아가면 자존심이 상하게 되는 것이 아니라, 행복으로 가는 지름길로 들어서게 됩니다.

행복한 부부가 되고 아름다운 가정을 꾸미길 원한다면, 부부가 꼭 하나님의 말씀과 지식을 따라 살아가야 합니다. 더불어 아내는 남성 심리, 남편은 여성 심리에 대한 지식이 있어야 합니다. 그리고 각각의 성 심리에 대한 지식도 있는 게 좋습니다.

더 연약한 존재

남편은 아내가 얼마나 연약한 존재인지 알아야 합니다. 흙으로 만든 질그릇과 같기에 자칫 살못하면 쉽게 깨시고 부서집니다. 여자는 남자보다 신체적으로 더 약하고, 정서적으로도 상처받기가 쉽습니다. 그렇기 때문에 함부로 대해서는 안 됩니다. 깨지고 부서지기 쉬우니 세심한 관심을 기울여 돌보아야 합니다.

부부는 먼저 자신의 배우자가 얼마나 귀한 존재인지 알아야 합니다. 배우자는 이 세상의 30억이 넘는 남자와 여자 중에 고르고 고른 자신의 반려자입니다. 어느 누구와도 바꿀 수 없는 소중한 존재인 것입니다. 그러니 고려청자나 이조백자 같은 귀한 그릇을 다루듯 조심히 대해야 합니다. 말 한마디, 눈짓 하나, 행동 하나에 서로 상처받을 수 있음을 잊지 마십시오.

자칫 여자만 연약하다고 생각하기 쉬운데, 남자도 마찬가지입니다.

남자도 외롭고 힘들 때가 많습니다. 그래서 때때로 위로와 격려가 필요합니다.

두 사람 모두 이렇게 연약한 존재기 때문에 더 강한 누군가를 의지하고 살 수밖에 없습니다. 그래서 인간을 창조하신 하나님, 인간의 모든 죄를 대신해 십자가에서 죽으시고 구원해 주신 예수님을 믿고 의지하며 살아야 하는 것입니다. 그러면 하나님께서 지혜와 선한 마음을 주시고, 행복으로 다가갈 수 있도록 지도해 주실 것입니다.

영적 동반자

부부는 서로가 생명의 은혜를 공동으로 상속할 자임을 늘 잊지 말아야 합니다. 남편도 아내도 모두 하나님이 주시는 생명과 구원을 받아야 하는 존재입니다. 이 땅에서 행복하게 사는 것도 중요하지만, 이 땅에서만이 아니라 하나님나라에서도 행복한 영적 동반자로 살아갈 수 있어야 합니다. 그러므로 예수님을 믿는 한 사람을 통해 믿지 않는 배우자가 구원에 이를 수 있도록 서로 협력해야 합니다.

이제 부부가 되었으니 두 사람이 함께 하나님의 지식을 알아 가기 위해 노력하시기 바랍니다. 서로 배우자가 더 연약한 그릇임을 인정하고, 부부가 하나님나라의 공동상속자임을 깨달아, 서로 귀하게 여기며 살아가시길 바랍니다. 또 혹시라도 서로 간에 감정이 상하거나 다툼이 없도록 성령의 도우심을 구하며 살아가시길 소망합니다.

믿지 않는 가족이 있는 경우

행복으로 가는 지름길

_엡 5:22-33

인생에는 다양한 길이 있습니다. 불행으로 가는 길이 있는가 하면, 행복으로 가는 길도 있습니다. 또 행복으로 가는 길에도 돌아가는 길이 있는가 하면, 지름길도 있습니다. 어떤 부부는 수십 년째 같이 살고 있으면서도 여전히 갈등을 겪고 싸우며 불행으로 치닫고 있는 반면, 또 어떤 부부는 일찌감치 서로 적응해 행복한 길로 걸어가고 있기도 합니다. 이 자리에 함께한 사람은 모두 행복으로 가는 지름길로 갈 수 있기를 바랍니다.

아내가 걸어가야 할 길

오늘 본문에서 바울은 먼저 아내에게 행복으로 가는 지름길을 안내해 주고 있습니다. 아내는 남편에게 복종하기를 주께 하듯 해야 합니다. 교회가 그리스도께서 그 머리 되심을 인정하고 전적으로 복종하듯, 아내는 남편이 자신의 머리 됨을 인정하고 범사에 남편에게 복종해야 합니다. 남편이 조금 부족할지라도 존중해야 합니다. 이것이 성경이 제시하는 행복으로 가는 지름길이기 때문입니다.

그런데 문제는 이 길이 세상 사람들이 추구하는 것이나, 죄성을 가진 인간의 근본적인 욕구와 너무 다르다는 것입니다. 인간은 누구나 다스리며 명령하고 싶어 하기 때문입니다. 더구나 오늘날 젊은 세대는 순종이나 복종이라는 단어에 거부감을 느낍니다. 그래서 일부 젊은 여성들은 남편의 머리 됨을 인정하기가 어려워 성경과 믿음을 시대에 맞춰 변형하려 합니다. 그러나 세상을 성경에 맞추지 않고 성경을 현실에 맞추려 하는 순간, 이 세상은 노아의 시대처럼 되고 말 것입니다. 시대의 흐름과 맞지 않는 듯해도 하나님의 명령이기에 순전한 마음으로 남편을 존중하고 그에게 순종할 수 있기를 바랍니다.

물론 이것은 무조건적인 굴종을 의미하는 것이 아닙니다. 남편도 완전하지 못하기 때문에 때로 잘못된 판단을 내릴 수 있습니다. 그때는 자신의 의사를 제시해야 합니다. 그리고 대화를 나누고 남편을 설득해야 합니다. 한 번으로 안 되면 두 번이든 세 번이든 계속 해야 합니다. 그러나 최종적인 결정권은 남편에게 넘기는 것이 지혜롭습니다. 하나님이 남편을 가정의 머리로 세우셨기 때문입니다.

남편이 걸어가야 할 길

남편에게도 걸어가야 할 길이 있습니다. 남편은 그리스도께서 교회를 사랑하시고 자신을 주심같이 아내를 사랑해야 합니다. 예수님은 교회를 영광스럽게 세우시기 위해 모든 배려와 희생을 감수하셨습니다. 십자가에 못 박혀 죽으시기까지 철저하게 감당하셨습니다.

그렇다면 남편도 아내를 그와 같이 소중히 여기고, 아끼고, 사랑스럽게 돌봐 주어야 합니다. 아내는 남편 하기 나름입니다. 얼마나 사랑해 주고, 가꾸어 주고, 섬세하게 돌봐 주는지에 따라 아름다움과 영광스러움이 달라집니다.

남편은 아내를 사랑하되 자신처럼 사랑해야 합니다. 사람들마다 자신을 아름답게 가꾸기 위해 혈안입니다. 미모를 가꾸고, 건강을 관리하며, 더 나은 몸매를 만들기 위해 투자하는 것을 생각해 보십시오. 아내를 그런 마음으로 사랑하고 돌봐 주라는 것입니다. 예수님도 자신의 유익을 전혀 돌보지 않고 교회를 사랑하셨습니다.

가족이 걸어가야 할 길

살다 보면 부부의 행복이 두 사람의 노력만으로는 지키기 어려울 때가 많습니다. 주위의 가족들이 무관심하거나 혹은 지나치게 개입해 두 사람의 행복이 물거품이 될 때도 있습니다. 그러므로 이 두 사람이 행복한 가정을 이룰 수 있도록 주위의 가족들이 도와주어야 합니다. 특히 두 사람의 신앙관과 가치관을 존중해 주십시오. 그런 부분을 잘 지켜 주지 않으면 부부 간에 갈등을 유발할 수 있습니다. 이들 부부가 살아가는 모습을 통해 이들이 믿고 있는 예수님이 어떤 분이신지도 한번 지켜보면서 함께 믿음의 길로 나아가시길 소망합니다.

성경은 행복으로 가는 지름길을 분명하게 알려 주고 있습니다. 아내는 남편에게 복종하기를 주께 하듯 하고, 남편은 아내 사랑하기를 그리스도께서 교회를 사랑하신 것처럼 하십시오. 그리고 주위 가족은 이들의 신앙관과 가치관을 그대로 존중해 주십시오. 이 두 사람을 비롯한 온 가족이 행복으로 가는 지름길로 순탄하게 나아갈 수 있기를 소망합니다.

신혼 가정

바른 가치를 추구하는 부부

_잠 15:16-19

두 사람 모두 결혼 준비하느라 고생 많았습니다. 결혼식을 준비하고 잘 마치는 것도 힘들고 어렵지만, 실은 앞으로 서로 약속한 대로 행복하게 살아가는 것이 더 큰 숙제일 수 있습니다. 결혼식 때 약속한 것처럼 평생 아름답고 행복한 부부로 살아가길 바랍니다. 그러기 위해서는 부부가 함께 추구할 가치를 바르게 정하는 것이 중요합니다.

여호와를 경외하라

경제적으로 안정되고 부요한 것이 중요한 행복의 조건이 될 수는 있습니다. 그러나 많은 재산을 가졌다고 다 행복한 건 아닙니다. 엄청난 재산을 가졌는데도 결코 행복하지 못한 가정과 부부가 실제로 많이 있습니다.

그런 의미에서 부족함 없이 세상적인 화려함을 다 누려 보았던 솔로몬이 제시하는 지혜로운 삶에 귀를 기울여 볼 필요가 있습니다. 그는 먼저 가산이 적어도 여호와를 경외하는 것이 크게 부하고 번뇌하는 것보다 낫다고 말합니다(16절).

결코 돈의 노예로 살지 마십시오. 맘몬을 신으로 모시는 순간 하나님과의 관계에도, 부부관계에도 문제가 생깁니다. 부부나 자녀 간의 사랑을 돈으로 해결하려 하지 마십시오. 돈이 사랑을 표현하는 수단은 될 수 있지만, 돈보다 더 중요한 것이 있음을 잊지 말아야 합니다.

무엇보다 하나님을 경외하는 것이 지혜와 지식의 근본이고, 행복의 지름길임을 기억하십시오.

사랑하라

부부 사이에도 간혹 미움이 생길 때가 있습니다. 그 미움의 감정을 오래 쌓아 두면 부부일지라도 돌아오지 못할 강을 건너게 될 수 있습니다. 그러므로 미워하는 마음이 생기면 빨리 대화를 나누고 풀어 버려야 합니다. 마음주머니에 꾹꾹 눌러 담아 두면 머지않아 폭발하고 맙니다.

거기서 더 나아가 사랑의 감정을 만들어 가십시오. 사랑의 감정은 서로의 작은 배려와 표현으로도 만들 수 있습니다.

사람들은 종종 착각하곤 합니다. 살진 소를 먹으면 사랑의 감정이 생기고, 채소를 먹으면 미움의 감정이 일어날 것이라고 생각합니다. 그러나 꼭 그렇지는 않습니다. 진정한 행복은 채소를 먹으면서도 서로 사랑하는 데서 옵니다. 살진 소를 먹을지라도 서로 미워한다면 결코 행복할 수 없습니다(17절).

채소나 살진 소 같은 외부적인 환경은 가변적이고 일시적입니다. 있다가도 없어질 수 있고, 없다가도 있을 수 있습니다. 영원한 것이 아니고 임시적인 것입니다. 언제든 바뀔 수 있는 것 때문에 마음의 색이 변질되는 것은 불행한 일입니다. 마음을 미움으로 채색하지 않고 사랑으로 물들이는 지혜가 있기를 바랍니다.

노하기를 더디 하라

　부부가 행복으로 가려면 분노를 잘 다스릴 줄 알아야 합니다. 쉽게 화내고 분노를 쏟아내는 사람은 결코 행복할 수 없습니다. 야고보서는 이렇게 말합니다. "내 사랑하는 형제들아 너희가 알지니 사람마다 듣기는 속히 하고 말하기는 더디 하며 성내기도 더디 하라"(1:19).

　분노를 잘 다스리는 사람은 시비를 그치게 만들지만, 그렇지 않은 사람은 다툼을 일으킵니다. 분노의 감정이 일어나는 것을 막을 수는 없습니다. 그러나 그것을 적절하게 다스리고 통제할 수는 있습니다. 그것은 아마도 그 사람의 인격이나 신앙의 성숙도와 정비례할 것입니다. 분노의 감정을 차곡차곡 축적하지 마십시오. 그렇다고 그때그때 폭발시키지도 마십시오. 자기는 뒤끝이 없다면서 자신의 감정을 다 쏟아내는 사람은 매우 이기적인 것입니다. 상대방은 이미 상처를 받았기 때문입니다. 그렇다면 분노의 감정을 어떻게 해야 할까요? 지혜롭게 표현하면 됩니다. 화난 감정이나 속상한 마음을 상대방의 마음과 감정을 고려하면서 지혜로운 방법으로 부드럽고 온유하게 표현해 보십시오. 감정싸움은 곧 멈춰질 것입니다.

　인간은 가치를 추구하는 존재입니다. 그리고 한 사람이 추구하는 가치는 그 사람의 마음과 행동과 운명을 결정합니다. 두 사람과 이 가정이 재물보다 여호와를 경외하는 믿음에, 미움보다 사랑에, 쉽게 분을 내는 것보다 노하기를 더디 하는 것에 가치를 두고 행복을 만들어 가길 바랍니다.

재혼 가정

이 모든 것 위에 사랑을 더하는 부부
_골 3:14

사람은 불완전하고 연약하기 때문에 실수도 하고, 실패도 합니다. 그러나 실수와 실패를 통해 새롭게 도전하고 도약할 수 있기에 인생은 아름답습니다. 두 분의 새로운 출발이 더할 수 없는 행복으로 나아가는 지름길이 되고, 지금까지 아픈 마음으로 근심하며 지켜봐 온 가족에게는 위로가 되기를 기원합니다.

이 모든 것 위에 사랑을

바울은 지금 골로새교회 성도들에게 공동체를 세우기 위한 다양한 지혜를 제시하고 있습니다. 긍휼, 자비, 겸손, 온유, 오래 참음, 용납, 용서 등이 그것입니다. 그러나 이 모든 것 위에 사랑을 더하라고 권면합니다. 두 분에게도 같은 권면을 하고 싶습니다.

사랑은 두 사람을 묶어 주는 끈과 같습니다. 사랑만이 두 사람을 연합하고 화목하게 만들어 줍니다. 그러나 그 사랑의 끈이 한결같이 튼튼하려면 두 사람의 사랑이 하나님에게서 출발해야 합니다. 인간적인 사랑이 아닌 하나님의 사랑에 기초해야 한다는 것입니다. 인간의 사랑은 매우 이기적이고, 순간적이며, 한계가 있습니다. 그러나 십자가의 사랑은 넉넉하고 충만합니다. 두 사람의 사랑이 식어질 때마다 십자가 사랑 앞으로 나아가시길 바랍니다.

아픔을 보듬어 주는 마음

안타까운 일이지만, 두 분은 상처와 아픔을 이미 경험한 분들입니다. 아픔이 있는 분들이기에 자칫 잘못하면 그 상처로 인해 사소한 일에도 더 민감하게 반응할 수 있습니다. 그래서 서로의 마음과 감정을 잘 배려해 주는 섬세함이 필요합니다. 서로가 아픈 기억을 건드리거나 상처가 생각나게 하는 말을 하지 말아야 합니다.

한편으로는 서로의 아픈 과거를 현재의 결혼생활에 끌어들이지 말아야 합니다. 과거는 이미 다 지나간 시간일 뿐입니다. 과거에 매여서도, 과거를 그리워하거나 회상해서도 안 됩니다. 과거의 사람은 과거의 사람일 뿐이고, 지금 충실해야 할 사람은 현재 자신의 곁에 있는 사람임을 명심해야 합니다. 그래서 서로를 소중히 여기고, 충실히 대해야 합니다.

지금까지 많이 아프고 힘들었으니 서로를 더 보듬고 이해해 주십시오. 서로 좀더 섬세하게 배려하고 섬겨 주십시오.

상처 입은 치유자

예수님은 인간을 이해하고 구원하기 위해 인간의 몸을 입고 세상에 찾아오셨습니다. 그리고 허물과 죄로 죽었던 인간을 다시 살리고 구원하시기 위해 십자가의 모진 고통을 다 감당하셨습니다. 몸소 찔리고 상하심으로 인간에게 나음과 치유를 주셨습니다. 이것이 바로 복음입니다.

상처 입은 치유자 예수님은 지금도 우리의 마음과 형편을 잘 아시고 이해하시며 공감해 주십니다.

두 분은 이미 상처를 경험한 분들입니다. 그래서 상대방의 아픔과 시린 마음을 누구보다 잘 알고, 이해하고, 도와줄 수 있습니다. 바울은 자신이 사형 선고를 받는 것 같은 힘든 일을 겪어 봤기 때문에 다른 사람을 위로하는 자가 될 수 있다고 고백했습니다. 두 분도 아픔과 상처를 경험해 봤기 때문에 배우자의 아픔이 무엇인지, 그리고 그 아픔을 보듬고 싸매 주는 방법이 무엇인지도 잘 알고 있습니다. 그렇기 때문에 두 분의 상처는 두 분을 더 아름답고 행복한 부부로 만들어 가는 레시피와 자양분이 될 수 있습니다. 이제 그것을 지혜롭게 활용만 하시면 됩니다.

누구나 위기를 경험합니다. 그러나 위기는 기회일 수 있습니다. 이제 두 분은 새로운 기회의 문턱에 서 있습니다. 지금까지의 아픔과 상처, 경험을 통해 축적한 지식과 지혜를 총동원하십시오. 하나님이 공급하시는 사랑으로 더는 위기에 기회를 내주지 마십시오. 설혹 위기가 닥쳐올지라도, 그 위기를 극복할 방법도 잘 알고 있을 것입니다. 분명 과거의 아픈 경험을 통해 이미 터득했을 것입니다. 이제 그것을 활용하십시오. 그래서 지금까지 흘렸던 눈물에 대해 보상 받으시고, 배우자에게도 보상해 주십시오. 그래서 앞으로는 서로 눈물을 닦아 주고 위로하며 살아가는 부부가 되시길 바랍니다.

2장

생일, 각종 축하, 교회 임직

Sermon for Visiting

백일·돌

걸출한 하나님의 자녀로 세우려면

_히 11:23

하나님이 주신 선물이요, 여호와의 기업인 아이를 기도와 말씀으로 잘 양육하느라 그동안 수고 많았습니다. 지금까지 도우신 하나님께 영광을 돌립니다. 이 아이가 모세처럼 한 시대와 민족을 이끄는 사람으로 하나님께 귀하게 쓰임받기를 기원합니다.

아름다운 아이임을 보고

모세가 태어났을 때 이스라엘은 애굽의 압제 아래 있었습니다. 더구나 당시 애굽 왕 바로는 히브리인 남자아이가 태어나면 무조건 나일강에 버리라고 명령했습니다. 최악의 시대요 환경이었습니다. 그런데 모세의 부모인 아므람과 요게벳은 모세를 나일강에 던질 수가 없었습니다. 모세를 보는 순간 '아름다운 아이'임을 알았기 때문입니다. 모세의 얼굴에서 범상치 않음을 느꼈고, 아이가 하나님의 특별한 섭리 아래 있음을 발견한 것입니다.

부모는 자녀에게서 가능성과 잠재력을 볼 수 있어야 합니다. 학교 성적만으로 섣불리 결론 내려서는 안 됩니다. 학교 성적이 좋지 않아도 잠재력은 무한할 수 있습니다. 하나님이 주신 다른 재능과 재주가 있을 수 있습니다. 운동이나 예술 분야에서 두각을 나타낼 수도 있다는 것입니다. 그러므로 함부로 평가하고 단정 짓지 말아야 합니다.

이 아이는 하나님의 형상을 지닌 존재요, 하나님의 나라를 위해 사용될 하나님이 택하신 그릇입니다. 아이가 가진 재능과 능력을 경솔하게 판단해서는 안 됩니다. 하나님이 어떻게 사용하실지 모르기 때문입니다. 비록 마른 막대기 같을지라도 하나님의 손에 들리면 위대하게 사용될 수 있습니다.

석 달 동안 숨겨

모세의 부모는 애굽 왕의 명령을 따르지 않고 모세를 몰래 집에 숨겨 놓고 키웠습니다. 걸출한 믿음의 부모 밑에서 걸출한 영적 인물인 모세가 자란 것입니다. 부모의 믿음을 자녀에게 보여주십시오. 부모 된 자는 자신을 통해 자녀가 보이지 않는 하나님을 볼 수 있게 해야 합니다.

그런데 모세의 부모에게 아이를 키울 수 있는 기간은 석 달밖에 주어지지 않았습니다. 아이가 자라 더는 숨겨서 기를 수가 없었기 때문입니다. 좋은 부모가 되십시오. 자녀를 위해 이것저것 해줄 게 많을 것입니다. 그러나 그것도 한계가 있다는 사실을 기억하십시오. 사실 부모 입장에서는 사랑하는 자녀를 위해 모든 걸 다 해주고 싶습니다. 그러나 결코 그렇게 할 수 없는 게 육신의 부모입니다. 아무리 다 해준다 해도 완벽할 수는 없습니다.

자신들의 한계를 느낀 아므람과 요게벳은 모세를 나일강에 띄우기로 결심했습니다. 갈대 상자에 역청과 나무진을 칠하고 아이를 그 속에 담아 나일강 갈대 사이에 두었습니다(출 2:3). 인간의 한계 앞에서 이제는 하나님의 은혜와 도우심만을 갈망할 수밖에 없었습니다. 아마도 하나님께 맡기면서 간절하게 기도했을 것입니다.

물론 부모로서의 의무는 철저하게 감당해야 합니다. 그러나 늘 육신의 부모로서의 한계를 기억하십시오. 그렇기 때문에 하늘 아버지의 도우심과 은혜를 의지해야 하는 것입니다.

왕의 명령을 두려워하지 않고

아므람과 요게벳의 담대한 믿음이 모세를 위대한 지도자로 세웠습니다. 사실 왕의 명령을 어기면 죽음을 각오해야 합니다. 그럼에도 그들은 왕의 명령을 두려워하지 않았습니다. 하늘의 사령관이자 만왕의 왕이신 하나님을 두려워했기 때문입니다. 하나님이 쓰실 사람을 세상 권세에 내주고 싶지 않았던 것입니다. 그들은 세상 권력보다 하나님의 권세를 믿었습니다.

부모는 자신들의 믿음이 세상 권력과 힘에 휘둘리지 않는다는 것을 자녀에게 보여주어야 합니다. 또 세상의 흐름과 문화와 분위기를 거스르는 믿음이 무엇인지 몸소 보여주어야 합니다. 그리고 바울처럼 자신을 본받으라고 말할 수 있어야 합니다.

아이가 가진 가능성과 잠재력을 믿음의 눈으로 바라보십시오. 아이를 위해 최선을 다해 돌보고 투자하되, 늘 스스로 한계를 가진 존재임을 인정하고 하나님의 도우심을 구하십시오. 부모로서 세상 흐름에 저항하고 거스르는 담대한 믿음을 아이에게 보여주십시오. 이 모든 노력을 통해 아이를 하나님나라의 걸출한 일꾼으로 세워갈 수 있기를 바랍니다.

생일
모든 것이 하나님의 은혜입니다
_시 4:6-8

"보라 형제가 연합하여 동거함이 어찌 그리 선하고 아름다운고"(시 133:1). 온 가족이 축복하는 이날, 복의 근원이신 여호와께서 하늘 문을 여시고 큰 은혜를 베푸시길 기원합니다. 여기까지 인도하신 에벤에셀의 하나님을 찬양합니다. 지금까지 인도하신 하나님이 앞으로도 영원토록 도우시고 인도하실 것입니다.

주의 얼굴을 구하는 인생

다윗은 인생의 고달픔을 누구보다 깊이 경험한 사람입니다. 어릴 적에는 가족에게조차 관심받지 못했고, 젊은 시절에는 시기와 질투로 가득 찬 절대권력자 사울 왕에게 쫓겨 다녀야 했습니다. 노년에도 그토록 사랑했던 아들과 신하들에게 배신당해 왕궁을 떠나야 했습니다.

그런 다윗을 보면서 주변에서 이러쿵저러쿵 얼마나 말이 많았겠습니까? 그때마다 다윗은 상처받고 낙담하기보다 주의 얼굴을 구했습니다(6절). 고달프고 힘든 인생길에서 우리가 할 일은 주님의 얼굴을 바라보는 것입니다. 아름다운 인생은 하나님의 능력과 그 얼굴을 구하며 사는 것입니다(시 105:4). 지금까지 행하신 것처럼 앞으로도 주님께서는 변함없이 그 얼굴을 우리에게 향하시고 도와주실 것입니다. 아무리 삶이 힘들고 어려울지라도 낙담하거나 상처받지 말고, 은혜의 보좌로 나아가 주님의 얼굴을 구하며 살아가시길 바랍니다.

주께서 주신 기쁨

다윗은 힘들고 고달픈 인생길을 걸어가면서도 주께서 그 마음에 두신 '기쁨'을 잊지 않았습니다. 그 기쁨은 곡식과 포도주가 풍성함에서 오는 것보다 훨씬 컸습니다. 사실 곡식과 포도주의 풍성함 때문에 누리는 기쁨이 얼마나 일시적입니까? 잠시 잠깐 얻을 수 있는 기쁨일 뿐입니다. 더구나 이 기쁨 뒤에는 채워지지 않는 인간 욕망의 그림자가 드리워져 있습니다. 인간의 마음에는 좀처럼 만족할 줄 모르는 욕망이 꿈틀거리고 있습니다. 이는 마치 갈증 날 때 바닷물을 마시는 것과 같습니다. 그런데도 사람들은 이런 것을 좇아가려 합니다.

아무리 세상에서 성공하고 행복해도, 인생은 풀과 같고 그 영광은 들의 꽃과 같음을 잊지 말아야 합니다(시 103:15). 어떤 상황에서도 결코 교만하지 말고 겸손해야 합니다.

한 치 앞도 알 수 없는 인생이지만, 앞으로 살아가는 날들이 주님이 주시는 기쁨으로 가득하길 바랍니다. 예수님은 보혜사 성령을 보내셔서 세상이 줄 수 없는 기쁨, 세상이 알지도 못하는 기쁨을 주겠다고 약속하셨습니다. 버거운 현실과 답답한 환경을 초월해 임하는 평안과 기쁨은 분명히 있습니다. 주님 앞에 서는 그날까지 주께서 우리 마음에 두신 기쁨이 마르지 않고 차고 넘치길 바랍니다.

안전히 살게 하시는 하나님

모세는 인생이 너무나 신속히 지나가 마치 날아가는 것 같다고 고백합니다(시 90:10). 흔히 인생의 속도가 40세까지는 비포장도로를 달리는 것 같고, 그 후로는 고속도로를 달리다, 60세부터는 고속열차를 타고 달리는 것 같다고 합니다. 이처럼 쏜살같이 달려가는 것이 인생입니다.

인간은 누구나 안전에 대한 욕구가 있음에도, 오늘날 우리 사회는 안전 불감증에 사로잡혀 있는 것 같습니다. 비행기 사고, 선박 사고, 자동차 사고 등 아무리 조심해도 도무지 안전하지가 않습니다. 그래서 한순간도 마음을 놓지 못한 채 불안하게 살아가고 있습니다. 그러나 불안하다고 두문불출하며 살아갈 수도 없는 노릇입니다.

다윗은 인생의 어느 한순간도 안전하지 못했음에도, '내가 평안히 눕고 자기도 하는 것은 나를 안전히 살게 하시는 하나님 덕분이다'라고 고백합니다. 그렇습니다. 아무리 불안하고 한 치 앞도 알 수 없는 인생이라지만, 하나님 손에 맡기면 평안하며 안전할 수 있습니다.

지금까지 살아오면서 인생에 우여곡절이 많았을 것입니다. 사실 앞으로는 그런 일이 없으리라고 장담할 수도 없습니다. 그러나 어떤 상황에서도 주님의 얼굴을 구하며 살아가십시오. 주께서 주시는 기쁨과 평안을 위해 은혜의 보좌로 나아가십시오. 어떤 형편에서도 안전하게 살게 하시는 하나님의 은혜를 잊지 말고(시 103:2), 그 은혜에 보답하며 살아가시길 바랍니다. 우리 모두 고백합시다. "이 모든 것이 하나님의 은혜입니다."

회갑·고희
평강의 주께서 함께하시는 인생
_살후 3:16

회갑연(고희연)을 진심으로 축하드리고, 하나님께 감사와 영광을 돌립니다. 지금까지도 하나님께 영광 돌리고, 주변 사람들에게 선을 행하며 잘 살아오셨지만, 남은 생애는 더 귀한 하나님의 사랑과 축복의 통로로 살아가시길 바랍니다.

주께서 주시는 평강

많은 재산을 모으고 높은 권력을 차지했지만 안타깝게도 몸이 건강하지 않은 사람들이 있습니다. 그러면 가진 돈도 별로 소용이 없습니다. 그만큼 몸의 건강은 무엇보다 중요합니다. 그러나 몸의 건강만큼 중요한 것이 또 마음의 건강입니다. 건강한 마음은 평안과 기쁨으로 증명됩니다.

사실 마음이 편하지 않으면 몸도 건강할 수 없습니다. 마음의 상태가 몸의 상태를 결정하는 법입니다. "마음의 즐거움은 얼굴을 빛나게 하여도 마음의 근심은 심령을 상하게 하느니라"(잠 15:13). "마음의 즐거움은 양약이라도 심령의 근심은 뼈를 마르게 하느니라"(잠 17:22).

그렇다면 이 마음의 평안은 어디서 옵니까? 주님에게서 옵니다. 평안은 주님이 주시는 선물입니다. 우리가 하나님과의 바른 관계 안에 있기만 하면, 평강의 주께서 친히 때마다 일마다 평강을 주십니다. 보혜사 성령이 이 세상에 오셔서 하시는 사역 가운데 하나는 사람들에게 평강을 주시는 일입니다. 그러므로 성령 안에서 살아갈 때 우리는 세상 사람들이 알지 못하는 평안을 누릴 수 있습니다.

세상적인 방법으로 누리는 평안은 일시적입니다. 그러나 주님이 주시는 평안은 환경에 매이지 않습니다. 예수님은 제자들에게 '내 평안을 너희에게 주겠다'고 약속하셨습니다. 예수님이 말씀하신 '내 평안'은 십자가의 죽음 앞에서도 누릴 수 있는 평안을 말합니다. 남은 생애에도 주님이 주시는 평안이 마음과 가정에 늘 함께하시길 기원합니다.

함께하시는 주님

성도가 누리는 최고의 복이 무엇일까요? 주님이 함께하시는 것입니다. 주님과 동행하는 것입니다. 주님이 함께하시면 초막이든 궁궐이든 상관없습니다. 사망의 음침한 골짜기를 다닐지라도 주님이 함께하시면 넉넉히 견뎌낼 수 있습니다. 세상 끝날까지 영원히 함께하겠다고 약속하신 주님이 지금까지 함께하셨습니다. 그리고 앞으로도 늘 함께하실 것입니다. 일평생 그 주님과 즐겁고 친밀한 교제를 나누시길 바랍니다.

야곱은 늘그막에 애굽 땅으로 내려갔습니다. 그리고 애굽 왕 바로 앞에 섰을 때 자신이 험악한 세월을 살았다고 고백했습니다. 하지만 하나님은 애굽 땅에서도 야곱과 함께하셨습니다. 그뿐 아니라 아들 요셉을 애굽에 미리 보내 살 곳을 다 준비해 놓으셨습니다. 야곱은 미처 몰랐지만, 하나님은 그의 삶을 위해 열심히 일하고 계셨던 것입니다.

모세는 노년에 인생을 이렇게 회고합니다. "우리의 연수가 칠십이요 강건하면 팔십이라도 그 연수의 자랑은 수고와 슬픔뿐이요 신속히 가니 우리가 날아가나이다"(시 90:10). 그동안 살아오시느라 수고 많았습니다. 그간 많은 수고와 어려움이 있었겠지만, 그 가운데서도 하나님이 함께하셨기에 여기까지 올 수 있었을 것입니다. 앞으로 남은 생애도 하나님이 함께하시는 인생이 되시길 바랍니다.

주님 앞에 서는 날까지

바울은 데살로니가교회 성도들에게 이렇게 축복합니다. "평강의 하나님이 친히 너희를 온전히 거룩하게 하시고 또 너희의 온 영과 혼과 몸이 우리 주 예수 그리스도께서 강림하실 때에 흠 없게 보전되기를 원하노라"(살전 5:23). 오늘 회갑(고희)을 맞으신 분에게도 동일한 은혜가 있기를 기원합니다. 평강의 주께서 그 삶을 거룩하게 이끌어 가시고, 그리스도께서 강림하시는 날 혹은 성도님이 주님께 가는 그날까지 온 몸과 영혼을 흠 없이 보전하시길 기원합니다.

지금까지 그리스도 예수 안에서 아름답게 살아오셨지만, 앞으로 남은 생애도 주께서 주시는 평안을 누리며 어떤 상황에서도 함께하시는 주님을 붙들고 살아가시길 바랍니다. 주님 앞에 서는 그날까지 주님의 돌보심과 보호하심 아래 살아가는 복된 인생이 되시길 기원합니다.

입학

하나님이 이끄시는 삶
_단 1:17

하나님의 은혜로 이렇게 입학하게 된 것을 축하합니다. 앞으로 몇 년간 학교생활이 중심이 될 텐데, 새로운 배움 속에서 하나님의 이끄심을 따라 미래를 잘 준비하는 소중한 시간으로 만들어 가길 바랍니다.

시대를 탓하지 않음

간혹 자신이 처한 현실에 대해 시대와 환경을 탓하는 사람이 있습니다. 이런저런 좋지 않은 성장배경과 시대를 탓하며 불평하고 원망합니다. 그러나 과거를 탓하거나 현실을 부인한다고 해서 달라지는 건 없습니다. 중요한 건 과거나 현실이 어떻든, 바른 마음과 태도를 갖고 하나님을 의지하는 믿음으로 나아가는 것입니다. 그러면 새로운 길이 보이고 열리는 법입니다.

다니엘도 시대를 탓하자면 할 말이 많은 사람입니다. 그는 바벨론에 포로로 끌려가 있는 상태입니다. 주변에는 다니엘을 시기하고 질투하는 사람들이 그를 끌어내리고 잡아먹으려고 기회만 엿보고 있습니다. 앞으로 펼쳐질 미래도 보장되거나 장담할 수 있는 게 전혀 없습니다. 그래도 그는 주변 사람들이나 자신이 처한 시대와 현실에 대해 원망하거나 불평하지 않았습니다.

성경을 잘 살펴보면 처음에는 마이너리티(minority) 인생으로 시작했지만, 시간이 지나면서 위대한 인생으로 발전해 나간 사람들이 꽤 많습니다. 요셉도, 다윗도, 예수님도 모두 화려하지 않은 인생으로 출발했지만, 나중에는 세상에 큰 영향력을 끼치는 사람이 되었습니다. 무언가를 원망하고 불평하기보다 자신의 인생을 잘 준비해 나가는 시간으로 학창 시절을 활용하십시오. 준비한 만큼 하나님은 쓰실 것입니다. 바울은 신앙에서 후발주자였고 예수님의 직접적인 제자도 아니었지만, 위대한 사도로 쓰임받았습니다. 준비된 사람이었기 때문입니다. 그는 히브리 문화뿐 아니라, 당시 세계를 지배하고 있던 헬라 문화와 언어에까지 통달했기에, 이방인의 사도로 소아시아와 유럽에서 복음을 전하는 일에 쓰임받았습니다.

하나님이 주신 은혜의 산물

다니엘은 장차 바벨론의 국무총리가 됩니다. 그러나 사실 그 모든 과정을 돌이켜 보면 모두 하나님의 은혜였습니다. 오늘 말씀은 바로 하나님이 다니엘과 네 친구에게 학문을 주시고, 모든 서적을 깨닫게 하시며, 지혜도 주셨다고 말합니다. 게다가 다니엘에게는 특별히 환상과 꿈을 깨달아 알도록 하셨습니다. 여기서 주체는 다니엘이 아니라 하나님입니다.

무엇보다 공부하는 동안 자신이 부족한 존재임을 깨달아야 합니다. 그래서 후하게 주시고 꾸짖지 아니하시는 하나님께 구해야 합니다(약 1:5). 자신의 머리가 아니라 하나님이 주시는 무한한 지혜로 공부하십시오. 더불어 하나님은 지식과 지혜뿐 아니라 다양한 재능과 은사도 주신다는 사실을 기억해야 합니다. 하나님이 모든 학생에게 공부 잘하는 은혜를 베푸시는 건 아닙니다. 운동, 그림, 음악, 언어, 무용 등 제각기 다른 재능을 주십니다. 그래서 공부하는 동안 하나님이 자신에게 주신 재능과 은사를 발견하고 계발하는 것이 매우 중요합니다.

나아가 이 모든 것을 주님이 주셨으니 결코 교만하거나 자랑해서는 안 됩니다. 자신보다 부족한 사람을 우습게 여겨서도 안 됩니다. 자신에게 다른 사람보다 좀더 나은 것이 있다면 감사하면서 하나님께 영광 돌리고, 다른 사람들을 도와주는 데 사용해야 합니다. 그런 면에서 본다면, 학창 시절에 지식을 쌓는 공부도 중요하지만, 성품과 인격을 함양시키는 공부가 더 중요한지도 모릅니다. '난' 사람이나 '든' 사람보다, '된' 사람이 되어야 하기 때문입니다.

뜻을 정함

하나님이 다니엘을 이토록 사랑하신 데는 이유가 있습니다. 그가 '뜻을 정하여' 우상에게 바쳤던 음식을 먹지 않기로 결심했기 때문입니다. 사실 이것은 목숨을 잃을 수도 있는 매우 위험한 결정이었습니다. 그러나 다니엘은 전혀 흔들리지 않았습니다. 그가 하나님만 바라보는 믿음의 사람이었기 때문입니다. 그리고 기도하는 사람이었기 때문입니다. 그는 고국 예루살렘으로 향한 창문을 열고 하루 세 번 무릎 꿇고 기도하는 거룩한 습관을 갖고 있던 하나님 중심의 신앙인이었습니다(단 6:10).

학교에서 그리스도인이라는 티를 내지 않으려 애쓰기보다 자랑스럽게 드러내십시오. 수업이나 식사 전에 기도하고 싶다면 하십시오. 쉬는 시간이나 점심시간에 성경을 묵상하고 싶다면 하십시오. 매사에 찬양하고 감사하는 삶을 보여주십시오. 하나님을 향한 믿음으로 살겠다고 굳게 뜻을 정하면 다니엘처럼 하나님이 도우시고 은혜를 베푸시는 인생이 될 것입니다.

시대나 환경을 탓하는 어리석은 사람이 되지 마십시오. 이 모든 것이 하나님의 은혜임을 기억해야 합니다. 자신에게 주신 재능을 발견하고 계발하는 데 힘쓰십시오. 그리고 하나님을 향한 믿음으로 살겠다고 구체적으로 뜻을 정하십시오. 소중한 학창 시절을 의미 있게 보내면서 미래를 잘 준비해, 장차 하나님나라와 인류를 위해 귀하게 쓰임받길 기원합니다.

졸업

아직 더 달려야 한다
_빌 3:13-16

먼저 여기까지 인도하신 하나님의 은혜에 감사와 영광을 돌립니다. 그리고 그동안 공부하느라 수고했습니다. 지난 몇 년간의 학창 생활이 더 나은 미래를 위한 밑거름이 되길 바랍니다. 그러나 학교 졸업이 인생의 졸업은 아님을 기억하십시오. 졸업임과 동시에 또 다른 출발이요, 도전을 향한 시작이기 때문입니다.

아직 남아 있는 인생의 경주
바울은 자신과 빌립보교회 성도들의 영적인 삶을 육상경기에 비유하고 있습니다. 사실 마라톤을 하는 사람은 끈질기고 지루한 싸움을 해야 합니다. 한순간도 방심하지 말고 마지막까지 완주해야 합니다. 42.195킬로미터를 뛰는 것이 어디 쉬운 일입니까? 그러나 포기해서는 안 됩니다. 우승을 하든 못 하든 마지막까지 완주하는 것이 아름답습니다.

지난 몇 년간 학창 생활이라는 경주를 완주하느라 정말 수고 많았습니다. 완주 그 자체가 아름다운 것입니다. 그러나 기억하십시오. 마라톤은 끝이 있지만, 인생이나 신앙의 경주는 주님 앞에 설 때 비로소 끝이 납니다. 생명이 있다면 그 누구도 아직 결승선에 도착한 것이 아닙니다. 그때까지 하나님을 더 많이 알아 가고, 예수님의 마음을 더 많이 닮아 가며, 하나님의 은혜와 사랑도 더 깊이 체험해 가야 합니다. 더 깊은 기도의 영성으로 나아가고, 더 깊은 예배의 세계로 들어가야 합니다. '이제 다 됐다'고 생각하는 그것이 경주를 망칩니다. '이미 얻었다' '이미 이루었다'는 생각은 아예 갖지 마십시오. 늘 부족하다는 생각, 아직 멀었다는 마음으로 더 달려가야 합니다.

뒤에 있는 것을 잊어버리고

육상선수가 승리를 목표로 한다면 무조건 앞만 보고 달려야 합니다. 잠깐이라도 뒤를 돌아보면 넘어지거나 뒤처질 수 있습니다. 인생의 경주도 그동안 달려온 과정은 다 잊어버리고, 앞만 바라보며 달려야 합니다. 뒤돌아보는 순간 두 가지 위험에 빠질 수 있습니다. 하나는 과거의 얼룩진 길로 인해 열등감에 사로잡힐 수 있습니다. 수많은 실수와 실패, 아픔과 상처를 돌아보는 순간, 원망과 불평이 나올 수 있습니다. 그러므로 자신을 괴롭혔던 사람도, 아프게 했던 일도 모두 잊어버려야 미움과 증오의 노예가 되지 않습니다.

반면 그동안 너무 성공적이고 화려한 길을 달려와 교만해지는 위험에 빠질 수도 있습니다. 자신이 이룬 업적과 삶이 너무 자랑스러워 잘난 체하거나 다른 사람들을 무시할 수 있다는 것입니다. 사실 그 모든 것이 하나님의 은혜인데 말입니다. 그러니 옆도 뒤도 보지 말고 그냥 앞만 보고 달려야 합니다.

지나온 과거는 잘 됐든 안 됐든 미련을 가질 필요가 없습니다. 롯의 아내는 소돔과 고모라가 멸망할 때 미련이 생겨 뒤를 돌아보는 바람에 소금 기둥이 되고 말았습니다. 과거는 그저 과거로 흘려보내는 용기가 필요합니다. 그리고 지난 과거는 더 좋은 미래를 개척하기 위한 거울 정도로만 삼으면 됩니다. 과거가 부족했다면 더 분발하면 되고, 화려하고 성공적이었다면 그 탄력을 계속 받으면 되는 것입니다.

부름의 상을 바라보라

사실 인생이나 신앙의 경주라는 게 그리 만만하지는 않습니다. 피곤하고 지칠 때도 많습니다. 마음과 시선을 빼앗는 이런저런 유혹도 주변에 즐비합니다. 그래도 결코 주변 세계에 마음과 시선을 주면 안 됩니다. 오로지 하나, 부름의 상만 바라봐야 합니다.

모든 일에는 반드시 결과가 있습니다. 그리고 공부나 운동처럼 신앙생활에도 상이 준비되어 있습니다. 바울은 마지막 주님 앞에 서는 날 주님이 예비하신 면류관이 있음을 강조합니다(딤후 4:7-8). 인생이나 신앙의 경주를 하다 게을러지거나 낙심될 때, 장차 얻을 상을 바라보십시오. 그리고 인내하고 기다리되, 더 큰 열정을 불태워 달리십시오. 반드시 좋은 날, 웃는 날이 있을 것입니다.

인생이나 신앙의 경주에서 더 큰 도전을 향해 달려갈 때 이런 말을 기억하십시오. "자신의 과거와 경쟁하라. 다른 사람과의 경쟁은 언제나 우리를 불편하게 한다. 그러나 자신의 과거와 경쟁하는 것은 적을 만들지 않으면서 스스로 나아지는 방식이다. 승리하면 스스로 기뻐할 수 있고, 아무에게도 상처를 주지 않으며, 모든 이의 찬사를 받을 수 있다."

합격

기쁨의 단을 거두는 행복
_시 126:5-6

오늘은 정말 기쁘고 행복한 날입니다. 오늘을 위해 그동안 얼마나 고생이 많았습니까. 그러나 이 모든 영광과 기쁨을 먼저 하나님께 돌릴 수 있기를 바랍니다. 무엇을 먹든지 마시든지 모두 하나님의 영광을 위해 하는 것이 믿음의 사람의 태도입니다.

씨를 잘 선택하라
이스라엘 백성이 하나님의 뜻대로 살지 않자, 하나님께서는 그들을 바벨론에 포로로 끌려가게 하셨습니다. 졸지에 포로가 된 그들은 아마도 원망과 불평이 터져 나왔을 것입니다. 또 고된 포로생활에 낙심해 자포자기의 심정이 되었을 수도 있습니다. 사람들은 어떤 일에 대해 좋지 않은 결과를 얻었을 때, 자신이 한 일은 미처 생각지 못한 채 그것을 받아들이려 하지 않습니다. 자신을 돌아볼 생각도 하지 않습니다. 그러니 현실이 짜증스러울 수밖에 없습니다.

좋은 결과를 얻으려면 무엇을 심을지를 잘 선택해야 합니다. 심은 대로 거두기 때문입니다. 이스라엘 백성은 악을 심었습니다. 그래서 불행을 자초하고 말았습니다. 그러므로 무엇을 심을지를 잘 선택해야 합니다. "자기의 육체를 위하여 심는 자는 육체로부터 썩어질 것을 거두고 성령을 위하여 심는 자는 성령으로부터 영생을 거두리라"(갈 6:8). 즉, 썩어질 것이 아니라 영생을 거두기 위해 심어야 하는 것입니다. 바울은 성도는 착한 일을 해야 한다고 강조합니다(갈 6:10). 악을 심으면 악한 것이 돌아오지만, 선을 심으면 선한 것이 돌아오기 때문입니다.

눈물을 흘리라

좋은 씨를 선택했더라도 씨 뿌리는 과정도 쉬운 게 아닙니다. 뜨거운 햇빛 아래 무더위를 참고 비지땀을 흘리는 고생을 감수해야 합니다. 또 씨를 뿌려 놓는다고 다 되는 것도 아닙니다. 성장해서 열매를 맺기까지 얼마나 많은 시간을 기다려야 합니까? 조급함도 이겨내야 하고, 이런저런 장애물과 위험도 극복해야 합니다.

합격의 영광을 얻기까지 들였던 모든 수고와 노력에 박수를 보냅니다. 그렇게 노력하지 않았다면 이 기쁨의 날은 오지 않았을 것입니다. 놀거나 자고 싶은 유혹을 뿌리치며 시간을 낭비하지 않고 오로지 합격의 이날만 바라보고 집중했기 때문에 오늘의 기쁨을 얻게 된 것이 아니겠습니까? 그렇게 고생했기에 더 값진 열매인 것 같습니다.

그러나 여기서 멈추지 말고 또 다른 목표를 향해 다시금 한 걸음씩 내딛길 바랍니다. 적당한 선에서 멈추는 것이 아니라, 거룩한 욕심을 갖고 더 나은 미래를 향해 새롭게 도전해 보길 바랍니다. 지금까지 흘렸던 눈물과 땀을 다시 한 번 쏟는다면 더 높은 목표도 현실로 다가올 것입니다.

인생의 목표를 위한 수고의 눈물뿐 아니라, 그것을 이루어 주실 분

앞에서 기도의 눈물도 많이 흘리길 바랍니다. 자신의 노력만으로는 부족하며 주님이 도우셔야 가능하기 때문입니다. 은혜의 보좌로 나아가면 반드시 필요한 은혜를 베푸시고 도와주실 것입니다.

포기하지 말라

많은 사람이 동일한 씨를 뿌리기 위해 들판으로 나갑니다. 그리고 누구나 수고의 땀을 흘리고, 눈물도 흘립니다. 그런데 너무 힘들어 중간에 포기하는 경우가 많습니다. 인생에서 아름다운 열매를 맺으려면 오래 참고 견딜 수 있는 힘이 필요합니다. 또 수없이 다가오는 유혹과 시험도 잘 이겨내야 합니다. 사자나 늑대 같은 위협적인 시험도 있지만, 여우같이 달콤하게 다가오는 유혹도 많습니다. 외적 장애물도 있지만, 내적 장애물도 적지 않습니다. 그래서 바울은 때가 이르러 거둘 때까지 낙심하거나 포기하지 말 것을 강조합니다. "우리가 선을 행하되 낙심하지 말지니 포기하지 아니하면 때가 이르매 거두리라"(갈 6:9).

모든 일에는 하나님의 때가 있습니다. 예수님도 때가 찼을 때 이 땅에 오셨습니다. 예수님은 늘 하나님의 시간표에 따라 움직이셨습니다. 자신의 시간표가 아니라 하나님의 시간표대로 살아가십시오. 하나님의 시간표에 따라 주어진 현실에 최선을 다하다 보면 기쁨의 단을 거두는 날이 반드시 오게 되어 있습니다.

다시 한 번 어려운 과정에 합격하신 것을 축하드립니다. 합격의 열매를 맺게 해주신 주님께 감사하고 영광을 돌리시길 바랍니다. 그리고 또 다른 목표를 정해 새롭게 도전할 수 있기를 바랍니다. 지금까지 도우신 주님께서 또 다른 도전도 도와주실 것입니다.

취업
추수하는 날의 얼음냉수
_잠 25:13

　취업을 진심으로 축하합니다. 요즘 취업이 하늘의 별 따기보다 어렵다는데 준비하느라 고생 많았습니다. 그러나 취업한 것에 만족하지 말고 이제 직장생활에 최선을 다해, 회사에서 꼭 필요하고 동료에게 인정받는 사람이 되길 바랍니다.

보낸 이에게 집중하는 사람

　신앙생활에서 중요한 것은 자신을 '부르신 이' '보내신 이'를 잊지 않는 것입니다. 즉, 자신을 세상에 보내시고 특정 직분으로 부르신 분에게 집중해야 합니다. 그렇지 않으면 영적 경주에서 실패하고 맙니다. 자신의 뜻이나 목표가 아니라, 자신을 부르시고 보내신 분의 뜻을 파악해 그 일을 이루는 데 주력해야 합니다.
　더구나 그리스도인은 자신을 이 직장에 보내신 분이 주님이심을 고백하고, 그 보내신 목적에 맞게 사명감을 갖고 파송된 선교사의 심정으로 일해야 합니다. 직업을 단순히 먹고살기 위한 도구로만 생각해서는 안 됩니다. 선교적인 마음가짐으로 직장생활에 임하면 일이나 동료들을 대하는 자세가 달라질 것입니다.

아울러 직장생활하는 동안, 자신에게 일할 기회를 준 회사에 감사하는 마음을 잊지 말아야 합니다. 그런 마음이 있는지 없는지에 따라 직장생활에 대한 목표나 열정, 태도가 달라지기 때문입니다.

회사에 충성하고자 하는 마음을 잃지 마십시오. 이기적이고 자기중심적인 태도로 일해서는 안 됩니다. 처음부터 끝까지 동일한 마음으로 일해야 합니다. 어떤 상황이나 감정에 따라 마음이 움직여서는 안 됩니다. 그러면 조직에서 꼭 필요한 사람으로 쓰임받을 수 없습니다.

얼음냉수 같은 사람

본문의 얼음냉수는 고대 이스라엘 왕궁에서 오뉴월의 찌는 듯한 더위를 식히기 위해 포도주나 음료에 넣어 먹던 레바논이나 헐몬산의 얼음을 말합니다. 직장에서 일하는 동안 추수 때 갈증을 식혀 주는 이 얼음냉수 같은 사람이 되십시오. 예수님은 일할 때 주인의 눈가림만 하지 말고, 그리스도께 하듯 하라고 말씀하셨습니다. 사람 눈치 보지 말고, 하늘의 주인을 보고 일하십시오. 또 고용된 일꾼이긴 하나 주인의식을 갖고 일하십시오. 윗사람들은 일하는 것만 봐도 그 사람의 마음과 태도를 압니다.

바울은 스데바나와 브드나도와 아가이고가 찾아온 것을 기뻐하면서, "그들이 나와 너희 마음을 시원하게"(고전 16:18) 했다고 칭찬했습니다. 브리스길라와 아굴라 부부도 바울에게는 얼음냉수 같은 존재였습니다. 당연히 직장 동료들은 이런 사람을 알아 볼 것입니다. 결코 조직에 해를 끼치는 사람이 되지 마십시오. 있으나 마나 한 사람도 되지 마십시오. 없어서는 안 될 꼭 필요한 사람이 되십시오. 그래야 하나님의 영광을 드러낼 수 있습니다. 그리고 직장생활도 즐겁고 보람 있습니다.

마음을 살피는 사람

직장에서 고용주의 마음을 시원하게 하는 사람이 되십시오. 그러려면 그 마음을 헤아릴 줄 알아야 합니다. 고용주의 입장에서 볼 때, 일은 열심히 하는 것 같은데 마음에 안 드는 사람이 있습니다. 반면 어떤 사람이 일하는 것을 보면 마음이 시원해집니다. 마음에 쏙 듭니다. 고용주가 원하는 것을 그 사람이 알기 때문입니다.

가끔 주변 사람들에게 선물을 받을 때가 있습니다. 정말 기분 좋고 행복한 일입니다. 그런데 선물을 받기는 했는데 전혀 기쁘지 않은 경우가 간혹 있습니다. 남편에게 꽃 선물을 받을 때 보통 아내들이 그렇게 느낀다고 합니다. 아내가 가장 좋아하는 건 현금인데 그 마음을 헤아리지 못한다는 것입니다. 그래서 장미 수십 송이를 갖다 안겨 주고도 고맙다는 말 한번 제대로 못 듣는 남편이 많습니다. 직장에서도 다른 사람들의 마음을 살피면서 일하면 그 마음을 시원하게 하는 사람이 될 수 있습니다. 그러면 결국 사람들에게 인정받게 됩니다(롬 14:18).

취업을 다시 한 번 진심으로 축하합니다. 그러나 취업한 것에 만족하지 말고 이제는 성공적인 직장생활이 되도록 힘쓰십시오. 예수님처럼 섬기는 자로 충성스럽게 일함으로 고용주의 마음을 시원하게 하고, 나아가 그곳으로 보내신 주님의 마음을 시원하게 하시길 바랍니다. 그리고 현실에 안주하거나 정체되어 있지 말고 부단히 자기계발에 힘써 조직을 빛나게 하는 사람이 되시길 바랍니다.

승진

자기 일에 능숙한 사람
_잠 22:29

승진을 진심으로 축하합니다. 그동안 많이 애쓰고 수고하셨겠지만, 그럼에도 이 모든 것이 하나님의 은혜임을 잊지 마십시오. 감사하는 마음으로 오늘 이 승진의 기쁨을 마음껏 나누시고, 앞으로도 더 좋은 날이 있길 바랍니다.

자기 일에 능숙한 사람

교회에서든 직장에서든 어떤 일을 맡길 때 불안한 사람이 있습니다. 왜 그럴까요? 여러 이유가 있을 수 있겠지만, 대개는 그 사람이 그 일에 능숙하지 못하기 때문입니다. 그래서 솔로몬은 자신의 일에 능숙한 사람이 되라고 권면합니다. "네가 자기의 일에 능숙한 사람을 보았느냐 이러한 사람은 왕 앞에 설 것이요 천한 자 앞에 서지 아니하리라"(잠 22:29). 자신의 일에 전문가가 되면 조직에서 인정받을 뿐 아니라, 승진도 빨라질 수 있습니다. 다윗도 목자로서 물맷돌을 사용하는 일에 전문가였기에, 골리앗과의 싸움에서 그것을 무기로 승리를 얻어 백성들에게 이름이 알려지게 되었습니다. 전술이나 병법으로 볼 때는 어리석기 그지없었지만, 만군의 여호와의 이름을 의지하는 믿음은 물론이고, 평소에 갈고 닦아 놓은 실력 덕분에 통쾌한 승리와 명성을 얻었던 것입니다.

자신의 일에 능숙해지려면 시간이 필요합니다. '일만 시간의 법칙'에 의하면 십 년의 세월이 필요하다는데, 꼭 그 정도는 아닐지라도 많은 시간을 투자해야 합니다. 그래야 그 일에 대한 전문성이 길러집니다. 또 시간을 투자하되 집중력도 필요합니다. 성공적인 인생은 선택과 집중을 잘합니다. 선택한 일에 대한 집요한 집중력이 있는 것입니다.

부지런한 사람

사람을 보는 기준은 다 다르겠지만, 학창 시절에 어떻게 공부했는지도 중요한 척도가 될 수 있습니다. 그것을 보면 그 사람의 삶의 태도를 엿볼 수 있기 때문입니다. 공부를 열심히 한 사람이라면 좋은 성적을 얻기 마련이고, 그렇다면 그 사람은 매사에 부지런하고 성실할 가능성이 높습니다. 물론 백 퍼센트 단정 짓기는 힘들겠지만, 일반적으로 성실하고 부지런한 사람이 성공적인 직장생활을 할 가능성이 높습니다. 그래서 솔로몬은 부지런한 사람은 다른 사람을 다스리게 되어도, 게으른 사람은 부림을 받게 된다고 경고합니다(잠 12:24). 조직에서 부림받는 자리에 머물기를 원한다면 그냥 어영부영 지내도 됩니다. 그러나 성공적인 직장생활을 원한다면, 항상 손을 부지런히 움직이고 부단히 자기계발에 힘쓰십시오.

무엇보다 자신의 장점을 계발하는 데 부지런해야 합니다. 자신이 잘하는 것에 더 능숙해질 필요가 있습니다. 모든 것을 다 잘할 수는 없기 때문입니다. 더불어 자신의 단점을 보완하는 데도 부지런해야 합니다.

한두 가지 단점만 보완하고 극복해도 인생이 얼마나 달라지는지 모릅니다. 그래서 솔로몬은 말합니다. "은에서 찌꺼기를 제하라 그리하면 장색의 쓸 만한 그릇이 나올 것이요"(잠 25:4). 자신의 인생에서 불필요한 것을 제거하고 약점을 보완하는 일에 부지런하십시오.

지혜로운 사람

똑같은 직장생활을 해도 자기계발을 잘하는 사람이 있는가 하면, 그렇지 못한 사람도 있습니다. 철 연장이 무뎌지면 나무 연장보다 오히려 다루기가 더 힘들 수 있습니다. 그러므로 철 연장을 언제든 편하게 쓰려면 항상 날카롭게 갈아 두어야 합니다. 많은 자기계발 영역이 있지만, 그중에서도 특히 지혜를 계발하는 것이 중요합니다. "철 연장이 무디어졌는데도 날을 갈지 아니하면 힘이 더 드느니라 오직 지혜는 성공하기에 유익하니라"(전 10:10).

가정생활이나 교회생활은 물론 직장생활도 지혜롭게 말하고 행동하는 것이 필요합니다. 그래서 솔로몬은 잠언에서 지혜의 중요성을 수없이 강조합니다. "대저 지혜는 진주보다 나으므로 원하는 모든 것을 이에 비교할 수 없음이니라"(잠 8:11). 무엇보다 지혜를 계발하는 데 힘써야 합니다. 지혜롭지 못한 선택이나 말, 행동으로 인생에 엄청난 흠집이 나거나, 심지어 파멸에 이르게 되는 경우가 많기 때문입니다.

이번 승진을 진심으로 축하드립니다. 그러나 여기서 만족하지 말고 거룩한 욕심을 품고 부단히 자기계발에 힘쓰시길 바랍니다. 그래서 회사에서 자신의 일에 능숙할 뿐 아니라, 매사에 부지런하고 지혜로운 사람이 되어 조만간 또다시 승진 감사 예배를 드릴 수 있길 바랍니다.

제대

새로운 삶을 향한 출발
_딤후 2:3

국가의 부르심을 받아 국방의 의무를 다하느라 고생 많았습니다. 건강하게 제대한 것을 축하하고, 무엇보다 하나님께 감사드립니다. 주위에서 보기엔 복무 기간이 그리 길지 않은 것 같겠지만, 정작 당사자는 제대하기까지의 시간이 매우 길고 지루했을 것입니다. 그러나 지나고 보면 그 시간도 매우 소중했음을 알게 될 것입니다. 무사히 제대한 형제에게 이제 목회자로서 또 다른 도전을 주고자 합니다.

계속되는 군사 훈련

오늘 본문에서 바울은 아들같이 소중히 여겼던, 에베소교회를 담임하고 있던 젊은 목회자 디모데에게 권면합니다. "너는 그리스도 예수의 좋은 병사로 나와 함께 고난을 받으라." 자신의 정체성을 잊지 마십시오. 우리는 예수 그리스도의 병사입니다. 그런데 병사도 병사 나름입니다. 훌륭한 병사도 있지만, 그렇지 않은 병사도 많습니다. 이스라엘 백성은 출애굽할 때 하나님의 군대로 약속의 땅 가나안을 향해 출정했습니다. 그런데 광야 사십 년 동안 그들은 하나님의 군사답지 않게 행동했습니다. 그래서 여호수아와 갈렙 외에는 광야에서 모두 죽고 말았습니다.

군 복무를 하는 동안에도 물론 예수 그리스도의 군사로 훈련받는다는 마음을 갖고 있었을 것입니다. 그러나 제대 후에도 그 훈련은 계속된다는 사실을 잊지 마십시오. 사실 어떻게 보면 지금부터가 더 중요한 훈련의 시간인지도 모릅니다. 세속문화가 넘실거리는 세상에서 빛과 소금이 되어야 하고, 기독교를 조롱하는 불신자들 사이에서 믿음을 지켜 내야 하기 때문입니다. 그럼에도 삶의 모든 상황에서 예수 그리스도의 군사로서 그분의 이름으로 세상을 정복해야 할 사람임을 늘 기억하길 바랍니다.

은혜 안에서 강하라

사자와 이리 같은 대적이 득실거리는 세상에서 예수 그리스도의 군사로 승리하는 삶을 살기 위해서는 강한 군사가 되어야 합니다. 약골로서는 세상을 대적할 수 없고, 마귀와 어둠의 세력을 이길 수 없으며, 거세게 밀려오는 세상문화를 거스를 수 없습니다. 그러므로 강한 군사가 되십시오.

그럼 어떻게 강한 군사가 될 수 있을까요? 성경은 '은혜 안에서 강하라'고 말합니다. 은혜가 공급되어야 합니다. 그리고 그 공급되는 은혜를 자신의 것으로 누려야 합니다. 은혜를 누리게 되면 세상이 달라 보이고 두렵지 않습니다. 다윗은 어찌 보면 마이너리티 인생이었지만 은혜를 누리고 있었기에 세상과 블레셋 장수 골리앗을 전혀 두려워하지 않았습니다. 육체적인 체력을 기르기 위해 운동이나 건강식을 하는 것은 매우 바람직합니다. 정신 건강을 위해 이런저런 자기계발을 하는 것도 중요합니다. 그러나 무엇보다 영혼이 강건해야 합니다.

영혼이 강건하기 위해서는 먼저 하늘 양식이 공급되어야 합니다. 하나님의 말씀을 지속적으로 읽으십시오. 경건의 시간을 삶에서 우선순위에 두십시오. 그러지 않으면 분주한 세상 일로 그 시간은 점점 뒷전으로 밀려나고 말 것입니다. 또 하나님과의 대화 시간을 확보하십시오. 공동체가 함께 나아가는 기도의 자리를 사모하십시오. 더불어 하나님과 독대하는 시간을 반드시 마련하십시오. 마지막으로 예배를 갈망하십시오. 은혜 받기 위해서는 사모함과 갈증이 있어야 합니다.

주님의 기쁨을 구하라

병사로 모집된 사람은 자기 생활에 얽매여서는 안 됩니다. 군대에 몸담고 있으면서 집이나 애인 생각에 빠져 있으면 큰일 납니다. 훈련에 전념하지 못하는 것은 물론이고, 심하면 탈영이나 자살까지 시도할 수 있습니다. 그렇기 때문에 군 복무 기간에는 나라의 부름에만 집중해야 합니다. 예수님의 군사로 부름 받은 자는 주님에게만 집중해야 합니다. 이는 자신의 일, 세상 일, 직장 일, 학업 등을 포기하라는 말이 아닙니다. 그 모든 일의 목표가 바로 주님의 기쁨이어야 한다는 것입니다. 자기만족과 행복을 위해 살지 말고, 모든 삶의 목표가 주님의 기쁨과 하나님의 영광이 되게 해야 합니다.

제대는 사실 새로운 인생을 향한 또 하나의 출발입니다. 학업을 계속하든 취업을 하든, 군대 가기 전과는 그것을 대하는 마음이나 태도가 다를 것입니다. 이제는 인생의 무게가 더 실린다는 것입니다. 더 강한 마음과 정신으로 무장해 새로운 인생을 멋있게 출발하고, 더 강한 예수 그리스도의 군사로 성장해 가길 바랍니다.

출산
해산의 고통을 넘어
_살전 2:7-8

출산을 진심으로 축하드립니다. 하나님의 선물인 생명을 얻는 것이 쉽지 않으셨을 텐데 정말 고생하셨습니다. 여호와께서 주신 기업과 선물인 이 아이를 잘 양육해, 지구촌 곳곳에서 쓰임받는 하나님나라의 기둥 같은 일꾼으로 세워 가시길 바랍니다.

해산의 수고

지난 열 달 동안 얼마나 힘드셨습니까? 초기에는 입덧으로 고생하셨을 테고, 만삭이 되어서는 누워 있는 것 자체가 불편해 잠도 잘 못 자고 많이 힘드셨을 겁니다. 그러나 이 모든 수고에 못지않은 게 해산의 수고일 것입니다. 바울은 갈라디아 교인들을 양육하는 게 얼마나 어려운지를 설명하기 위해 해산의 수고에 비유했습니다(갈 4:19). 구약성경에서도 하나님의 심판과 재앙의 고통을 설명할 때 여인의 해산하는 고통에 비유합니다. 하나님의 심판으로 인한 재앙이 그만큼 힘들고 고통스럽다는 것입니다.

이 세상에서 경험할 수 있는 최고의 고통은 바로 해산의 아픔일 것입니다. 사실 한 생명을 낳는다는 것은 목숨을 건 행위입니다. 자신의 목숨을 걸고 한 생명을 얻는 것입니다. 온몸이 부서지는 고통, 뼈마디가 끊어지는 아픔을 경험해야 합니다. 극한 해산의 고통을 감내했다는 측면에서 모든 어머니는 위대합니다. 지금 바로 그런 위대한 일을 하신 겁니다.

양육의 수고

해산의 고통도 크지만, 그것을 넘으면 또 다른 고통과 아픔의 과정이 기다리고 있습니다. 바로 양육입니다.

해산의 고통과 아픔은 순간적입니다. 반면 양육의 고통은 오래 지속됩니다. 지루한 씨름을 해야 합니다. 바울은 영적으로 낳은 한 영혼을 예수 그리스도의 사람으로 성장시키고 훈육하는 과정을 부모가 자녀를 기르는 것에 비유합니다(7절). 그러면서 영적 자녀를 위해 하나님의 복음뿐 아니라 자신의 목숨까지 주기를 기뻐한다고 말합니다. 왜 그렇습니까? 영적 자녀를 사랑하기 때문입니다(8절).

바울이 영적 자녀를 훈육하기 위해 수고하고 애쓴 것처럼(살전 2:9), 육신의 부모도 하나님이 주신 생명을 하나님의 뜻대로 양육하기 위해 수고를 아끼지 말아야 합니다. 갓난아기 때는 밤잠 설쳐 가며 젖을 먹여야 하고, 조금 더 크면 이곳저곳 기어 다니며 어지럽혀 놓은 것 따라다니면서 뒤치다꺼리해야 합니다. 예닐곱 살이 되면 미운 짓을 정말 많이 하고, 사춘기에는 가슴을 쥐어짜는 듯한 심적 고통을 경험하게 할 것입니다. 중·고등학교 시절에는 학교 공부 뒷바라지하느라 고생하고, 다 성장해서는 입시와 취업 때문에 애간장이 타들어가고, 혼기가 차면 결혼 문제로 고심하고, 결혼해서 자식 낳으면 손자손녀 봐주느라 허리가 부러지는 것

같습니다. 그러나 이 모든 수고와 아픔이 부모로서의 청지기 사역입니다.

전인적 성장을 위해

아이를 잘 양육하기 위해서는 예수님이 성장해 가시던 모습에 주목할 필요가 있습니다. "아기가 자라며 강하여지고 지혜가 충만하며 하나님의 은혜가 그의 위에 있더라"(눅 2:40). "예수는 지혜와 키가 자라가며 하나님과 사람에게 더욱 사랑스러워 가시더라"(눅 2:52).

부모는 아이의 육체적 성장이 제대로 이루어지도록 돌봐 주어야 합니다. 육체의 발육 과정에 따라 영양분도 공급해 주어야 합니다. 무엇보다 후천적 장애가 생기지 않도록 주시해야 합니다. 지적 성장을 위해서도 많이 투자해 주어야 합니다. 지식 교육도 중요하지만, 그보다 지혜가 자랄 수 있도록 신경 써야 합니다. 여호와를 경외함이 지혜의 근본임을 기억해야 합니다. 더 중요한 것은 정서적인 교육입니다. 정서 교육이 제대로 이루어지지 않으면 대인관계에서 어려움을 겪을 수 있습니다. 그러나 역시 무엇보다 영적인 교육에 가장 신경 써야 합니다. 하나님의 말씀과 예배에 친숙한 사람으로 양육하십시오. 기도를 통해 살아계신 하나님을 경험하게 하십시오.

해산의 수고는 이미 끝났고, 이제 양육의 수고가 남았습니다. 해산의 수고를 잘 감당하셨으니, 양육의 수고도 잘 감당해 내실 것입니다. 아이가 모든 면에서 균형 있게 자라도록 지혜롭게 양육해, 장차 하나님께 귀하게 쓰임받는 일꾼으로 세워 가시길 바랍니다.

개업
복 주고 복 주리라
_히 6:13-15

오늘 새롭게 시작하는 이 사업에 하나님이 하늘 문을 여시고 한량없는 은혜와 복을 내려 주시길 기원합니다. 처음은 미약하지만, 하나님의 도우시는 은혜와 모든 직원의 최선을 다하는 노력으로 나중이 더 창대해지길 소망합니다.

복과 화의 근원

하나님은 아브라함을 부르셔서 후손과 땅에 대한 약속을 주셨습니다. 그리고 무엇보다 그를 축복의 통로로 세우셨습니다. 아브라함을 축복하는 자는 복을 받고, 저주하는 자에게는 화가 임할 것이라고 말씀하셨습니다. 그리고 자신의 이름으로 맹세까지 하셨습니다(13절).

예레미야는 이런 하나님을 화와 복을 내리시는 분으로 고백합니다. "화와 복이 지존자의 입으로부터 나오지 아니하느냐"(애 3:38).

하나님은 지존자(至尊者)이심을 명심해야 합니다. 하나님을 능가하는 존재는 없습니다. 하나님은 애굽의 모든 우상을 무색하게 만드신 분입니다. 그러므로 인간의 관리가 아닌 하나님의 경영을 갈망해야 합니다. 인간의 노력이 아닌 하나님의 도우심을 의존해야 합니다. 하나님의 도우심 없는 인간의 노력은 허무할 수 있음을 잊지 말아야 합니다.

하나님은 그분의 자녀에게 화가 아니라 복을 주기 원하십니다. 문제는 인간입니다. 복 받을 그릇을 준비하고, 복을 쏟아 버리지 않으며, 화를 초래하지 말아야 합니다. 이 세상에 하나님보다 더 큰 분은 없음을 명심하고 사업을 경영하시기 바랍니다.

하나님은 그분의 자녀에게 복을 주고 번성케 하길 원하신다는 사실을 반드시 기억하십시오. 물론 이는 기복신앙을 가지라는 말이 아닙니다. 자녀를 향한 하나님의 마음을 말하는 것입니다. 성도라면 당연히 복 자체가 아니라, 그 복을 주시는 여호와를 사랑하고 갈망해야 합니다. 여호와가 우리의 기업이시기 때문입니다.

오래 참음

믿음의 사람은 하나님의 때를 기다릴 줄 압니다(15절). 오래 참아 약속을 받습니다. 하나님의 때를 따라 오래 참는 것이 바로 믿음입니다. 그런데 사실 아브라함은 오래 참음에 실패했습니다. 세월이 많이 흘렀는데도 아이 소식은 없고, 아브라함과 사라 모두 늙어가고 있었습니다. 그래서 사라가 아브라함에게 여종을 통해 아이를 얻도록 권유했습니다. 기다림에 실패한 것입니다.

개업은 했지만 자리를 잡고 일어서는 게 그렇게 쉽지는 않을 것입니다. 그래서 지혜와 함께 인내가 필요합니다. 기다림에 실패해 일을 그르치는 경우가 많기 때문입니다. 주님을 기대하면서 기다릴 줄 아는 믿음으로 사업을 경영하시기 바랍니다.

부지런함

아무리 원하는 것이 있다 해도 게으르면 얻을 수 없습니다. 반면 부지런한 사람은 원하는 것을 풍족하게 얻을 수 있습니다. "게으른 자는 마음으로 원하여도 얻지 못하나 부지런한 자의 마음은 풍족함을 얻느니라"(잠 13:4). 이 사업에 마음과 생각과 시간을 집중해야 합니다. 그렇지 않고서는 좋은 결과를 얻을 수 없습니다. "네 양 떼의 형편을 부지런히 살피며 네 소 떼에게 마음을 두라"(잠 27:23). 선택과 집중 없이는 결코 성공할 수 없습니다.

홍보도 지혜롭게 해야 합니다. 다른 가게와 차별화된 분위기를 만들어 보십시오. 더 나아가 고객을 창조적으로 잘 관리해야 합니다. 가족에게 하듯 친절하게 대해야 합니다. 미소와 웃음이야말로 고객의 마음을 얻는 최고의 방법일 것입니다.

하나님의 은혜로 개업하게 되신 것을 다시 한 번 진심으로 축하드립니다. 이제 화와 복을 내리시는 지존자에게 집중하십시오. 그리고 하나님의 약속이 성취되기까지 오래 참음으로 기다리십시오. 무엇보다 부지런히 창조적인 아이디어를 계발하는 것도 필요합니다. 이 모든 노력을 통해 처음보다 나중이 더 창대해지기를 축복합니다.

사업 확장

창대하고 왕성하여
_창 26:12-13

요즘처럼 어려운 시대에 하나님의 은혜로 사업을 확장하게 된 것을 축하드립니다. 또 이렇게 되기까지 애쓴 노고에 박수를 보냅니다. 아무리 애쓰고 노력해도 잘 안 되는 사업장이 많은데, 정말 감사한 일입니다. 앞으로도 더 번창하는 기업이 되기를 축복합니다.

위기와 기회의 상관관계

사람들은 대부분 위기를 싫어하고 두려워합니다. 그러나 위기 없는 인생은 없고, 위기를 겪지 않는 사업도 없습니다. 중요한 건 위기의 유무가 아니라, 위기에 대한 해석과 대응입니다. 해석만 잘 하면 위기가 문제가 되지 않을 수 있고, 대응만 잘 하면 위기도 얼마든지 극복할 수 있습니다. 많은 사람이 위기를 통해 새로운 기회로 나아갔고, 많은 기업이 위기를 통해 새로운 변화를 모색해 재도약했습니다.

위기가 없도록 기도해 보십시오. 그러나 그건 거의 불가능할 것입니다. 대신 위기가 다가올지라도 극복할 수 있는 지혜를 주시고, 위기를 디딤돌 삼아 더 견고한 기업으로 세울 수 있게 해주시도록 기도하시길 바랍니다. 성경의 하나님은 역전 드라마를 연출하는 데 탁월한 분이십니다.

여호와께서 복을 주심

아브라함처럼 이삭도 큰 흉년을 만났습니다. 그래서 어쩔 수 없이 식량을 찾아 블레셋으로 갈 수밖에 없었습니다(창 26:1). 그곳에서 아내를 둘러싸고 위기를 경험하기도 했습니다. 그러나 그때도 하나님은 이삭과 함께하셨고, 역전 드라마를 만들어 주셨습니다.

이삭은 한때의 위기를 잘 넘기고, 그랄 땅에 그럭저럭 적응해 가는 것 같았습니다. 이삭이 농사를 짓자 하나님이 백 배의 복을 주셨습니다. 성경은 이것이 이삭의 농법이 훌륭해서가 아니라, 여호와께서 복을 주셨기 때문이라고 말합니다(12절). 하나님이 창대하고 왕성하게 하셔서 마침내 이삭은 거부가 되었습니다(13절).

여호와께서 확장해 주신 이 기업이 창대하고 왕성해지길 기원합니다. 그러려면 복의 근원 되신 여호와께서 도우시고 보살펴 주셔야 합니다. 여호와께서 신실한 동업자와 거래처를 많이 만나게 해주셔서 이 사업장이 오늘보다 내일, 올해보다 내년에 더 안정되고 성장하길 기원합니다.

잘된다 싶을 때 넘어질까 조심하면서 꼭 기억할 말씀이 있습니다. "여호와께서 집을 세우지 아니하시면 세우는 자의 수고가 헛되며 여호와께서 성을 지키지 아니하시면 파수꾼의 깨어 있음이 헛되도다 너희가 일찍이 일어나고 늦게 누우며 수고의 떡을 먹음이 헛되도다 그러므로 여호와께서 그의 사랑하시는 자에게는 잠을 주시는도다"(시 127:1-2). 아무리 일찍 일어나고 수고해도 헛된 것이 될 수 있습니다. 집을 세우는 자의 수고도 중요하고, 파수꾼이 깨어 성을 지키는 것도 중요하지만, 여호와께서 세우시고 지키시는 게 더 중요하다는 것입니다.

시기하는 사람들

이삭이 잘되자 블레셋 사람들이 그를 시기하고 질투했습니다(창 26:14). 게다가 이삭이 우물을 팔 때마다 생수의 근원이신 여호와께서 물이 솟아나게 하셨습니다. 블레셋 사람들은 이삭이 파놓은 우물을 자기들 것이라고 우기며 시비를 걸었습니다. 그때마다 이삭은 싸우지 않고 양보하고 다른 곳으로 옮겼습니다. 그런데 중요한 건 하나님이 이삭 편이었다는 사실입니다. 다른 곳으로 옮겨 샘을 파면 거기서 또 물이 솟아났던 것입니다.

인간적인 욕심으로 경쟁하고 싸우지 않아도, 하나님이 일하시면 됩니다. 이기기 위해 치열하게 경쟁하고 핏대 세워 싸울지라도 안 되는 일이 있는가 하면, 싸우지 않고 양보해도 하나님의 도우심으로 되는 일이 있습니다. 자신의 힘만으로 열심히 일하는 인생, 치열하게 경쟁하고 싸우는 인생이 아닌, 하나님이 도우시는 인생이 되시길 바랍니다. 잘되는 인생에는 시기나 질투, 모함이나 시비가 생길 수 있습니다. 그럴 때 인간적인 방법이 아니라 믿음의 원리로 대응하시길 바랍니다.

새롭게 확장하는 이 사업장에 복의 근원이신 여호와께서 더 큰 은혜와 복을 내리셔서 조만간 또다시 확장 감사 예배를 드릴 수 있길 소망합니다. 그렇게 되도록 늘 복 받을 그릇을 점검하면서 하나님의 은혜를 따라 믿음으로 이 사업을 경영해 가시길 바랍니다.

수상

상 주시는 이를 바라봄
_히 11:6

영광스러운 상을 받게 된 것을 진심으로 축하드리고, 이 모든 영광을 하나님께 올려 드립니다. 이 상을 받기 위해 그동안 엄청난 인고의 시간을 보냈을 텐데, 그 수고가 아름다운 결실로 돌아오게 하신 하나님께 감사드립니다.

상 주시는 이

인생의 경주든 믿음의 경주든 상 주시는 이를 바라보는 것은 매우 중요합니다. 사실 그에 따른 훈련을 생각하면 너무 힘들기 때문에 저절로 포기하고 싶어집니다. 그러나 힘들고 지겹게 생각되는 그 시간을 잘 견뎌 내야 좋은 결실을 맺을 수 있습니다. 인내의 열매를 바라보면 수고롭고 힘든 과정도 얼마든지 이겨 낼 수 있습니다.

하나님은 공의로우신 분입니다. 그래서 악한 사람과 선한 사람에게 각각 다른 결과를 주십니다. 열심히 일한 사람과 게으름 피운 사람에게 서로 다른 결과가 나타납니다. 즉, 그동안 열심히 노력했기에 공의로우신 하나님께서 오늘과 같은 수상의 기쁨을 누릴 수 있게 하신 것입니다.

하나님은 반드시 노력한 대로 보상하시는 분입니다. 세상에서는 열심히 노력하고 수고해도 결실이 좋지 않은 경우가 종종 있습니다. 그러면 낙심되거나 모든 것이 원망스러워집니다. 그러나 하나님은 수고한 대로 반드시 보상하시고 상 주시는 분입니다. 그것이 바로 아무리 고달프고 힘들어도 포기하지 않고 인생이나 믿음의 경주를 끝까지 할 수 있는 이유입니다.

하나님을 기쁘시게 하는 삶

하나님은 친히 지으신 피조물들을 통해 영광 받기를 원하십니다. 특별히 만물의 영장인 인간은 하나님을 기쁘시게 하며 살아야 합니다. 그렇다면 어떻게 하나님을 기쁘시게 할 수 있을까요? 믿음으로 사는 것입니다. 믿음이 없이는 하나님을 기쁘시게 할 수 없습니다. 여기서 믿음이란 하나님이 계신 것을 받아들이고, 그분이 상 주시는 분이심을 인정하는 것입니다. 하나님의 실존을 받아들이고, 그 하나님이 모든 만물의 주인이심을 인정해야 합니다. 그래서 자신이 아닌 하나님의 뜻과 기쁨을 구해야 합니다. 그런 사람에게 하나님은 반드시 보상해 주십니다.

에녹은 하나님과 동행한 대표적인 사람입니다. 그는 삼백 년 동안 한결같이 하나님과 함께 호흡하고, 함께 발걸음을 옮겼습니다. 하나님의 음성 듣는 것을 세상의 소리와 사람의 말 듣는 것보다 즐거워했습니다. 세상 것들이 조금 부족해도 하나님이 함께하시기에 넉넉하고 부요했습니다. 그렇게 평생 하나님과 동행한 에녹은 죽음을 보지 않고 옮겨졌습니다(히 11:5). 에녹은 그 누구도 누리지 못한 영광스러움을 경험했습니다. 이처럼 인생에서 가장 영광스러운 상은 주님과 동행하는 삶이요, 주님을 기쁘시게 하는 삶일 것입니다. 그렇게 살아가는 자에게 하나님은 또 다른 은혜와 복을 주십니다.

마지막까지

간혹 인생을 용두사미식으로 사는 사람이 있습니다. 거창하게 일을 시작하지만 금방 열정이 식어 버립니다. 그러나 성공적인 인생을 살려면 끈질김이 있어야 합니다. 한순간의 화려함에 도취되어 뛰어드는 불나방 인생은 위험합니다. 지푸라기나 검불처럼 한순간 확 불이 붙었다 금세 꺼져 버리는 사람은 큰 일을 이룰 수 없습니다. 냉철하고 끈질기게 한 걸음씩 나아가는 힘이 필요합니다. 죽음을 예감하고 있었던 바울은 디모데에게 이렇게 고백합니다. "나는 선한 싸움을 싸우고 나의 달려갈 길을 마치고 믿음을 지켰으니"(딤후 4:7). 우리도 인생이나 신앙의 경주에서 마지막까지 끈질기게 달려가야 합니다. 그래서 마지막 때 바울처럼 후회 없이 고백할 수 있어야 합니다.

귀한 상 받은 것을 다시 한 번 진심으로 축하합니다. 세월이 흐른 후에 또다시 이에 못지않은 영광스러운 상을 받고 다시금 감사 예배를 드릴 수 있기를 바랍니다. 한순간도 자신의 성공에 도취되지 말고 마지막까지 인생과 믿음의 경주를 끈질기게 잘 해나가, 마지막 하나님 앞에 서는 날 바울처럼 후회 없이 고백할 수 있기를 바랍니다.

입주

여호와께서 세우시는 가정
_시 127:1-2

새로운 장막에 입주하게 된 것을 진심으로 축하드립니다. 이곳에 하나님을 향한 예배와 기도의 제단이 날마다 세워져, 하늘의 신령한 은혜와 축복이 넘쳐나기를 기원합니다.

예수님이 주인 되시는 가정

솔로몬은 여호와께서 집을 세우시지 않으면 세우는 자의 수고가 헛되다고 말합니다. 또 여호와께서 성을 지키시지 않으면 파수꾼의 깨어 있음도 헛되다고 말합니다. 그는 철저하게 여호와 중심의 가정이 되어야 함을 알았던 것입니다.

물론 집을 세우려면 열심히 수고해야 합니다. 성을 지키려면 밤잠 자지 않고 깨어 있어야 합니다. 우리의 게으름으로 인해 집을 세우거나 성을 지키는 일을 망쳐서는 안 됩니다. 그럴지라도 그 모든 일의 주체는 인간이 아닌 여호와이심을 바로 알아야 합니다.

열심히 노력해 든든히 선 듯해도 무너지는 건 한순간입니다. 몇 년 동안 공들여 건축한 집도 단 몇 시간, 심지어 몇 분 만에도 와르르 무너질 수 있습니다. 그때 인간의 몸부림은 아무 의미가 없습니다. 주님이 지키시고 보호해 주시지 않으면 그렇습니다.

이 가정의 주인은 예수님이십니다. 예수님이 주인이시기에 이 가정은 늘 잔칫집이 될 수 있습니다. 혹 포도주가 떨어지는 것 같은 위급한 상황이 생길지라도, 이 가정의 주인이신 예수님께서 놀라운 이적으로 잔칫집의 즐거움을 회복시켜 주실 것이기 때문입니다.

여호와께서 주시는 잠

솔로몬은 사람이 일찍 일어나고 늦게 누우며 수고한 열매를 먹는 것도 헛되다고 말합니다. 아무리 열심히 일하고 애써도 하나님이 지키시고 보호하시지 않으면 참된 평안을 누릴 수 없기 때문입니다.

잘 자는 것은 큰 복입니다. 오늘날 많은 사람이 쉽게 잠들지 못해 신경안정제나 수면제를 복용합니다. 마음과 정신이 편하지 않다는 것입니다. 늘 뭔가에 쫓기고 불안하게 살아간다는 뜻입니다. 이곳에 거하는 동안 모든 가족이 평온히 잠들 수 있길 바랍니다. 주님은 사랑하시는 자에게 잠을 주십니다.

낮에는 밖에서 열심히 일하십시오. 다른 사람들보다 더 열심히 뛰어야 합니다. 성도는 주님의 일도 해야 하기 때문입니다. 그러나 일단 저녁에 집에 들어오면 가족 간에 따뜻한 사랑과 격려를 나누고, 무엇보다 모든 문제를 주님께 맡겨 평온한 마음으로 잠자리에 들 수 있기를 바랍니다. 삶의 문제로 너무 조바심 내지 마십시오. 주님이 계십니다. 그리고 주님이 도우실 것입니다. 주님이 일하고 계실 것입니다.

보혜사 성령이 세상이 알지 못하는 기쁨과 평안을 우리에게 주십니다. 또 예수님은 심지어 십자가에 달릴 때도 누리셨던 그 평안을 우리에게 주겠다고 약속하셨습니다. 보혜사 성령과 예수님이 약속하신 안식과 평안을 누리는 가정이 되시길 바랍니다.

하나님의 집

야곱은 아버지 이삭을 속여 장자의 축복을 받은 후 외삼촌 집으로 도망치던 중 해가 저물어 루스에서 잠이 들었습니다. 그때 사닥다리가 하늘에서 땅에 내려오고, 그 위로 천사가 오르락내리락하는 환상을 보았습니다. 그리고 하나님의 음성도 들었습니다. 야곱은 바로 그곳에 제단을 쌓고 하나님께 제사를 드렸습니다. 그리고 그곳을 벧엘, 즉 '하나님의 집'이라고 불렀습니다.

이곳을 벧엘로 만드십시오. 이곳에서 온 가족이 함께 하늘에 계신 아버지께 예배하십시오. 그리고 함께 기도하십시오. 서로 다투는 소리가 아니라, 온 가족이 찬송하는 소리가 들리게 하십시오. 분명 그 모든 예배와 기도와 찬송이 하늘로 올라가 은혜의 보좌에 이를 것입니다.

이곳이 단순히 '하우스'(house)가 아니라 '홈'(home)이 되게 하십시오. 오늘날 하우스는 많습니다. 그러나 홈은 드뭅니다. 아름답고 화려한 건물이나 고가의 가구가 집을 홈으로 만드는 것이 아닙니다. 가정의 기능이 살아 있어야 진정한 홈이 되는 것입니다. 안식, 위로, 평안, 자유 같은 것이 있어야 진짜 홈입니다. 한편으로는 아무리 이 땅의 집이 좋더라도 하늘나라의 집과는 비교조차 할 수 없다는 것을 잊지 마십시오. 그러므로 하늘나라에 소망을 둔 나그네로 살아가야 함도 꼭 기억하시길 바랍니다.

건축 1(착공)
일어나 건축하자
_느 2:18

하나님의 은혜와 계획하심으로 건축을 시작하게 된 것을 진심으로 축하드립니다. 지금 시작하는 건축 공사가 완공 때까지 결코 도중에 멈춤 없이 순탄하게 진행되도록 하나님께서 도와주시길 기원합니다.

다시 수치를 당하지 말자

느헤미야는 바벨론의 수산궁에서 술 맡은 관원장이라는 고위관직에 있었습니다. 바벨론에 포로로 잡혀 온 사람으로서는 출세한 셈입니다. 그러나 마음이 편하고 행복하지는 않았습니다. 고국 유다의 예루살렘이 황폐해진 채로 버려져 있었기 때문입니다. 그래서 결국 예루살렘 재건을 지휘하는 총독의 자격으로 고국 유다로 돌아왔습니다.

이제 느헤미야가 해야 할 일은 불타 버린 예루살렘성을 재건하는 것이었습니다. 앞서 예루살렘으로 돌아온 여호수아와 학개 선지자가 예루살렘 성전 재건을 위해 애썼다면, 느헤미야는 예루살렘성을 재건하는 데 주력해야 했습니다. 그래서 하나님의 도성인 시온성의 영광을 회복해야 했습니다. 그는 백성들에게 하나님의 도성을 재건해 다시는 수치를 당하지 말자고 설득했습니다(느 2:17).

하나님의 은혜로 시작된 이 공사가 순조롭게 진척되어 하나님의 영광을 드러낼 수 있기를 바랍니다. 본문 말씀처럼 지금까지 도와주셨던 하나님의 선한 손이 앞으로도 계속해서 도우시기를 간구하십시오. 어떤 상황에서도 주님의 도우심으로 형통하게 마무리될 수 있도록 기도하십시오. 주님이 반드시 도와주실 것입니다.

일어나 건축하자

느헤미야가 설득하자 유다 백성들의 마음이 움직였습니다. 감동받은 백성들이 "일어나 건축하자"고 외쳤습니다. 모두가 선한 일을 하기 위해 힘을 내 분연히 일어섰습니다. 물론 넉넉한 형편은 아니었습니다. 아직 자신의 집도, 농지도, 목축지도 제대로 마련하지 못한 상태입니다. 그러나 삶의 우선순위를 분명히 정했습니다.

이 공사도 쉽지만은 않습니다. 그래서 모두가 함께 협력하고 손을 잡아야 합니다. 마음이 하나가 되어야 합니다. 동역하려는 마음, 헌신하려는 마음, 다른 사람보다 더 앞장서서 솔선수범하려는 마음이 필요합니다. 그리고 이런 분위기를 끌어내는 사람도 필요합니다. 드고아의 귀족들은 뒷전으로 물러났지만, 주민들은 팔을 걷어붙이고 자신들에게 맡겨진 일뿐 아니라 그 이상을 감당했습니다. 바로 이런 사람이 필요합니다. 그래야 다른 사람들도 덩달아 힘을 내게 됩니다.

장애물을 극복하자

아무리 선한 일이라도 모두 쉽게 이루어지지는 않습니다. 모든 일에는 장애물이 있기 마련입니다. 호론 사람 산발랏, 종이었던 암몬 사람 도비야, 아라비아 사람 게셈 같은 이들이 유다 백성을 업신여기고 비웃었습니다. "너희가 하는 일이 무엇이냐 너희가 왕을 배반하고자 하느냐"(느 2:19).

그러나 느헤미야는 주눅 들지 않았습니다. 포기하지도 않았습니다. 왜일까요? 그에게는 믿음이 있었습니다. 확신이 있었습니다. "하늘의 하나님이 우리를 형통하게 하시리니"(느 2:20). 느헤미야는 그런 하나님을 이미 경험했습니다. 바벨론에서 왕을 설득할 때 하나님이 도와주셨습니다. 모든 것을 형통케 하시고 준비해 주셨습니다. 그러니 무엇을 주저하겠습니까?

어려움이 없기를 기대하지 마십시오. 장애물이 없도록 기도는 해야겠지만, 결코 그렇게 되지는 않을 것입니다. 그보다는 장애물이 있고 어려움이 닥치더라도 극복할 수 있는 힘과 지혜를 달라고 간구하십시오. 장애물을 디딤돌 삼아 완공을 향해 힘차게 나아가길 바랍니다.

주님의 은혜로 시작한 이 공사가 결코 수치를 당하지 않고 빠른 시일 안에 완공되기를 바랍니다. 지금 다 함께 힘을 모아 시작하는 것처럼 마지막까지 협력하길 바랍니다. 그리고 살아계신 하나님이 반드시 도와주실 것을 믿고 장애물을 지혜롭게 잘 뛰어넘어, 무사히 건축을 마치고 조만간 준공 감사 예배를 드릴 수 있기를 기원합니다.

건축 2(준공)

여호와는 선하시도다
_대하 7:1-3

하나님의 은혜와 도우심으로 건축 공사를 완공하고 마침내 이렇게 준공 감사 예배를 드리게 되니 너무도 감격스럽습니다. 이 모든 영광을 하나님께 올려 드립니다. 이 공사를 준공하기까지 함께 애쓰고 협력해 주신 모든 분께 진심으로 감사드리고, 하나님의 복이 그 삶과 가정에 넘쳐나길 기원합니다.

솔로몬이 드린 기도

솔로몬의 성전 건축에 대해 설명하고 있는 역대하 2-4장에 이어 5-7장은 성전봉헌식에 대해 기록하고 있습니다. 아울러 그에 따른 성전 예배의 회복을 보여 줍니다. 성전 건축을 완공한 솔로몬은 먼저 언약궤를 성전으로 옮깁니다(대하 5장). 그리고 회중에게 연설한(대하 6:1-11) 다음, 긴 성전 봉헌 기도를 드립니다(대하 6:12-42). 이어서 성전 봉헌 축제가 열리고(대하 7:1-10), 그 후 솔로몬의 기도에 대한 하나님의 응답이 나타납니다(대하 7:11-22).

솔로몬은 성전 건축을 완공한 감격과 기쁨에 젖은 채 성령에 감동되어 긴 기도를 드리면서 하나님께 이렇게 요청했습니다. "나의 하나님이여 이제 이곳에서 하는 기도에 눈을 드시고 귀를 기울이소서"(대하 6:40).

땀과 눈물로 완공한 이곳에서 하나님께 많은 기도를 올려 드리기 바랍니다. 그리고 그 기도가 하나님의 마음에 합한 것이 되기를 바랍니다. 주님을 즐거워하는 기도를 드리십시오. 그래서 하늘에서 내려오는 놀라운 응답을 경험할 수 있기를 바랍니다. 주님은 자녀의 기도에 응답하기를 기뻐하십니다. "너희가 내 안에 거하고 내 말이 너희 안에 거하면 무엇이든지 원하는 대로 구하라 그리하면 이루리라"(요 15:7). 기도하기 전에 먼저 예수님과 온전한 연합을 이루십시오. 그것이 먼저 이루어져야 놀라운 기도 응답의 역사가 일어납니다.

성전에 가득한 여호와의 영광

하나님은 힘과 정성을 다해 성전 건축을 완공한 솔로몬을 기뻐하셨습니다. 그 마음을 얼마나 귀하게 여기셨겠습니까. 아마 오늘 건축을 완공하기까지 애쓰고 힘쓴 분들의 마음도 주님은 매우 기뻐하실 것입니다. 그리고 그 기도에 응답하실 것입니다.

솔로몬이 봉헌 기도를 마치자 하늘에서 불이 내려와 번제물과 제물을 살랐습니다(1절). 그리고 성전에 하나님의 영광이 가득하게 되었습니다. 제사장들도 감히 성전으로 들어갈 수 없을 정도였습니다(2절). 그러자 모든 백성이 땅에 엎드려 여호와께 경배했습니다(3절). 하늘에서 불이 내리는 것과 여호와의 영광이 성전에 가득한 것을 보았기 때문입니다.

건축 준공 감사 예배를 드리는 이곳에 늘 하나님의 영광이 가득하기를 바랍니다. 사람들의 공로가 아니라, 하나님의 임재와 영광이 드러나야 합니다. 삶을 통해 하나님의 하나님 되심을 선포하는 것에 대한 최고의 응답은 하나님의 영광이 드러나는 것입니다. 바울처럼 성도는 먹든지 마시든지 무엇을 하든지 하나님의 영광만 구해야 합니다. 하나님의 영광이 지금부터 영원까지 이곳에 가득하길 기원합니다.

감사 고백

하늘에서 임한 불과 성전에 가득한 하나님의 영광을 보자 이스라엘 백성은 모두 엎드려 경배했습니다. 그리고 감사함으로 고백했습니다. "선하시도다 그의 인자하심이 영원하도다"(3절). 건축을 완공한 지금 감사의 고백 외에 무엇을 드릴 수 있겠습니까? 감사의 핵심은 여호와의 선하심과 인자하심을 보고 깨닫는 것입니다.

성전 공사를 완공한 솔로몬이 대단한 것입니까? 성전을 아름답고 웅장하게 건축한 여러 기술자와 특심을 갖고 헌신한 백성이 위대한 것입니까? 그렇지 않습니다. 그 모든 것이 선하신 하나님이 도와주신 결과입니다. 하나님이 돕지 않으면 이룰 수 없는 일, 주님의 도우심이 아니면 걸어갈 수 없는 인생임을 깨달았을 때 할 수 있는 것은 그저 감사밖에 없습니다.

건축 공사를 완공한 오늘이 있기까지 여러모로 헌신하고 애쓰신 모든 분의 노고에 진심으로 감사하고 축복합니다. 이곳에서 하나님께 많은 기도를 올려 드려, 여호와의 영광이 가득한 응답을 날마다 받음으로, 감사가 떠나지 않는 복된 삶을 누리시길 기원합니다.

세례 받은 경우

크게 기뻐하니라
_행 16:33-34

이번에 아주 의미 있고 특별한 세례를 받으신 것을 진심으로 축하드립니다. 세례도 받았으니 이제부터 주님과 특별한 관계를 맺고 새로운 삶의 출발점이 되시길 기원합니다.

세례의 의미

세례는 구약의 할례에 기원을 두고 있는데, 할례는 하나님의 백성이 되었다는 표징입니다. 그렇기 때문에 세례 역시 구원받은 하나님의 자녀가 되었다는 외적 증표입니다.

세례에는 성령세례와 물세례가 있습니다. 성령세례는 성령으로 거듭나는 것을 말합니다. 모든 사람이 이 성령세례를 받아야 합니다. 물세례를 받았더라도 성령세례를 받지 못했다면 그 세례는 의미가 없습니다. 물세례는 사실 성령세례를 받았다는 외적 표시입니다.

물세례는 참된 신앙고백을 하는 사람에게 주는 것으로, 그 형식상 수세자를 물에 푹 잠기게 하는 침례가 있는가 하면, 간단한 약식 세례도 있습니다. 대개는 목사님이 손에 물을 묻혀 수세자의 머리를 적시는 방식을 사용합니다. 이 물세례는 죄 사함 받음을 의미합니다. 또 세례를 받음으로 죄에 대해서는 죽고, 의에 대해서는 살아나게 되는 것입니다. 옛 사람은 죽고, 새 사람이 되는 표징이라고 할 수 있습니다.

물세례를 받았다면 성령세례도 받기를 바랍니다. 그래서 이제는 죄와 결별하고 하나님이 기뻐하시는 의로운 삶으로 나아가는 삶의 결단이 있기를 바랍니다.

큰 기쁨의 세례식

바울은 2차 선교여행 중 성령의 인도로 마게도냐 지역 선교를 위해 빌립보로 가게 되었습니다. 그곳에서 바울은 루디아 같은 신실한 동역자를 만나는 기쁨을 누렸습니다. 그러나 귀신 들린 여종에게서 귀신을 내쫓았다 주인에게 고발당해 실컷 두들겨 맞고 감옥에 갇히기도 했습니다. 그런데 감옥에 갇힌 것도 알고 보니 간수와 그 가정을 구원하시기 위한 하나님의 섭리 가운데 하나였습니다.

바울과 실라가 감옥에서 찬송하고 기도하자 큰 지진이 일어나 옥문이 열리는 놀라운 광경을 두 눈으로 똑똑히 지켜본 간수는, 그들이 전하는 복음에 관심을 갖고 청해 듣게 되었습니다. 그러고는 바울 일행을 집으로 데려가 그날로 온 가족이 세례를 받았습니다. 그리고 음식을 준비해 함께 큰 기쁨을 나누었습니다.

세례를 받는다는 것은 엄청나게 기쁜 일입니다. 지옥에서 천국으로, 사망에서 생명으로, 마귀의 자녀에서 하나님의 자녀로, 소속이 완전히 바뀌는 사건이기 때문입니다. 그런데 본문에서 더 놀라운 건, 간수 한 사람만이 아니라 온 가족이 세례를 받았다는 사실입니다. 앞서 언급한 루디아의 세례 역시 그렇습니다. 그녀와 그 집이 모두 세례를 받았습니다 (행 16:15). 이러한 은혜가 이번에 세례 받은 성도님에게도 임하길 바랍니다. 자기 혼자만의 세례로 그치지 말고, 머지않아 온 가족을 전도해 다함께 세례 받는 놀라운 역사가 일어나길 바랍니다.

새로운 삶

누구든지 그리스도 안에 있으면 새로운 피조물이 됩니다(고후 5:17). 이전 것은 지나가고 새것이 됩니다. 즉, 세례 받은 자는 새로운 피조물이 되는 것입니다. 이제 아담에게서 전달된 죄의 유전자가 끊어지고, 예수 그리스도를 통한 새로운 유전자가 심겼습니다. 성령으로 거듭난 새 사람으로서 새로운 본성이 생겼습니다. 그래서 이제는 새로운 삶을 지향하게 되는 것입니다.

성령께서 어둠의 일을 벗어 버리고 빛을 따라 살게 하실 것입니다. 그래서 빛의 열매로 가득하게 하실 것입니다. 이제는 홀로 걷는 삶이 아닙니다. 성령이 강권하시는 삶입니다. 하나님이 이번에 받은 세례를 통해 예수 그리스도의 마음을 풍성하게 부어 주실 것입니다. 그래서 사랑과 긍휼과 자비가 넘치며, 온유하고 겸손하게 살아가게 하실 것입니다.

하나님께서 하늘 문을 활짝 여시고 신령한 은혜와 만나를 부어 주시길 바랍니다. 이제 죄에서 자유로운 인생, 의에 사로잡힌 인생, 마귀에게서 해방된 하나님의 자녀로서의 인생을 살아가십시오. 새로운 본성을 따라 예수님을 닮은 새 삶을 향해 힘차게 나아가십시오. 나아가 오늘 받은 세례가 온 가족의 세례로 확장되는 큰 기쁨도 장차 함께하길 바랍니다.

집사 안수 및 장로·권사 취임

교회 부흥의 열쇠
_행 6:3-6

　이번에 주님과 교회가 주시는 직분을 받아 임직하게 된 것을 축하드립니다. 새로 받은 직분이 영광스러운 것인 만큼 새로운 은혜를 경험하는 기회가 되면 좋겠습니다. 예수님이 공생애 사역을 시작하기 전 세례 받으실 때, 하늘 문이 열리고 성령이 임하시며 하나님의 음성이 들렸던 것처럼, 이번 임직으로 그런 은혜가 임하길 바랍니다. 아울러 하나님 나라와 교회에 꼭 필요한 직분자로 섬기시길 바랍니다.

직분자의 자격
　초대 예루살렘교회가 점점 부흥하자 교회 내적으로 문제가 발생했고, 이를 위해 일꾼의 필요성이 대두되었습니다. 그래서 사도들은 결단을 내려 일곱 집사를 세우고, 그리스도의 몸인 교회를 위해 동역하게 했습니다. 자신들은 기도와 말씀 사역에만 힘쓰고, 일곱 집사에게 교회의 구제 사역을 맡기기로 한 것입니다(4절).
　하나님은 교회에 다양한 직분을 주셔서 그리스도의 몸을 위해 서로 협력하도록 하셨습니다. 각 지체는 성령이 각자에게 주신 영적 은사로 서로 섬기며 그리스도의 몸인 교회를 세워 가야 합니다. 설령 혼자 할 수 있을지라도 더불어 하려는 마음을 가져야 합니다.

직분자로 세워지기 위해서는 중요한 자격 조건이 있습니다. 성령과 지혜와 믿음이 충만하며 칭찬 듣는 사람이어야 합니다(3, 5절). 예루살렘 교회는 그 자격 조건을 따라 일곱 명의 안수집사를 세웠습니다(6절).

직분자는 절차상 교회의 다양한 검증 과정과 성도들의 투표로 세워졌지만, 실제로는 하나님이 세우신 것과 같습니다. 그러므로 직분자는 자신이 받은 직분이 사람이나 조직이 아니라 하나님이 주신 직분임을 잊지 말아야 합니다.

교회 부흥의 열쇠

초대 예루살렘교회는 일곱 집사를 세우고 난 뒤, 하나님의 말씀이 점점 왕성해져 제자의 수가 심히 많아졌습니다. 심지어 허다한 제사장의 무리까지 그리스도의 도에 복종하는 역사가 일어났습니다(행 6:7).

장로, 안수집사, 권사를 세워 놓았더니 교회에 골치 아픈 일이 더 많아졌다는 말이 나오면 안 됩니다. 각 직분자는 각자에게 맡겨진 직분을 잘 감당해 교회의 모든 조직이 원활하게 돌아가게 해야 합니다. 다른 사람의 직분과 일에 간섭하려 하지 말고, 그저 자신에게 맡겨진 직분과 일에 충실하면 됩니다.

특별히 장로, 안수집사, 권사가 각자 자신의 직분을 잘 감당해 줄 때 목사님의 목회 사역이 든든해질 뿐 아니라 힘을 얻을 수 있습니다. 목사님이 다른 일에 신경 쓰지 않고, 기도하고 말씀 전하는 일에 전념할 수 있게 해주십시오. 그래서 ○○○ 집사/권사/장로님을 통해 교회가 더욱 더 부흥하기를 기원합니다.

좋은 동역자

공동체는 어느 한 사람의 힘만으로 유지되지 않습니다. 공동체를 든든히 세워 가려면 서로 좋은 동역자가 되어야 합니다. 사실 동역은 쉬운 일이 아닙니다. 환상의 콤비였던 바나바와 바울도 2차 선교여행을 앞두고 의견 차로 결국 서로 갈라지고 말았습니다. 우리도 동역이 쉬운 일이 아니라는 생각을 늘 염두에 두고, 좋은 동역자가 되기 위해 노력해야 합니다.

좋은 동역자가 되려면 일이 아니라 관계 중심적인 사람이 되어야 합니다. 예수님처럼 온유하고 겸손한 성품으로 하나 됨을 이루어야 합니다. 자기중심적인 생각을 버리고 이타적인 희생과 섬김의 마음으로 무장해야 합니다. 바르게 생각하고, 감정을 잘 통제하며, 은혜스럽고 덕스러운 말을 해야 합니다. 그렇게 서로 넓은 마음으로 용납하고 존중함으로 그리스도의 몸인 교회를 세워 가야 합니다.

이번에 임직 받은 ○○○ 집사/권사/장로님에게 성령과 지혜와 믿음이 충만하길 기원합니다. 무엇보다 이번에 받은 직분이 사람이 아니라 하나님이 주신 직분임을 늘 잊지 말고 맡은 일을 충성스럽게 잘 감당하십시오. 또 다른 직분자들과 좋은 동역자가 되어 그리스도의 몸인 교회의 하나 됨을 이루어 가십시오. 그래서 모두 교회 부흥의 열쇠가 되시길 바랍니다.

직분자 임명

직분을 잘 감당한 자
_딤전 3:13

목회자는 연말이 가장 힘듭니다. 각종 직분자를 세워야 하기 때문입니다. 인사가 만사라는데, 적재적소에 사람을 잘 배치해 효과적으로 조직을 운영한다는 게 그리 쉬운 일이 아닙니다. 이번에 주님이 주신 직분을 감사함으로 받아 충성스러운 일꾼으로 자리매김해 갈 수 있기를 바랍니다. 그러기 위해 몇 가지 알아야 할 사실이 있습니다.

다양성과 일체성
교회는 다양한 구성원으로 이루어져 있습니다. 직분, 은사, 출신, 성별, 기질 등이 모두 다릅니다. 다양한 사람으로 구성되어 있다 보니 어쩔 수 없이 늘 갈등의 여지가 있습니다. 그러기에 서로의 다양함을 인정해 주어야 합니다. 일하는 방식이나 성향, 기질 등의 다양함은 물론 직분이나 은사의 다양함도 인정해 주어야 하는 것입니다.

직분과 은사는 비교의 대상이 아니라 섬김의 도구입니다. 결코 직분이나 은사를 놓고 서로 비교하지 마십시오. 어떤 사람은 다른 사람과 비교하면서 열등감을 느껴 시기하고 질투합니다. 또 어떤 사람은 자신이 다른 사람보다 더 낫다는 우월의식을 가져 교만합니다. 제아무리 탁월한 자질과 능력을 가졌을지라도 다 하나님이 주신 겁니다. 잘난 체할 게 전혀 없습니다. 그보다는 어떻게 하면 더 효과적으로 섬길 수 있을지에 관심을 가져야 합니다.

각자 다양한 직분과 은사를 갖고 있을지라도 통일성은 있어야 합니다. 자유롭게 일하되 질서가 분명해야 합니다. 고린도교회는 사람을 따라 사분오열되었습니다. 파를 나누어 서로 다투고 분열했습니다. 이는 주님의 몸을 찢는 악한 죄입니다. 다양성 속에서도 일치되고 한 몸이 되어 연합하고 협력해야 합니다. 이는 모두가 예수 그리스도를 머리로 고백하고, 그분의 통제와 지시를 받을 때 가능한 일입니다.

직분을 잘 감당한 자의 영광

바울은 디모데에게 교회에서 사람들에게 다양한 직분을 주어 일꾼으로 세우되, 각자의 자리에서 자신의 소임을 잘 감당한 자에게는 그에 상응하는 영광을 주라고 말합니다. 그런 사람은 아름다운 지위뿐 아니라, 믿음에 큰 담력을 얻게 될 것입니다. 자리와 명예를 얻기 위해서가 아니라, 자신의 직분을 귀하게 여겨 충성스럽게 섬기다 보니 인정과 존중을 받게 된다는 것입니다. 바울은 서신서를 쓸 때마다 마지막에 늘 자신과 복음 사역을 위해 협력해 준 동역자들의 이름을 언급하면서 감사를 표현하고, 공동체에게 문안해 달라는 부탁까지 했습니다.

교회가 든든히 서기 위해서는 인정과 존중이 일상화되어야 합니다. 그래서 바울은 이렇게 권면합니다. "잘 다스리는 장로들은 배나 존경할 자로 알되 말씀과 가르침에 수고하는 이들에게는 더욱 그리할 것이니라"(딤전

5:17). 직분자는 모두 존경받는 일꾼이 되기 위해 힘써야 합니다. 그리고 공동체는 직분 맡은 자들을 인정하고 존중해 주어야 합니다. 권위는 스스로 세워 가야 하는 만큼 공동체도 인정해 주어야 하기 때문입니다.

외인에게서도 선한 증거를 얻은 자

바울은 감독의 자격에 대해 언급하면서 "외인에게서도 선한 증거를 얻은 자"(딤전 3:7)여야 한다고 말합니다. 교회 직분자는 불신자들에게서도 인정받을 수 있어야 합니다. 그래서 어떤 목사님은 장로 직분자를 세울 때 그분이 다니는 직장에 가서 평판을 들어본다고 합니다.

적어도 교회 직분자는 가족에게서 인정받을 수 있어야 합니다. 가정은 아무렇게나 내팽개쳐 놓고 주의 일을 한다고 해서는 안 됩니다. 물론 이는 교회 일을 등한시하고 가정에만 집중하라는 말이 아닙니다. 교회 일을 하기 위해서 남보다 더 부지런히 가정을 돌보고 섬겨야 한다는 말입니다.

교회 일꾼들 가운데 간혹 좋지 않은 일로 이웃 사람들의 입에 오르내리는 경우가 있습니다. 동네에서 술·담배 문제로 주변 사람들의 눈살을 찌푸리게 해서는 안 됩니다. 주차나 층간 소음 문제 등으로 이웃 주민과 다투어서도 안 됩니다. 더 양보하고 이해하는 넓은 마음을 가져야 복음이 방해받지 않습니다.

이번에 받은 직분이 영광스러운 것임을 기억하고, 교회의 다양성과 일체성을 인정하면서 직분을 잘 감당해, 교회 공동체에서 존중받을 수 있길 바랍니다. 또 가정이나 이웃, 직장의 믿지 않는 사람들에게서조차 선한 증거를 얻는 진실된 직분자가 되길 바랍니다.

3장

애도와 추모

Sermon for Visiting

신자의 임종

경건한 자의 죽음
_시 116:15

　세계에서 가장 안전한 은행이라고 알려진 스위스 은행은, 아무에게도 예금 맡긴 사람의 정보를 알려 주지 않는 것을 원칙으로 삼고 있습니다. 그래서 엄청난 재산을 가진 재력가들이 너도나도 이곳에 자산을 맡기려 합니다. 그러나 아무리 비밀리에 운영되고 철통보안이 이루어져 가장 안전하게 자산을 지켜 주는 은행이라 해도 사람의 목숨은 지켜 줄 수 없습니다. 어떤 상상력을 동원해도 사람의 목숨과 영혼을 보관할 수 있는 과학 기술과 장치를 만드는 것은 불가능합니다.

소망이 사라질 때
　오늘 본문에서 시인은 사망의 줄이 두르고 스올의 고통이 이르러 환난과 슬픔을 만났다고 고백합니다. 이 말은 곧 죽음이 임박했다는 것입니다. 지푸라기라도 잡고 싶은 심정으로 이리저리 둘러보고 몸부림쳐 봐도 도움 받을 수 있는 곳이 없는 상황에서 시인은 깊은 회한을 느낍니다. 후회와 슬픔, 더 잘 살고 더 사랑하지 못한 아쉬움이 교차합니다. 마치 소망이 존재하지 않는 곳으로 떨어진 것만 같은 고통스러운 느낌입니다.

그러나 시인은 그런 고통에 머물지 않고 하나님의 손을 간절히 붙잡습니다. 은혜로우시고 의로우시며 긍휼이 많으신 하나님께서 사망과 눈물과 넘어짐에서 건지실 뿐 아니라 생명이 있는 땅에 세우셔서 여호와 하나님 앞으로 나아가리라고 노래합니다(시 116:5, 8-9). 그는 어떻게 이런 생명에 대한 소망을 확신할 수 있었을까요?

가장 확실한 안전장치

세상에는 우리를 지켜 주는 안정장치가 많이 있습니다. 차에는 안전띠가 있고, 공사 현장에서는 안전모와 안전장구를 수시로 확인합니다. 소방서에서는 인구밀집 구역과 건물의 안전시설을 수시로 점검하고, 혹 미비한 건물이 있다면 보완합니다. 그러나 안전장치를 수시로 점검하고, 개인 안전을 위해 최선을 다해도, 우리의 생명을 완전히 보장할 수는 없습니다. 생명을 보관할 수 있는 기술이 없듯, 생명을 완벽하게 보호할 수 있는 안전장치 역시 없습니다.

그러나 그리스도인에게는 이 세상에서 찾을 수 없는 가장 안전한 안전장치가 있습니다. 로마서 5장 8절은, "우리가 아직 죄인 되었을 때에 그리스도께서 우리를 위하여 죽으심으로 하나님께서 우리에 대한 자기의 사랑을 확증하셨느니라"라고 말합니다. 계속해서 10절에서는, 우리가 원수 되었을 때에도 하나님이 자신의 아들 예수 그리스도를 십자가에서 죽게 하심으로 우리에 대한 사랑을 보증하셨다고 설명합니다.

사도 바울은 사망이나 생명이나 그 어떤 것도 하나님의 사랑에서 우리를 끊을 수 없다고 확신합니다(롬 8:38). 그러므로 이 확신 안에 있으면 안전할 수 있습니다. 비록 사망의 줄과 스올의 고통에 둘러싸여 있더라도, 이 사랑이 있는 한 안전합니다.

귀중하게 보심으로

이것을 오늘 본문은, "그의 경건한 자들의 죽음은 여호와께서 보시기에 귀중한 것이로다"라고 말합니다. 하나님은 자신이 귀중하게 보시는 것을 지키실 것입니다. 세계에서 가장 안전한 스위스 은행도 지켜 줄 수 없는 우리의 인생과 목숨을 하나님은 반드시 지키시고 보호하실 것입니다. 세상의 안전장치가 혹 유사한 안전을 제공할 수 있을지는 모르나, 하나님의 지키심은 영원한 안전과 보호를 보장합니다.

죽음은 사실 끝이 아니라 새로운 시작입니다. 목숨을 잃어버리는 것이 아니라 새로운 것으로 되찾는 것입니다. 우리 육체는 주님이 다시 오시는 날 새로운 부활의 몸을 입고 생명이 있는 땅, 저 영원한 천국에 세워질 것입니다. 이 안전함에 머물러야 두려움과 슬픔과 후회가 사라집니다.

우리가 하나님의 보호하심 안에 안전히 거할 수 있는 것은, 하나님이 우리를 귀중하게 여겨 주시기 때문입니다. 하나님은 자신의 가장 귀한 아들을 내어 주시기까지 우리를 사랑하신 분입니다. 그 엄청난 대가로 우리를 구해 주셨습니다. 그러므로 하나님은 세상 그 어떤 것도 지켜 줄 수 없는 우리의 생명을 지키실 것입니다. 죽음도 생명도 그 어떤 것도 하나님의 이 놀라운 사랑의 보호하심에서 우리를 끊을 수 없습니다. 이 믿음과 확신으로 주님 품에 안겨 새로운 생명의 땅에 굳건히 세워질 날을 소망할 수 있길 바랍니다.

불신자의 임종
나와 함께 낙원에 있으리라
_눅 23:42-43

"인간은 생각하는 갈대다"라는 말을 남긴 블레이즈 파스칼은 수학적 확률에 관해 대단한 업적을 남긴 사람입니다. 그는 수학적 확률에 기초해 한 가지 신앙적인 결론을 도출해냈습니다. 하나님을 믿었는데 실제로 하나님이 있는 경우, 구원받아 천국에 갈 수 있을 테니 아무 손해도 없습니다. 반면 하나님을 믿지 않았는데 실제로는 하나님이 있는 경우 꼼짝없이 지옥에 떨어지게 되니 치명적인 손해를 보게 됩니다. 그래서 하나님을 믿는 것이 확률적으로 유리하다는 것입니다. 지금이 바로 그 선택의 순간입니다. 어떤 선택을 하는지에 따라 결과는 완전히 달라집니다.

나를 기억하소서
오늘 본문은 이 땅에서의 시간이 얼마 남지 않은 한 강도의 이야기를 들려줍니다. 지은 죄가 얼마나 중했던지, 그는 당시 로마에 대항하는 반란자만 받았다는 가장 큰 형벌인 십자가를 지게 되었습니다. 성경은 구체적으로 그를 '강도'라고 말합니다. 그 강도는 그렇게 자신의 끔찍하고 잔혹한 죄로 죽게 되었습니다.

그런데 마침 그곳에 예수님이 자신과 동일한 십자가를 지고 계셨습니다. 예수님의 죄목은 신성모독이었습니다. 다른 편에 있는 강도가 예수님을 조롱하자 그가 그 강도를 꾸짖으며 말합니다. "우리는 우리가 행한 일에 상당한 보응을 받는 것이니 이에 당연하거니와 이 사람이 행한 것은 옳지 않은 것이 없느니라"(눅 23:41). 이렇게 자신의 죄를 정직하게 고백하고는, 천국에 임하실 때 자신을 기억해 달라고 예수님께 부탁합니다. 그것은 매우 지혜로운 부탁이었습니다. 예수님은 이 세상 나라의 왕이 되기 위해서가 아니라, 하나님나라를 이루시기 위해 오셨고 그 왕국의 주인이시기 때문입니다.

구원의 신비

예수님께서는 자신을 기억해 천국에 들어가게 해달라는 강도의 요청에 곧바로 응답하셨습니다. "오늘 네가 나와 함께 낙원에 있으리리." 이 말씀은 평생 선하게 살아온 제자에게 하신 것이 아닙니다. 죄인 중의 죄인, 십자가라는 가장 끔찍한 형벌을 받아 마땅한 죄인에게 하신 말씀입니다.

강도는 그저 예수님이 죄 없으신 분이라는 사실을 믿었고, 자신의 죄를 인정했으며, 천국에 들어가게 해달라고 요청했을 뿐입니다. 예수님은 한 마디 말씀으로 천국에 대한 확신을 그에게 주셨습니다. 이것이 구원의 신비입니다. 예수님을 자신의 구원자로 믿고 의지하기만 하면, 하나님께서 자녀로 인정하시고 영원한 천국으로 인도하십니다. 하나님은 어떤 삶을 살았는지가 아니라 누구를 의지하는지로 판단하십니다.

지금 선택하라

이제 시간이 얼마 남지 않았습니다. 기회는 다시 오지 않을지 모릅니다. 선택은 단순합니다. 하지만 어떤 선택을 하는지에 따라 이후의 세계가 달라집니다. 그동안 어떤 삶을 살아오셨든 괜찮습니다. 지나온 삶을 정직하게 정리하면서 구원이 필요함을 고백하고 예수님을 구주로 인정하고 받아들인다면, 이 마지막 순간이 영원한 천국에 대한 소망으로 가득 찰 것입니다.

성경은 "천하 사람 중에 구원을 받을 만한 다른 이름을 우리에게 주신 일이 없음이라"(행 4:12)라고 말합니다. 오직 예수님만이 우리를 구원하실 수 있습니다. 또 "사람이 마음으로 믿어 의에 이르고 입으로 시인하여 구원에 이르느니라"(롬 10:10)라고 말합니다. 구원에 이르려면 마음으로 믿고 입으로 시인해야 합니다. 그러면 비로소 하나님의 자녀가 되고, 천국에 대한 확신과 평안이 찾아옵니다. 이것은 손해 보는 일이 아니라, 놀라운 은혜요 선물입니다. 이것을 거절하는 것이야말로 오히려 평생 가장 손해 보는 일이 될 것입니다.

이제 십자가에 달린 강도와 같은 심정으로, 그동안 살아온 삶을 정직하게 정리하며 믿음 없었음을 회개하고, 진정으로 예수님을 주인으로 믿고 입으로 고백하시길 바랍니다. 그래서 "오늘 나와 함께 낙원에 있으리라"라는 예수님의 음성을 듣고 영원한 천국에서 참된 평안과 기쁨을 누리게 되시길 소망합니다.

신자의 부모상

예수 안에서 자는 자
_살전 4:13-14

한때 사진의 대명사였던 코닥은, "당신은 찍기만 하세요. 나머지는 저희가 알아서 하겠습니다"라는 광고 문구로 이름을 알렸습니다. 그냥 찍기만 하면, 추억을 보관하고 꺼내 보고 이야기로 만드는 일을 사진으로 해주겠다는 말이었습니다. 이제 필름 사진은 디지털 사진으로, 디지털 사진은 동영상으로 바뀌면서, 추억을 남기고 꺼내 볼 수 있는 기술이 점점 발전하고 있습니다. 그러나 아무리 기술이 발전한다 해도 추억 속에 있는 그 시간으로 되돌아갈 수는 없습니다. 그래서 추억은 늘 그리움이 됩니다.

죽음 앞에서

씨실과 날실처럼 부모님과 엮여 있는 시간과 기억도 마찬가지입니다. 그리고 지금 우리는 이 추억의 단절 앞에 서 있습니다. 이제 들을 수도 만질 수도 없으니, 기억이 흩어지고 옅어질까 봐 하나라도 놓치지 않으려 안간힘을 써봅니다. 그동안 쌓아 놓은 추억을 하나씩 꺼내 기억하고 그리워하다 보면, 어느새 슬픔과 절망이 다가옵니다. 사진을 들춰 보고 동영상을 돌려 볼수록 아쉬움은 더해만 갑니다. 행복했던 시간, 아쉬웠던 순간, 차마 전하지 못했던 사랑한다는 말이 곳곳에서 떠오르고 묻어 나와 아픕니다. 모두 부모님의 죽음 앞에서 경험하게 되는 자녀로서의 당연한 반응입니다.

슬퍼하는 이유

그러나 오늘 성경은 이런 당연한 반응을 거부하라고 말합니다. 즉 다른 이들처럼 슬퍼하지 말라는 것입니다. 어떻게 그럴 수 있습니까?

데살로니가 사람들은 박해로 사랑하는 가족과 친구를 잃었습니다. 이제 사랑하는 자들과 더는 교제할 수 없게 되었습니다. 그 슬픔이 얼마나 컸겠습니까?

그러나 바울은 사람들이 죽은 자로 인해 슬퍼하는 것은, '자는 자들에 관하여 알지 못하기 때문'이라고 지적합니다(13절). 여기서 '알지 못한다'는 말은 '깨닫지 못해 어리석은 일을 하게 된다'는 뜻입니다. 데살로니가 사람들이 깨닫지 못한 것은, 그들에게도 예수님의 부활과 같은 것이 있다는 사실이었습니다. 그리고 그들이 행한 어리석은 일은 다른 이들처럼 슬퍼하는 것이었습니다.

슬픔을 이길 수 있는 힘

슬픔을 이길 수 있는 유일한 힘은 바로 부활을 믿는 것입니다. 만약 부활이 없다면 죽음이 가져온 단절이 너무나도 아파 슬픔을 이겨내기가 힘들 것입니다. 또 부활이 없다면 "우리가 전파하는 것도 헛것이요 또 너희 믿음도 헛것"(고전 15:14)이라고 바울은 말합니다.

더 큰 소망은, 부활하신 예수님과 예수 안에서 '자는 자' 되신 부모님을 함께 만날 수 있다는 사실입니다. 본문은 "예수 안에서 자는 자들도 하나님이 그와 함께 데리고 오시리라"(14절)라고 말합니다. 단순히 부모님에 대한 그리움만 회복되는 것이 아니라, 주님께서 예비하신 처소에서(요 14:3) 지금의 눈물과 한숨을 닦아 주시고 애통하는 것이나 곡하는 것이나 아픈 것이 다시 있지 않게 하실 것입니다(계 21:4). 이로써 우리가 다시 만나는 날 주님이 완성하신 본향에서 영원한 안식과 기쁨을 누리게 될 것입니다.

부활을 참된 산 소망으로 믿는다면 슬픔은 일시적이어야 합니다. 지금 당장 완벽하게 슬픔을 극복할 수는 없겠지만, 다시 만나게 될 날을 기대하며 점차 소망으로 바꿔 가야 합니다. 나아가 이 땅에서 어떻게 주님과 동행하며 천국의 삶을 준비했는지 나눌 수 있도록 계속해서 믿음의 길을 가야 합니다. 그러다 보면 거울로 보는 것같이 희미한 추억이 아니라, 얼굴과 얼굴을 대하여 볼 수 있는 기쁨의 날이 임하게 될 것입니다(고전 13:12).

이전에 부모님과 함께했던 추억과 이후 천국에서 다시 만날 때까지 홀로 겪을 모든 일이, 부활의 날에 씨실과 날실처럼 엮여 하나의 멋진 그림이 완성될 수 있기를 소망합니다. 때로 그리움과 슬픔이 몰려오더라도, 부활의 소망과 믿음으로 영원한 본향에서 다시 만나 나누게 될 이야기를 준비하며 위로받으시길 바랍니다.

다시 만날 소망이 있는 한 슬픔은 잠시며, 또 다른 희망을 품게 합니다. 그 거룩하고 복된 만남을 기대하며 하늘 소망으로 위로받으시길 주님의 이름으로 축원합니다.

불신자의 부모상
영원을 향한 버스
_롬 6:16

　장거리 시외버스는 목적지가 정해져 있습니다. 한번 버스에 탑승하면 그 목적지에 도착할 때까지 도중에 내리거나 다시 돌아갈 수 없습니다. 혹시 버스를 잘못 탔다면 그건 표지판을 잘못 봤거나, 안내를 무시했거나, 자기 생각대로 결정한 결과입니다. 그리고 잘못된 선택에 대한 결과는 본인 스스로 감당해야 합니다.
　오늘 우리는 부모님의 죽음 앞에 있습니다. 아쉽고 안타깝지만 영원을 향한 버스는 삶의 여정을 마치고 마침내 출발하고 말았습니다. 그동안 부모님께서 천국으로 함께 갈 수 있기를 얼마나 애타게 바라고 소망했습니까. 아쉬운 마음이 너무 크지만 이제 우리가 할 수 있는 일은 끝났고, 하나님의 판단만 남아 있습니다.

죄의 종, 순종의 종
　오늘 본문은 두 가지 서로 다른 삶의 방식과 목적지를 보여 줍니다. 하나는 죄의 종으로 살다 사망에 이르는 것이고, 다른 하나는 순종의 종으로 살다 의에 이르는 것입니다. 두 삶의 최종 목적지는 너무나 다릅니다. 의의 종착지로 가는 버스를 타기 전까지 우리는 모두 힘겨운 종의 삶을 살게 되어 있습니다. 자신의 의지가 아니라 자신을 움직이는 주인의 의지로 살아가는 것입니다. 죄의 종은 마치 자기 마음대로 사는 것처럼 보이지만 결국은 교만과 탐욕의 종일 뿐입니다.

죄가 무엇입니까? 성경은 율법을 어기는 것이라고 정의합니다. 예수님은 하나님을 사랑하고 이웃을 내 몸같이 사랑하는 것이 율법의 핵심이라고 말씀하셨습니다(마 22:37-40). 이 두 가지를 행하지 못하면 율법을 어기고 죄를 짓는 것입니다. 이 중 한 가지만 실패해도 죄를 짓고 사망에 이르게 됩니다.

순종은 무엇입니까? 유일한 구원자이신 예수 그리스도를 믿고 따르며, 하나님과 사람을 사랑하며 사는 것입니다. 이렇게 순종의 종이 되어 거룩함에 이르는 열매를 맺는 삶의 마지막은 영생입니다(롬 6:22).

예수님은 사람들이 맺는 열매로 그들을 알 것이라고 말씀하시면서, "나더러 주여 주여 하는 자마다 다 천국에 들어갈 것이 아니요 다만 하늘에 계신 내 아버지의 뜻대로 행하는 자라야 들어가리라"(마 7:21)라고 엄중히 경고하셨습니다. 구원받은 사람인지 아닌지는 오로지 하나님만 판단하실 수 있습니다. 그러나 그 삶에 구원과 성령의 열매가 있는지 없는지는 누구라도 알 수 있다는 사실을 기억해야 합니다.

서로 다른 종착지

죄의 종이 될지, 순종의 종이 될지는 마치 종착지가 각기 다른 두 버스 중 하나를 선택하는 것과 같습니다. 죽음을 맞이하는 순간 떠나는 두 버스의 종착지는 서로 정반대일 뿐 아니라, 출발 후에는 다시 바꿀 수가 없습니다. 겉보기에는 똑같은 '종'처럼 보일지 몰라도, 섬기는 대상에 따라 그 결과는 정반대가 됩니다.

부모님과의 안타깝고 아쉬운 이별은 정말 슬프고 가슴 아픈 일입니다. 함께 같은 목적지에 도착할 수 있다면 좋겠지만, 아쉽게도 성경에 따르면 다른 목적지로 나뉘게 되었습니다. 이제 우리가 할 수 있는 것은 없습니다. 오로지 종착지를 결정하는 하나님의 판단만 남아 있습니다. 우리는 단지 이 일을 계기로 우리 역시 자신이 원하는 종착지에 갈 수 있는 열매를 맺는 인생인지 돌아볼 뿐입니다.

하나님 앞에 설 때까지

우리는 늘 하나님의 심판대 앞에 서는 심정으로 살아야 합니다. 이 엄정한 판단 앞에서는 그 누구도 자유롭거나 자랑할 수 없습니다. 사도 바울조차 "아직 내가 잡은 줄로 여기지 아니하고"(빌 3:13), "푯대를 향하여 그리스도 예수 안에서 하나님이 위에서 부르신 부름의 상을 위하여 달려가노라"(빌 3:14)라고 말했습니다. 그러므로 우리도 오직 "선 줄로 생각하는 자는 넘어질까 조심하라"(고전 10:12)는 말씀대로, 최종 종착지에 이를 때까지 늘 근신하며 경건의 삶에 힘써야 합니다.

이제는 우리가 영원을 향한 버스에 탈 준비를 해야 합니다. 부모님처럼 우리도 언젠가 이런 날을 맞이하게 됩니다. 주께서 부르시는 마지막 그날까지 죄의 길이 아닌 순종의 길로 달려가시길 주님의 이름으로 축원합니다.

부모가 연로해 임종한 경우

축복의 통로
_창 47:9

헤밍웨이의 소설 『노인과 바다』에서 늙은 어부는 자신의 조각배보다 훨씬 큰 청새치를 잡기 위해 사투를 벌입니다. 삼 일을 씨름한 결과, 노인은 마침내 청새치를 손에 넣고 맙니다. 그러나 청새치를 조각배에 묶어 돌아오는 중 갑자기 상어 떼가 달려들어 청새치의 머리 부분만 남기고 모두 먹어치워 버립니다. 노인은 '좋은 일은 오래가지 않나 보다. 차라리 꿈이었으면 좋겠다'고 생각합니다. 그리고 이렇게 말합니다. "인간은 파멸당할 수는 있지만 패배하지는 않는다."

이 세상에 자신의 인생에 쉽고 편한 길만 있었다고 말하는 사람은 없습니다. 누구에게나 인생의 어려움은 찾아오고, 큰 파도와 풍랑 속에서 자신만의 청새치와 싸우느라 고생합니다. 이 청새치는 인생의 작은 쪽배에 비하면 너무 크고 힘이 세 도저히 잡을 수 없을 것처럼 보입니다. 그럼에도 애쓰고 힘써 그것을 인생의 성적표로 받아듭니다. 이 긴 인생의 사투는 늘 고단하고 힘겹습니다.

험악한 세월

오늘 본문에서 야곱은 인생을 돌아보면서 조상들의 나그네 길의 연조에는 미치지 못하나 험악한 세월을 보냈다고 회고합니다. 사실 이 짧은 표현으로 야곱의 인생을 다 설명하는 것은 무리가 있습니다. 야곱은 형과 장자권을 다투다 아버지를 속이는 바람에 집을 떠나야 했고, 자신이 원하는 아내를 얻기 위해 무려 십사 년을 종처럼 살았으며, 딸이 성폭행을 당했고, 아들들이 살인을 저질러 전쟁이 날 뻔하기도 했으며, 한 아들은 한동안 죽은 줄로만 알고 지내기도 했습니다. 이 모두를 고작 '험악한 세월'이라는 말로 표현하기에는 부족함이 있습니다.

신실하신 하나님

야곱이 '험악한 세월을 살았다'고 말하고 있는 곳은 다름 아닌 애굽 왕 바로 앞입니다. 야곱은 죽은 줄로만 알았던 아들 요셉뿐 아니라 당대 최고의 권력자를 만났습니다. 야곱은 이 말과 함께 두 번이나 이방인인 바로에게 축복합니다(창 47:7, 10). 야곱이 이스라엘을 대표해 열방을 향한 축복의 통로가 된 것입니다. 야곱에게는 비록 '험악한 세월'이었지만, 하나님께서는 과거 그로 열방을 위한 축복의 통로가 되게 하시겠다던 약속을 신실하게 지키셨습니다. 시편에서 다윗이 노래한 것처럼, 하나님은 긍휼히 여기시며 은혜를 베푸시며 노하기를 더디 하시며 인자와 진실이 풍성하셔서(시 86:15), 험악한 세월을 통해서도 그분의 뜻을 이루십니다. 또 요셉이 고백한 것처럼 하나님은 다른 사람의 잘못까지도 선으로 바꿔 생명을 구원하게 하는 분이십니다(창 50:20).

합력하여 선을 이루느니라

　부모님의 인생도 어쩌면 험악한 세월이었을지 모릅니다. 아마 우리가 미처 다 알 수 없는 치열한 싸움을 하셨을 것입니다. 자녀들을 위해 자신의 삶을 던지며 무던히 애쓰셨을 것입니다. 그러나 헤밍웨이의 말을 조금 바꿔 적용해 보면, '그리스도인은 죽을 수는 있어도 패배하지는 않습니다.' 바울은 "하나님을 사랑하는 자 곧 그의 뜻대로 부르심을 입은 자들에게는 모든 것이 합력하여 선을 이루느니라"(롬 8:28)라고 말합니다. 그리스도인에게 패배는 없습니다. 오히려 하나님의 도우심으로 모든 것이 합력해 선을 이루게 됩니다.

　혹 부모님의 인생이 고난의 연속이었다 할지라도 패배한 것은 아닙니다. 부활과 영원한 삶이 기다리고 있기 때문입니다. 오히려 그 '험악한 세월'은 자녀들인 유가족과 우리 모두에게 야곱처럼 축복의 통로가 될 것입니다.

　이제 부모님은 주님 품에 안겨 무거운 짐을 내려놓고, 험악한 세월의 눈물을 닦아 주시는 손길을 누리실 것입니다. 이 땅에 남겨진 우리는 비록 잠시의 헤어짐으로 인해 무척 슬프고 아쉽겠지만, 고인의 믿음과 삶의 여정을 본받아 우리 역시 세상을 향한 축복의 통로가 되어야 할 것입니다.

　부모님이 인생에서 남기신 수많은 이야기가, 합력해 선을 이루시는 하나님의 손길로 인해 놀라운 축복의 통로가 되기를 기원합니다. 험악한 세월을 살아가면서도 아름다운 믿음의 유산을 물려주신 부모님께 감사하며, 슬픔을 뛰어넘어 위대한 부활의 승리를 소망하는 유가족들이 되시길 주님의 이름으로 축원합니다.

사고사
하늘에 계신 증인만이
_욥 16:18-19

홀로코스트의 생존자이자 노벨문학상 수상자인 엘리 위젤의 글에 이런 내용이 있습니다. 스페인에서 추방된 한 유대인 가족이 있었습니다. 이들은 피난처를 찾아다녔지만 헛수고였습니다. 가족이 하나둘 죽어가고 마지막으로 혼자만 남게 된 비극적인 상황에서 아버지는 이렇게 기도합니다. "우주의 주인이시여, 저는 당신이 무엇을 원하시는지, 무엇을 행하고 계신지 알고 있습니다. 당신은 절망이 저를 압도하기를 원하십니다. 당신은 제가 당신의 존재를 더는 믿지 않기를, 당신에게 더는 기도하지 않기를 원하십니다. 저의 대답은 이것입니다. 안 됩니다. 그럴 수 없습니다. 이 모든 것에도 저는 당신을 위해, 당신을 반대해 신앙의 노래를 부를 것입니다. 당신은 이 노래를 잠잠케 하실 수 없을 것입니다."

갑자기 재앙 같은 사건이 우리에게 벌어졌습니다. 이렇게 당황스러운 상황을 어떻게 이해하고 극복해야 하는지, 어떻게 슬픔을 표현하고 위로해야 하는지 누구도 알지 못합니다. 그야말로 절망할 수밖에 없는 상황입니다.

하나님께 부르짖으라

오늘 본문의 욥이 우리의 상황을 조금 대변해 주고 있습니다. 욥은 당대에 의인으로 불리던 하나님께 인정받는 큰 부자였습니다. 그러나 사탄이 하나님께 욥에 대한 시험을 요구하자 하나님은 목숨을 제외한 모든 것을 앗아가는 데 동의하십니다. 욥은 한순간에 모든 재산을 잃었습니다. 사랑하는 자녀들도 모두 죽었습니다. 아내는 하나님을 원망하고 죽으라며 저주를 퍼붓고 떠납니다. 그러나 성경은 "이 모든 일에 욥이 입술로 범죄하지 아니하니라"(욥 2:10)라고 말합니다.

입술로 범죄하지 않았다는 것이 하나님께 고통과 아픔을 호소하지 않았다는 의미는 아닙니다. 욥은 거룩하신 이의 말씀을 거역하지 않았지만 끈질기게 하나님의 뜻이 무엇인지 따져 물었습니다. 자신의 절망스러운 상황이 대체 무엇 때문인지 질문하고 부르짖고 외쳤습니다. "땅아 내 피를 가리지 말라 나의 부르짖음이 쉴 자리를 잡지 못하게 하라"(욥 16:18). 그리고 욥은 자신의 중보자에게 절규합니다. "지금 나의 증인이 하늘에 계시고 나의 중보자가 높은 데 계시니라"(욥 16:19).

우리는 하나님의 자녀로서 얼마든지 하나님께 질문할 수 있습니다. 때로 원망과 절규를 쏟아 놓을 수도 있습니다. 욥처럼 하늘의 중보자를 찾으며 몸부림칠 수도 있습니다. 하나님은 그런 원망과 절규를 외면하지 않으십니다. 예수님도 십자가에서 고통스럽게 외치셨습니다. "나의 하나님, 나의 하나님, 어찌하여 나를 버리셨나이까"(마 27:46). 바로 그분이 지금 우리의 절규를 들으시는 중보자로 하늘에 계십니다.

지금 여기에 계시는 하나님

엘리 위젤은 또 다른 이야기에서 하나님의 존재에 대해 질문합니다.

아우슈비츠 수용소에서 어른 둘과 아이 하나가 교수대에서 처형을 당합니다. 어른들은 자유를 외치며 숨졌지만, 아이는 발버둥치며 살아 있습니다. 그때 누군가 외칩니다. "하나님, 도대체 어디 계십니까?" 그때 엘리 위젤은 이런 음성을 들었다고 합니다. "그분은 여기 계신다! 여기 저 교수대에 매달려 계신다!" 하나님은 우리의 고통을 외면하시거나 호소에 침묵하시는 분이 아니라 그 자리에 함께하시는 분이십니다. 예수님이 십자가를 기꺼이 지신 것은 그 고난을 당하심으로 시험 받는 자들을 도우시기 위함이었습니다(히 2:18).

부활의 소망

예수님의 십자가 절규는 부활로 극복되었습니다. 하나님은 예수님으로 죽음을 이기고 보좌 우편에 앉게 하심으로, 우리를 위한 처소를 예비하게 하셨습니다.

지금은 너무나 갑작스러운 헤어짐으로 고통을 부르짖을 수밖에 없지만, 하늘에 계시는 우리의 증인이요 중보자께서 소망을 주십니다. 부활 후 우리는 반드시 다시 만나게 될 것입니다. 이 부활 신앙으로 이 고통의 시간을 잘 견뎌 내시길 바랍니다.

죽음은 어떤 형태로든 우리에게 찾아옵니다. 그러나 분명하고 변하지 않는 사실은, 어떤 죽음이든 믿는 자들에게는 그것이 새로운 시작이며, 지친 인생에게 주시는 최고의 선물이라는 것입니다. 이제 고통스러운 절규를 뛰어넘어, 영원한 천국에서 평안히 쉼을 누릴 고인을 다시 만날 그날까지 하늘 소망으로 위로받으시길 바랍니다.

지병으로 임종한 경우

모든 것이 다 지나갔습니다
_계 21:4

　스트라디바리우스는 역사상 최고의 바이올린 제작자로 평가받는 악기 장인의 이름을 딴 것으로, 수십억에서 수백억에 이르는 가치를 지닌 바이올린입니다. 제작된 지 삼백 년이 넘은 스트라디바리우스 '레이디 블런트'는 172억 원에 팔리기도 했습니다. 이 고가의 최고급 바이올린이 내는 소리의 비밀을 밝히기 위해 다방면의 연구가 진행되었는데 이런 결과가 나왔습니다.

　스트라디바리우스는 1645년부터 1715년 사이에 이탈리아를 강타한 극심한 한파 속에서 자란 특별한 나무로 만들어졌습니다. 이 나무들은 추운 기후에서 느린 속도로 자라났습니다. 그래서 나이테가 촘촘하고, 조직이 성글고, 탄력이 컸습니다. 이 촘촘한 나이테가 나무를 더 강하게 만들고 밀도를 높여 바이올린 소리를 아름답게 만들어 준다는 것이었습니다. 혹독하고 극한 환경이, 삼백 년이 지나도 음색이 변하지 않는 최고의 가치를 지닌 악기를 만들어 낸 것입니다.

고통의 끝

오늘 성경은 완성된 하나님의 나라에는 사망이나 애통하는 것이나 곡하는 것이나 아픈 것이 다시 있지 않다고 말합니다. 춥고 혹독한 상황이 끝나는 것입니다. 아파서 힘들고 괴롭고 눈물 나는 상황은 결국 끝이 있습니다. 우리가 장차 가는 곳은 아픈 것이 없는 세상입니다. 보좌에 앉으신 어린양 예수님께서 "보라 내가 만물을 새롭게 하노라"(계 21:5)라고 선언하십니다. 이전과 다른 전혀 새로운 세상이요, 기쁨과 평화의 나라입니다.

오늘 고인은 춥고 혹독한 환경에서 자란 특별한 나무가 훌륭한 바이올린으로 완성되듯, 긴 병마와의 싸움을 마치고 완성된 하나님나라로 들어가셨습니다. 그 긴 시간을 가족들과 함께 견뎌 내는 것이 결코 쉽지만은 않았을 것입니다. 만약 그 시간이 아무 의미 없는 고통의 연속이었다면 우리는 지금 슬픔에 빠져 있는 것이 마땅합니다. 그러나 하나님은 그 고통스러운 시간을 그저 내버려 두신 것이 아니라 그것을 이용해 우리를 만들어 가셨습니다. 사도 바울은 환난 중에도 기뻐해야 하는 이유를 환난은 인내를, 인내는 연단을, 연단은 소망을 이루기 때문이라고 설명하면서(롬 5:3-4), 이 소망으로 말미암아 부활을 기대함으로 하나님 안에서 즐거워할 수 있게 된다고 말합니다.

슬픔이 아닌 소망으로

분명한 것은 이제 고인에게는 더는 아픔과 슬픔이 없다는 사실입니다. 극심한 한파를 겪은 나무가 장인의 손에서 위대한 악기로 변모하듯, 고인도 하나님의 손에서 거룩하고 새로운 모습으로 변해, 하나님을 찬양하고 예배하는 천상의 자리에 입성하셨습니다. 이로써 우리의 눈물만 닦아 주시는 것이 아니라 위대한 소망까지 보게 하셨습니다. 그러므로 지금의 슬픔은 연단으로 우리를 만들어 가시는 하나님의 손 안에 있음을 확신해야 합니다.

지금 유가족들은 더 잘해 주지 못하고, 더 사랑하지 못했다는 마음에 아쉬움과 서글픔으로 눈물짓고 있습니다. 그러나 이것이 끝이 아님을 알기에 우리에게는 소망이 있습니다. 오히려 이 단단해진 조직과 무늬와 결을 가지고 하나님을 더욱 아름답게 찬양할 수 있게 될 것입니다. 천국에서 다시 만나는 날, 위대한 승리의 노래가 하늘나라에 풍성하게 울려 퍼지게 될 것입니다.

그러므로 오늘의 슬픔이 더 단단한 믿음과 소망으로 삶의 결에 새겨지기를 소망합니다. 오늘의 기억과 먹먹함이 오히려 깊은 소리를 내는 울림으로 만들어지기를 소망합니다. 차곡차곡 밀도 있게 쌓인 삶의 결로 인해 하나님의 아름다운 노래가 이 가정에 울려 퍼지기를 소망합니다.

오늘 본문에서 말합니다. "모든 눈물을 그 눈에서 닦아 주시니 다시는 사망이 없고 애통하는 것이나 곡하는 것이나 아픈 것이 다시 있지 아니하리니 처음 것들이 다 지나갔음이러라." 지난 세월 병석에서 아파하시던 고인의 모든 수고가 지나고, 이제 다시는 그 눈에서 눈물 나고 애통하는 것이나 곡하는 것이 없게 되었습니다. 고인을 다시 만나는 날, 이제는 서로 기쁨의 눈물을 흘리며 삶에 새겨진 단단한 무늬와 결에서 나오는 가장 아름다운 음악으로 하나님을 찬양할 수 있게 되기를 바랍니다.

자살
우는 자들과 함께 울라
_롬 12:15

　『목적이 이끄는 삶』이라는 책으로 유명한 릭 워렌 목사의 아들 매튜 워렌은 오랫동안 정신병에 시달리다 결국 스물일곱 살에 자살을 선택하고 말았습니다. 매일 저녁 가족과 함께 시간을 보냈음에도, 혼자 있을 때마다 몰려오는 순간적인 절망감을 이기지 못해 결국 스스로 목숨을 끊은 것입니다. 릭 워렌 목사는 장례식에서 아들 매튜가 정신병의 고통 속에서도 사람들에게 항상 다정하고 친절했음을 전하며, 아들을 잃어 슬픔에 빠진 자신과 가족들을 위해 기도해 달라고 부탁했습니다.
　우리 주변에도 릭 워렌 목사처럼 안타까운 죽음으로 사랑하는 사람을 떠나보낸 가족이 간혹 있습니다. 또 원치 않은 질병, 일제 강점기나 6·25전쟁 후유증, 부지중에 당한 사고, 지진이나 해일 같은 천재지변 등으로 가족과 생이별하고 슬픔과 고통에 잠겨 있는 분들도 있습니다. 성경은 이런 이들을 대할 때, "즐거워하는 자들과 함께 즐거워하고 우는 자들과 함께 울라"고 말합니다.

죄책감의 근원

사랑하는 가족을 이 세상에서 떠나보낸 슬픔은 그 어떤 것과도 비교할 수 없습니다. 더구나 그 죽음이 자살에 의한 것이라면, 남겨진 자들의 슬픔과 충격은 한층 더 커집니다. 특히 유가족들은 상당한 죄책감에 시달리게 됩니다. 믿음의 가정인 경우에는, 혹시 자살한 가족이 지옥에 가지 않았을까 하는 두려움과 염려로 더욱 힘들어합니다. 이런 상황에서 슬픔과 죄책감은 가족으로서 당연한 감정이며, 인정해야 할 아픔입니다. 하지만 궁극적으로 하나님은 유가족들이 죄책감에 짓눌리기를 원하지 않으십니다. 오히려 긍휼을 베푸시고, 어떤 잘못이라도 용서하기를 바라십니다.

예수님을 믿는다고 하면서도 육신의 연약함으로 인해 우리는 수많은 죄를 짓습니다. 하지 말아야 할 일을 하는 것은 물론, 해야 할 일을 하지 않는 것도 죄입니다. 그래서 우리는 항상 죄를 지을 수밖에 없습니다. 사탄은 우리의 이러한 연약함을 너무도 잘 알기에, 죄를 책잡고 끊임없이 죄책감을 불어넣습니다. 그래서 가족이 자살하면, 남겨진 유족들이 슬픔과 죄책감에서 벗어나지 못하고 시달리게 되는 것입니다. '좀더 관심을 가졌어야 하는데 …' '더 많이 사랑했어야 하는데 …' 하고 후회하면서 마음에 상처를 입고 살아가게 됩니다.

우리 연약함을 아시는 하나님

하나님은 우리 인생을 먼지에 불과한 연약한 존재라고 말씀하십니다(시 103:14). '아담'의 뜻이 '흙' '먼지'입니다. 그만큼 인간이 깨지고 넘어지기 쉬운 존재인 것을 아시기에 하나님은 우리를 불쌍히 여겨 주십니다. 하나님은 죄의 꼬투리를 잡아 우리를 구원에서 밀쳐내시는 것이 아니라, 그 인자하심으로 "동이 서에서 먼 것같이"(시 103:12) 우리에게서 죄를 분리해 주십니다.

그의 구원은 안전합니다

유가족을 가장 아프게 하는 것은, 자살은 용서받지 못하는 죄라는 말입니다. 그러나 그렇지 않습니다. 예수님의 십자가 보혈이 용서할 수 없는 죄는 없기 때문입니다. 어떤 사람은 회개할 기회를 놓쳤기 때문에 자살은 용서가 안 된다고 말합니다. 그러나 회개하지 못하고 세상을 떠나는 경우가 자살만 있는 것은 아닙니다. 예수님은 어떤 죄도 용서하실 수 있는 신실한 하나님이심을 기억해야 합니다. 구원은 인간이 자신의 죄를 남김없이 회개한 공로가 아니라, 예수 그리스도를 믿는 믿음에 따라 결정되는 것입니다. 그러므로 자살을 포함해 갑작스러운 사고로 세상을 떠난 고인이 예수님을 믿었다면, 그의 구원은 안전합니다. 그 어떤 것도 하나님의 풍성한 인자하심에서 그를 끊을 수 없습니다. "내가 확신하노니 사망이나 생명이나 천사들이나 권세자들이나 현재 일이나 장래 일이나 능력이나 높음이나 깊음이나 다른 어떤 피조물이라도 우리를 우리 주 그리스도 예수 안에 있는 하나님의 사랑에서 끊을 수 없으리라"(롬 8:38-39).

사랑하는 가족을 잃은 유족에게 하나님의 위로가 함께하길 바랍니다. 우리의 연약함을 너무도 잘 아시는 하나님의 사랑을 기억하면서 고인의 죽음이 마치 자신의 책임인 것 같은 죄책감에서 자유하십시오. 그리고 비록 이렇게 헤어졌지만 믿음의 자녀였기에 천국에서 다시 만나게 될 것을 소망하며 이 힘든 시간을 잘 이겨내시길 바랍니다.

배우자의 임종

가장 먼저 보고 싶은 사람
_창 49:31

　이스라엘 감람산 정상에 오르면 옛 예루살렘성을 한눈에 볼 수 있는 전망대가 있습니다. 그리고 그 전망대 바로 아래에는 또 한 번 사람들의 시선을 사로잡는 것이 있습니다. 바로 수많은 무덤입니다. 왜 거기에 그렇게 무덤이 많을까요? 예수님을 메시아로 인정하지 않는 유대인들은, 장차 메시아가 동쪽 황금의 문을 열고 예루살렘에 들어설 때 모든 이가 부활할 것이라고 믿고 있습니다. 그리고 그때 부활해 가장 먼저 그 영광을 보기 위해 감람산 아래에 무덤을 만든 것입니다.
　또 유대인들은 부활했을 때 가장 먼저 만나고 싶은 사람, 즉 가족을 한 무덤에 같이 두어야 한다고 생각합니다. 그래서 한 가족이 하나의 무덤을 공유합니다. 그런데 오늘 본문에서는 의외의 인물이 야곱과 함께 무덤에 묻힙니다. 바로 레아입니다.

진정한 승자 레아

　야곱에게는 레아와 라헬이라는 두 아내가 있었습니다. 두 여인은 자매였는데, 야곱은 동생인 라헬을 사랑했습니다. 라헬을 아내로 얻기 위해 오랜 시간 동안 종처럼 일하고, 두 여인의 아버지이자 자신의 삼촌인 라반의 무리한 요구도 모두 들어주었으며, 결혼 후에는 라헬이 낳은 아이들을 더 사랑했습니다. 누가 봐도 야곱의 사랑을 독차지한 사람은 라헬이었습니다. 반면 레아는 삼촌의 계략으로 어쩔 수 없이 맞이한 아내일 뿐이었습니다.

그런데 오늘 본문은 야곱이 그토록 사랑했던 라헬이 아니라 레아가 그 무덤에 장사되었다고 말합니다. 부활해서 가장 먼저 보고 싶은 사람, 위대한 조상들과 함께하고자 한 여인이 라헬이 아니라 레아였던 것입니다.

레아는 야곱의 아내와 첩 중에서 가장 많은 자녀를 낳았으며, 자녀로 인한 아픔이나 사랑받지 못한 여인이라는 오명에도 묵묵히 하나님을 찬양했습니다. 넷째 아들을 낳을 때는, "이제는 여호와를 찬송하리로다"(창 29:35)라고 고백하며 그 이름을 유다라고 지었습니다. 이스라엘의 왕권과 메시아의 혈통이 그녀에게서 이어지게 된 것입니다. 결국 야곱은 질투와 시기로 가득할 수도 있었던 시선을 하나님께로 돌렸던 레아를 부활의 순간에 자신의 곁에 두고 싶었던 것입니다.

부활의 순간 함께할 사람

어쩌면 우리에게 필요한 사람도 라헬이 아니라 레아인지 모릅니다. 사랑하고 사랑받고 싶은 존재로 배우자를 원했지만, 때로는 그렇지 못했을 것입니다. 그래서 더욱 지금의 이별이 아프고 아쉽고 미안할 수 있습니다. 어설픈 표현에 담긴 진심을 알아주지 못했던 것이 가슴에 사무치게 다가올 수도 있습니다. 그러나 분명한 것은 영화로운 부활의 순간을 기다리는 예루살렘 감람산의 무덤들처럼, 위대한 조상들과 함께 일어났을 때 진심으로 하나님과 자신을 사랑한 레아를 곁에 두고 싶어 했던 야곱처럼, 고인도 부활의 순간에 가장 가까이에서 함께하리라는 사실입니다.

부활의 소망

이 사실을 마음에 간직하고, 이 세상에 치우친 우리의 시선을 레아처럼 하나님께로 돌려야 합니다. 그리고 야곱처럼 부활의 소망으로 함께하리라는 믿음을 가져야 합니다. 이런 태도는 또 다른 무덤의 주인에게서도 발견할 수 있습니다. 그 사람은 아리마대 사람 요셉입니다. 그는 공회원으로서 명망 있는 사람이었습니다. 또 하나님의 나라를 기다리는 예수님의 제자였습니다. 그는 예수님이 돌아가시자 빌라도에게 시신을 요구해 자신의 무덤에 장사지냈습니다. 그리고 예수님과 함께 부활할 것을 기대했습니다. 그의 기대는 빈 무덤으로 깨지고 말았지만, 무엇보다 확실한 부활을 가장 먼저 자신의 무덤에서 경험했습니다. 그리고 이제 더는 무덤에서 기다리는 것이 아니라 영원한 천국을 맛볼 것을 기대하게 되었습니다.

먼저 떠난 배우자에게 느끼는 오늘의 아쉬움은 부활의 날 다시 만날 때 더 완전한 사랑으로 함께하게 될 것입니다. 야곱이 부활의 날 레아를 가장 먼저 보기를 바라는 마음으로 같은 무덤에 장사했던 것처럼, 사랑하는 배우자를 부활의 순간 가장 먼저 보게 될 것을 기대하시기 바랍니다. 또 부활의 소망으로 예수님을 자신의 무덤에 장사지냈다 가장 먼저 확실히 부활을 경험한 아리마대 사람 요셉처럼, 이 가정이 부활의 소망을 끝까지 든든히 붙잡아 마지막 날 그 누구보다 확실하게 부활을 경험할 수 있기를 바랍니다.

자녀의 임종

주신 이도 여호와시요
_욥 1:21

지구에서 가장 깊은 바다는 마리아나 해구입니다. 그중에서도 가장 깊은 곳은 챌린저 해연으로, 깊이가 1만 미터가 넘습니다. 지구에서 가장 높은 산인 에베레스트가 8,848미터라는 사실을 생각해 보면, 챌린저 해연은 에베레스트가 들어가도 남을 만큼 깊은 바다입니다.

한 신학자가 아들의 장례식을 마치고 난 후 이렇게 썼습니다. "그 따스한 유월에 나는 나 자신을 묻었다. 소리가 나는 줄에 매달아 뜨겁고 메마른 구멍에 인부들이 내려놓은 것은 바로 나였다." 차라리 자신이 아이가 누운 곳에 누웠으면 하는 깊은 슬픔과 절망을 제아무리 신학자라 해도 피해갈 수 없음을 보여 줍니다. 자녀를 가슴에 묻어야 하는 처참한 사실로 인해 가슴에 뚫린 구멍은 이 세상 어떤 것으로도 채울 수 없는 챌린저 해연처럼 깊습니다.

알몸이 된 인생

욥은 한순간에 모든 것을 잃었습니다. 재산과 종들을 일순간에 잃었고, 거친 들에서 불어 닥친 바람으로 한자리에 모여 있던 자녀들이 모두 죽었습니다. 이 모든 일이 한꺼번에 일어났습니다. 욥은 혹시라도 자녀들이 마음으로라도 하나님을 욕되게 했을까 봐, 자녀들의 생일잔치가 끝나면 곧바로 다음 날 아침에 그 인원수대로 제사를 드릴 정도로 자녀들을 각별히 사랑했던 사람입니다(욥 1:5). 그렇게 신실하게 살기를 간절히 바라며 기른 자녀들이 한순간에 어처구니없는 사고로 모두 죽은 것입니다.

이런 상황에서 욥은 자신을 '알몸'이라고 표현합니다. 아무것도 가진 것이 없습니다. 하나님 앞에 발가벗겨진 존재로 서 있습니다. 지금까지 누렸던 재물뿐 아니라, 자신의 대를 이어갈 자녀들마저 남김없이 다 사라진 지금, 그는 실로 현재와 미래 모두가 무너져 내린 '알몸'의 상황인 것입니다. 마음의 심연까지 무너져 내렸을 욥의 심정이 오늘 슬픔을 당한 유가족의 마음과 조금은 비슷할지도 모르겠습니다.

하나님으로 채우라

그러나 욥은 절망의 순간에도 원망하지 않고, 있는 그대로 하나님께 말씀드립니다. "주신 이도 여호와시요 거두신 이도 여호와시오니." 이 고백이 얼마나 어려운 것인지 알고 계십니까? 자녀를 하나님의 것으로 인정하는 것만도 얼마나 힘든지 안다면, 자녀를 주신 이도 여호와시요 거두신 이도 여호와시라는 고백은 참으로 대단한 것입니다. 자신의 것이 하나도 없다고 고백하는 것이 얼마나 어렵습니까?

욥은 여기서 멈추지 않고 "여호와의 이름이 찬송을 받으실지니이다"라고 하나님을 높이기까지 합니다. 욥은 무너져 내려 끝을 알 수 없는 심연으로 떨어진 마음에 '여호와의 이름'을 채워 넣습니다. 이 세상 어떤 것으로도 채울 수 없는 심연의 슬픔과 아픔의 자리를 하나님을 찾고 예배함으로 채우고 있습니다.

다 아시는 하나님

오늘 이 고통스러운 사건으로 구멍 난 마음은 이 세상 어떤 것도, 그 누구도 채울 수 없습니다. 그러나 그 고통을 하나님도 경험하셨다는 사실을 기억하시기 바랍니다. 하나님은 우리를 구원하시기 위해 이 땅에 보내신 아들 예수 그리스도의 죽음을 친히 경험하셨습니다. 하나님 스스로 선택한 일일지라도, 아들의 죽음을 지켜보는 아버지의 마음이 무엇인지 가슴 깊이 경험하셨을 것입니다. 그러기에 하나님은 지금 이 고통을 충분히 공감하시며 이해하십니다.

하나님도 자녀를 잃는 고통을 겪으셨습니다. 그러나 그 고통에 머물지 않으시고 아들을 부활하게 하심으로 우리에게 산 소망을 주셨습니다(벧전 1:3). 이 소망이 바로 우리 것입니다. 욥에게서 모든 것을 가져가신 하나님께서 다시 새로운 재물과 자녀들을 주신 것처럼, 우리도 부활하면 새로운 육체가 된 자녀를 만나게 될 것입니다.

비록 지금의 고통이 세상 그 어떤 것으로도 채울 수 없을 만큼 깊더라도, 하나님이 주시는 부활의 소망으로 차곡차곡 채워 가기를 소망합니다. 먼저 하나님 곁으로 떠난 자녀가 몹시도 그립겠지만, 약속하신 그날 부활의 몸으로 다시 만날 것이라는 소망으로 위로받으시길 축원합니다.

입관

수건을 벗은 얼굴
_고후 3:18

철의 장막은 1945년 2차 세계대전 이후 1991년 냉전이 종식될 때까지 유럽을 나누던 경계를 상징합니다. 이 철의 장막이 있을 때는 자본주의 진영과 공산주의 진영이 날카롭게 대립해 서로 간의 왕래는 기대도 할 수 없었고, 서로 보이지 않는 총칼로 전쟁을 하는 듯했습니다. 그러나 냉전이 종식되고 자유를 선언한 지금은 더는 철의 장막을 찾을 수 없습니다. 장막은 무너졌고 전례 없는 자유와 평화의 시대가 찾아왔습니다.

지금 우리는 가장 고통스러운 헤어짐의 순간을 맞았습니다. 마치 철의 장막처럼 관 뚜껑이 닫히는 순간 다시는 고인의 얼굴을 볼 수 없게 되는 숨 막히는 이별의 순간입니다. 이 순간이 자꾸만 이별을 재촉하는 것 같고, 다시는 그 모습을 보지 못하도록 방해하는 것 같아 더 절망적으로 느껴집니다.

영원한 영광의 빛

사도 바울은 모세가 이스라엘 자손들에게 장차 없어질 것의 결국을 주목하지 못하게 하려고 수건을 그 얼굴에 썼다고 말합니다(고후 3:13). 모세가 시내산에서 하나님을 만나고 내려오자 그 얼굴에서 영광스러운 빛이 났습니다. 그래서 그 빛을 가렸는데, 그 영광은 곧 없어질 것, 영원하지 않은 것이기 때문이었습니다. 모세는 곧 사라질 영원하지 않은 것에 사람들이 주목하길 원하지 않았습니다. 그래서 그 얼굴을 수건으로 가린 것입니다.

계속해서 바울은 이스라엘 사람들은 마음이 완고해 아직도 수건이 벗겨지지 않았다면서(고후 3:14), 오로지 그리스도 안에서만 그 수건이 없어져 그 영광스러운 빛을 제대로 볼 수 있을 것이라고 말합니다. 그리고 언제든 주님께로 돌아가면 수건이 벗겨질 뿐 아니라(고후 3:16), 부활의 형상으로 변화할 때 마치 거울을 보는 것처럼 그 영광을 보게 될 것이라고 말합니다. 그때는 제한된 빛이 아니라 영원한 빛을 보게 될 것입니다. 그 영광의 빛은 곧 그리스도의 부활의 빛이요, 생명의 빛입니다. 이 빛이 비칠 때 우리에게 참된 자유와 평화가 찾아옵니다.

우리는 고인과 헤어지기 위해 가려 놓은 것들이 모두 다 벗겨지는 순간, 지금과 다른 새롭고 살아 있는 부활의 형상을 보게 될 것을 기대해야 합니다. 그처럼 영광스럽고 놀라운 일은 없을 것입니다. 그것을 위해 주님은 죽음의 속박과 가림에서 벗어날 수 있는 '자유'를 주의 영이 계신 곳에 부어 주시겠다고 말씀하십니다(고후 3:17). 그러므로 우리는 죽음을 이기고 모든 가려진 것을 벗기는 참된 자유 안에 머물기를 소망해야 합니다.

사라질 것들

그러나 어떤 이들은 지금처럼 숙연한 순간에 고인의 옷가지나 노잣

돈 같은 이 땅의 것을 가려 놓은 것 안으로 넣으려 합니다. 그러면서 고인이 가는 길이 더 편하길 바랍니다. 그러나 그것들은 결코 고인의 길을 편하게 만들어 주지 못할뿐더러 다 썩어 사라지고 맙니다.

우리가 장차 영원한 하나님나라에서 만나게 될 것은 썩고 사라지는 것들이 아닙니다. 영광스럽고 새로워진 육체입니다. 고인과의 추억이 담겨 있는 것들을 관 속에 넣는 것이 어떤 위로도 될 수 없는 것은, 그것이 곧 사라질 것들이기 때문입니다. 우리가 바라야 할 것은 사라지지 않는 영원한 것입니다.

소망이 주는 자유

그럼에도 마치 수건이 마음을 덮은 것처럼(고후 3:15), 오늘의 이별이 마음을 고통스럽게 덮을 수 있습니다. 그러므로 우리에게 필요한 것은 수건을 벗은 얼굴, 가려진 것을 다 벗어내고 새로워진 얼굴로 다시 만날 것을 기대하는 소망입니다. 이 소망은 오로지 주의 영이 계신 곳에만 있습니다. 그리고 이 소망이 우리에게 참된 자유를 가져다줄 것입니다.

우리에게는 장차 변화될 영광스러운 몸과 영원한 안식, 그리고 다시 만나 누리게 될 잔치에 대한 소망이 있습니다. 이 땅에서는 고인을 다시 마주할 수 없지만, 영원한 천국에서 빛나는 모습으로 다시 만날 것이라는 소망이 있습니다. 이 소망을 든든히 붙잡음으로, 오늘의 헤어짐의 아픔과 슬픔이 참된 자유를 주시는 주님의 영 안에서 회복되길 기원합니다.

발인

영광스러운 천국 환송식
_출 13:19

공항에 가면 설렘과 안정, 긴장과 안식이 공존합니다. 떠나는 사람은 새로운 곳에 대한 기대로 설레고 긴장하기 마련이고, 돌아온 사람은 집으로 돌아왔다는 안정감과 함께 마중 나온 사람들의 환영을 받으며 안식을 누리기도 합니다. 공항은 떠나는 사람과 돌아오는 사람이 함께 모여 묘한 분위기를 자아냅니다.

약속의 땅

오늘 본문은 모세가 요셉의 유언을 따라 그의 유골을 가지고 애굽을 떠나는 장면을 보여 줍니다. 요셉은 애굽의 총리로 그 땅에서 부귀와 영화를 누렸습니다. 그러나 할아버지와 아버지가 하나님께 받은 약속의 땅을 사모했습니다. 그래서 마지막 유언을 할 때 자손들에게 이렇게 맹세시킵니다. "하나님이 반드시 당신들을 돌보시리니 당신들은 여기서 내 해골을 메고 올라가겠다 하라"(창 50:25).

요셉은 하나님이 이스라엘 백성을 돌보시며 찾아오실 때까지 430년 동안 애굽 땅에 입관해 있었습니다(창 50:26). 그리고 이스라엘 백성이 애굽을 떠나게 되었을 때 드디어 요셉의 관이 발인됩니다. 이 발인이 가능했던 것은 애굽을 심판하시는 하나님께서 찾아오셨기 때문입니다. 하나님께서는 이스라엘 백성의 고통을 보고 듣고 알았다고 말씀하시며(출 3:7), 애굽의 손에서 건져 내 새로운 땅으로 데려가겠다고 선언하셨습니다(출 3:8). 그러나 우리가 잘 아는 것처럼 그 여정이 순탄하거나 쉽지는 않았습니다. 바로와 애굽 군대의 추격이 계속되었고, 눈앞에 죽음의 바다가 펼쳐지기도 했습니다. 그러나 하나님은 죽음의 세력을 하나씩 벌하셨고, 죽음의 바다를 가르심으로 생명의 땅으로 들어갈 수 있도록 하셨습니다.

새로운 출애굽

오늘 우리는 고인을 천국으로 환송하는 자리에 모였습니다. 그리고 이곳에서 새로운 출애굽을 맞이하고 있습니다. 이스라엘 백성은 죽음의 바다인 홍해가 갈라지는 기적을 보았지만, 우리에게 허락된 기적은 죽음과 사망에서의 해방입니다. 전에는 죽음과 사망이 심판이요, 두려움이었습니다. 그러나 우리 주님께서 십자가에서 죽으시고 삼 일 만에 부활하심으로, 죽음과 사망은 이제 끝이 아니라 영원한 약속의 땅, 천국으로 들어가는 새로운 출애굽으로 변화되었습니다. 이 환송 예배는 고인이 예수 그리스도 안에서 죽음을 이기고 새롭게 출애굽하게 됨을 기념하는 것입니다.

찾아오신 하나님

여기서 우리가 특별히 기억해야 할 것은, 오늘 본문에서 요셉이 믿음으로 내다본 것처럼 하나님께서 우리를 찾아오셨다는 사실입니다. 찾아오셨다는 말은 곧 돌보셨다는 뜻입니다. 하나님은 친히 찾아오셔서 우리 인간의 고통과 아픔을 돌보셨습니다. 고인뿐 아니라 우리에게도 찾아오셨습니다. 그래서 이곳은 마치 공항 같습니다. 새로운 출애굽으로 천국을 향해 떠나는 고인과 고인을 마중하기 위해 모인 우리, 그리고 우리를 찾아오셔서 돌보시며 위로하시는 하나님과 곧 가게 될 천국을 소망하는 하늘의 성도들이 이 자리에 함께하고 있습니다. 그래서 이곳은 만남과 새 출발의 자리요, 위로의 자리입니다.

천상병 시인의 「귀천」이라는 시의 한 소절처럼, 이 세상은 잠시 소풍 나온 곳일 뿐입니다. 얼마간의 여행 후 우리는 모두 집으로 돌아가야 합니다. 그곳은 빛과 사랑이 넘치고, 고통과 아픔이 없으며, 즐거움과 희락이 가득한 곳입니다. 우리의 안식처이자 돌아가야 할 고향입니다. 고인의 삶이 마치 이스라엘 백성이 애굽에서 겪었던 고생만큼 험난했을지라도, 이제는 하나님께서 찾아오셔서 돌보심으로 모든 짐을 내려놓고 쉬게 되었습니다. 그리고 참된 본향으로 돌아가 영원한 기쁨과 안식을 얻으셨습니다.

고인의 새로운 출애굽을 지켜보고 있는 이 영적 공항에서 작별 인사를 나누며 위로를 얻길 바랍니다. 우리도 언젠가 이 공항에서 새 출애굽을 경험하게 될 것입니다. 하나님이 찾아오셔서 우리를 본향으로 인도하실 것입니다. 그때 고인과 우리 모두 다시 만나 하나님의 찾아오심과 돌보심이 얼마나 놀라웠는지 서로 고백하게 될 것입니다. 그리고 영원한 기쁨과 희락의 나라에서 더는 헤어짐 없이 함께하게 될 것입니다. 그러므로 약속의 땅, 참된 본향에서 함께할 날을 기대하면서 잠시 헤어지는 아쉬움을 삼키며 천국으로 기쁘게 환송해 드리기를 소망합니다.

하관

묻힌 자에게 비치는 빛
_계 22:5

　과거의 영광이 담긴 유적들은 주로 땅 속 깊은 곳에 숨겨져 있습니다. 그리고 종종 매우 우연히 발견됩니다. 배수로를 파다 청동기 유적을 발견하기도 하고, 커다란 흙더미를 파다 왕의 무덤을 찾아내기도 하며, 논밭을 갈다 뛰어난 미술품을 손에 넣기도 합니다. 땅에 숨겨져 있을 때는 아무 의미나 가치가 없었는데, 발견되는 순간 측정 기준에 따라 보물이나 국보로 지정되기도 합니다. 땅에 묻힌 유적들은 아마 모두 빛을 보길 원할 것입니다. 자신의 가치를 되찾고 잃어버린 영광스러운 자태를 회복하고 싶을 것입니다.

　지금 우리는 고인을 땅에 묻습니다. 땅에 묻힌 육신은 창조 원리를 따라 흙으로 돌아갑니다. 그리고 고인은 긴 안식으로 들어가 쉼을 누릴 것입니다. 마치 깊은 곳으로 사라져 가는 것 같지만, 실상은 그렇지 않습니다. 이곳에서 영광스러운 부활의 몸을 입고 이전보다 더 아름다운 모습으로 다시 나타나기를 기다릴 것입니다.

영광의 아침

밤이 오면 반드시 아침이 오듯, 곧 하나님의 영광의 아침이 밝아 올 것입니다. 천국은 밤이 없는 곳입니다. 등불과 햇빛이 쓸데없습니다. 하나님의 영광이 비치고, 어린양이 등불이 되시기 때문입니다(계 21:23). 그곳에는 생명수 강이 흘러 생명나무가 열두 가지 열매를 맺으며(계 22:1-2), 저주나 사망이나 애통하는 것이나 곡하는 것이나 아픈 것이 다시 있지 않습니다(계 21:4). 이전 것은 모두 사라지고 새로운 것으로 채워질 것입니다.

그날이 오면 이곳에 묻히는 고인의 육체도 다시 아침을 맞을 것입니다. 긴 휴식을 마치고 새로운 아침이 오는 날, 새로워진 육체는 하나님이 빛으로 밝게 빛날 것입니다. 그날은 마치 아름다운 보물과 보석을 발견한 것 같은 기쁨과 경탄의 날이 될 것입니다. 땅에 묻혔던 것들이 발굴자에 의해 새로운 가치를 얻게 되는 것처럼, 고인도 하나님께서 허락하시는 새로운 가치를 얻어 영원한 나라에서 빛나게 될 것입니다. 그리고 고인을 그리워했던 모든 믿음의 사람과 함께 영광스럽게 왕 노릇 하게 될 것입니다.

드러나는 가치

묻혀 있던 것들이 빛을 보면 그 가치를 따라 특별한 의미를 갖는 것처럼, 고인의 삶에 새겨진 이야기들도 부활의 영광스러운 아침에 새로운 의미를 가지게 될 것입니다. 이전의 고통스러웠던 삶의 이야기들조차, 영광의 빛 아래서 하나님이 어떻게 보호하시고 지켜 오셨는지를 발견함으로 큰 기쁨과 감동으로 다가올 것입니다. 이것이 묻힌 자에게 비치는 빛입니다. 그 빛 안에서 우리는 새로운 기쁨과 감사로 이 순간을 새롭게 기억하고, 나아가 이곳에서 영광스러운 하나님의 승리를 발견하게 될 것입니다. 묻히는 것은 끝이 아니라 새롭게 기억되기 위해 그 가치를 잠깐 숨겨 두는 것입니다.

피할 수 없는 밤

그러나 우리는 아쉽게도 그 밝은 영광의 아침이 오기 전까지는 밤을 맞이해야 합니다. 고인이 이곳에서 어두운 밤을 맞는 것처럼, 우리 마음도 헤어짐의 슬픔과 단절의 아픔으로 어두운 밤을 경험할지도 모릅니다. 그래서 마치 파수꾼이 아침을 기다리듯(시 130:6), 빨리 영광의 날이 오기를 바라고 소망하게 될 것입니다. 고인의 영혼은 천국에서 안식을 누리고 있으나, 육체는 긴 어둠과 흙으로 돌아가 이곳에서 구속을 기다리는 것처럼, 우리도 이 어두운 밤이 지나고 다시 만나게 될 영광의 날을 기다리고 소망하게 되는 것입니다.

유족들은 이곳에 올 때마다 고인과의 추억과 아쉬움으로 긴 슬픔의 터널을 통과해야 할지도 모릅니다. 그러나 터널 끝에 빛으로 가득한 출구가 있듯, 우리의 슬픔의 터널 끝에도 하나님이 주시는 소망이 있습니다. 그 소망이 슬픔을 이겨내는 힘이 되길 바랍니다. 소망이 없는 사람들은 슬퍼하지만(살전 4:13), 우리는 그 영광의 날에 하나님께서 우리의 눈물을 닦아 주시고 영광의 형체로 변화시키실 것을 믿습니다. 오늘 맞이하는 긴 밤과 어둠이 부활의 영광스러운 빛 아래 사라지는 날이 속히 오길 소망하며 "아멘 주 예수여 오시옵소서"(계 22:20)라고 고백할 수 있길 바랍니다.

장례식 이후

천국 시민
_고후 4:17-18

　20세기 냉전 시대에 베를린은 장벽으로 둘러싸여 있었습니다. 자유민주주의 국가인 미국·영국·프랑스는 서쪽을, 사회공산주의 국가인 옛 소련은 동쪽을 관리했습니다. 1960년대에 서 베를린이 성장하기 시작하면서 소련 공산당 서기장 흐루시초프는 베를린에 장벽을 쌓고 언제든지 서 베를린을 침공할 것처럼 떠들고 다녔습니다. 그때 미국의 젊은 대통령 존 F. 케네디가 베를린으로 날아와 수많은 사람이 모인 베를린 광장에서 이렇게 연설했습니다.

　"2천 년 전 유럽에서 가장 자랑스러운 말은 '나는 로마 시민이다!'였습니다. 그러나 지금 가장 자랑스러운 말은 '나는 베를린 시민이다!'일 것입니다. … 모든 사람이 자유로워지면 이 도시가 하나로 합쳐지고, 이 나라와 유럽 전 대륙이 희망차고 평화로운 세계가 될 것입니다. 언젠가 반드시 올 그날이 되면 서 베를린 사람들은 이십여 년 동안 자유를 지키기 위해 최전방에 서 왔다는 것을 자랑으로 여기게 될 것입니다. 그리고 당당하게 외칠 것입니다. '나는 베를린 시민이다!'"

그 순간 베를린 광장은 백만여 명이 일제히 내지르는 환호성으로 가득 찼습니다. 시민들은 열광하면서도 한편으로는 안도했습니다. 전쟁이 일어날지도 모른다는 불안은 자유를 수호해야 한다는 결의로 바뀌었습니다.

죽음으로 인한 절망감

우리는 지금 사랑하는 고인을 떠나보내고 슬픔에 싸여 있습니다. 얼음 같은 장벽이 우리를 절망과 아픔으로 몰아넣었습니다. 때때로 떠오르는 고인과의 추억이 이제는 함께할 수 없다는 사실로 인해 더욱 큰 절망으로 다가오고, 꿈에서라도 다시 한 번 만나기를 바라보지만 꿈에서 현실로 돌아왔을 때 느끼는 좌절감은 이루 말할 수 없습니다. 현실처럼 느껴지지 않는 고인의 죽음을 새삼 깨닫게 될 때 고립감과 절망감은 한층 더해집니다. 베를린 장벽보다도 더 높게, 더 단단히, 더 두껍게 가로막은 삶과 죽음의 경계는 분명 깊은 절망감을 안겨 줍니다.

보이지 않는 영원한 것

한 번 죽는 것은 사람에게 정해진 것입니다(히 9:27). 비록 이 순간이 견디기 힘든 환난처럼 보이지만, 오늘 본문은 '잠시' 받는 것이라고 이야기합니다. 심지어 죽음도 지극히 크고 영원한 영광의 중한 것 곧 부활 앞에서는 작은 것이라고 말합니다. 그만큼 부활은 이 모든 아픔과 절망을 상쇄하고도 남을 뿐 아니라, 더욱 큰 영광과 기쁨이 될 것입니다. 그래서 바울은 잠깐 보이는 것이 아니라, 보이지 않는 영원한 것에 주목하라고 말합니다. 죽음으로 인한 절망과 차가운 단절은 잠깐이지만, 천국에서 함께할 영광스러운 부활의 몸은 영원합니다.

천국 시민권

보이지 않는 천국을 위해 최전방에서 싸운다는 것은 큰 도전입니다. 눈앞에 죽음이라는 현실이 다가올 때마다 두려움과 절망, 슬픔이 우리를 무너뜨리려고 호시탐탐 노릴 것입니다. 그러나 이에 맞서 하나님께서 '지극히 크고 영원한 영광의 중한 것'을 우리에게 이루실 것을 고대해야 합니다. 참고 인내하면 영광의 순간을 맞이하는 그날 놀라운 상급을 주실 것입니다. 베를린 시민들이 최전방에서 불안과 두려움에도 자신의 삶을 꿋꿋이 살아냄으로 '베를린 시민'이라는 영광스러운 이름을 얻은 것처럼, 우리도 삶의 절망과 슬픔을 믿음으로 잘 이겨내면 천국 시민권을 얻게 될 것입니다(빌 3:20). 세상의 파도는 집어삼킬 것처럼 수시로 우리를 위협하지만, 이 두려움은 잠깐입니다. 순간을 이기고 영원을 사모하기 시작할 때 우리는 천국 시민으로서의 정체성을 회복하고, 위로와 소망으로 가득하게 될 것입니다.

그러므로 지금의 슬픔을 잠깐은 허락할지라도 거기에 완전히 압도되지는 말아야 합니다. 이 환난으로 잠깐은 절망하게 되더라도, 죽음이 끝이 아님을 잊지 마십시오. 고인과 함께한 추억이 눈앞에 선명하며, 아직도 어디선가 손을 흔들며 나타날 것만 같더라도, 우리가 다시 만날 곳은 아직 아픔과 슬픔이 남아 있는 이곳이 아니라 영원한 그 나라임을 기억해야 합니다. 그러므로 그 나라를 간절히 사모해 영원한 안식에 들어간 고인을 생각하며 슬픔과 아픔에 마음을 내주는 것은 잠깐으로 그치고, 다시 천국에서 함께할 순간을 바라보며 위로와 힘을 얻으시길 바랍니다.

추도식

하늘에 있는 본향
_히 11:16

오늘 온 가족과 친지가 함께 모여 드리는 이 추도예배에 하나님의 사랑과 은총이 가득하길 기원합니다. 오늘 추도예배를 통해 하나님께서 특별히 이 가족에게 주시는 말씀을 마음에 새기고, 고인이 살아온 삶과 그 덕을 기리며 함께 은혜를 나눌 수 있기를 바랍니다.

나그네 인생

우리는 모두 나그네 인생입니다. 아브라함은 고향을 등지고 하나님의 명령을 따라 약속의 땅으로 갔습니다. 어디 아브라함뿐이겠습니까? 이 세상에서 살아가는 모든 사람은 나그네에 불과합니다. 그래서 베드로 사도는 하나님의 백성을 '나그네'(벧전 1:1) '거류민'(벧전 2:11)이라고 부릅니다.

나그네라면 당연히 나그네 의식을 갖고 살아야 합니다. 이 세상에 영원히 발을 딛고 정착할 존재로 착각하지 말아야 합니다. 빈손으로 온 인생, 잠시 잠깐 지내다 하나님이 부르시는 때가 되면 빈손으로 가야 합니다. 저항할 수도 없고, 뭔가를 가져갈 수도 없습니다. 그렇기에 인생은 단순하고 가벼운 게 좋습니다. 이 세상 것들에 마음과 관심을 많이 둘수록 떠나는 게 더 힘들어집니다. 가벼운 마음으로 떠나려면 사실 이 세상의 소유가 적을수록 더 좋습니다.

그런데 베드로는 나그네로 살아가는 성도들에게 행실을 선하게 가지라고 권면합니다(벧전 2:12). 세상 사람들은 감시카메라를 들고 주야로 성도들을 주시하고 있습니다. 틈만 보이면 비난하고 약점을 잡으려 덤벼듭니다. 그러므로 한순간도 방심해서는 안 됩니다. 주님의 명예가 훼손될 수 있기 때문입니다.

더 나은 본향을 사모함

본문에서 히브리서 기자는 믿음을 지키기 위해 세계 각지로 흩어져 힘겹게 살아가고 있는 성도들에게 '더 나은 본향'을 사모하라고 당부합니다. 더 나은 본향은 갈대아 우르도 아니고, 하란 땅도 아닙니다. 하늘나라에 있는 성, 곧 땅에 있는 예루살렘과는 비교도 할 수 없는 영광스러운 새 예루살렘성입니다. 하나님이 성도들을 위해 친히 이 성을 예비해 놓으셨습니다.

사도 베드로는 이를 "썩지 않고 더럽지 않고 쇠하지 아니하는 유업"(벧전 1:4)이라고 부르며, 이것이 하늘에 간직되어 있다고 말합니다. 이 땅에서의 삶이 아무리 힘들고 고달플지라도 성도는 산 소망을 가진 자임을 잊지 말아야 합니다(벧전 1:3).

성도는 믿지 않는 자들과 생각하는 것이나 바라보는 것, 추구하는 것이 다릅니다. 더 나은 본향을 사모하는 자이기에 이 세상에서 예수 그리스도와 복음으로 인해 받는 여러 가지 시험에도 흔들리지 않습니다. 그것이 '잠깐'의 근심임을 잘 알고 있습니다(벧전 1:6). 믿음으로 인내하면 결국 '영혼의 구원'을 받을 것임을 확신하고 살아갑니다(벧전 1:9). 그래서 세상이나 세상에 있는 것들을 사랑하지 않습니다. 이것들은 모두 지나가는 것임을 너무나 잘 알고 있기 때문입니다(요일 2:17). 제아무리 생기가 있어도 그저 풀과 같은 인생이고, 또 제아무리 화려하고 아름다워도 풀의 꽃과 같은 인생의 영광이기 때문입니다. 그렇다면 우리가 무엇을 자랑하고 사랑해야겠습니까? 더 나은 본향에 대한 사모함만이 가슴에 가득하길 바랍니다.

세상이 감당할 수 없는 사람

성도는 불 같은 시험이 닥쳐올지라도 하늘 본향을 사모하는 거룩한 나그네이기 때문에 좀처럼 낙담하거나 포기하지 않습니다. 우리 믿음의 선조들은 믿음을 지키기 위해 동굴이나 토굴, 카타콤 같은 지하 묘지에서의 삶도 마다하지 않았습니다(히 11:38). 이런 사람을 세상이 어떻게 감당하겠습니까? 돈으로 회유할 수 없고, 죽음도 무릎 꿇게 할 수 없으며, 극한 시련과 위협을 가해도 믿음을 포기하지 않으니 말입니다. 그런데 혹시 우리는 지금 하늘 본향을 사모한다고 하면서도 세상을 따라가고 세상과 타협하며 살아가고 있지는 않습니까?

우리 모두는 나그네 인생이며, 하늘 본향을 바라보고 사모하며 사는 존재임을 잊지 않기를 바랍니다. 그래서 이 땅에서 살아가는 동안 어떤 시험이나 유혹이 다가와도 세상이 감당하지 못하는 담대한 믿음으로 승리하시기를 소망합니다.

4장

병문안

Sermon for Visiting

신자 본인 및 가족

예수를 깊이 생각하라
_히 2:18-3:1

병원에서 지내시느라 고생이 많습니다. 이런 생활이 불편하고 답답할 수 있지만, 조금 마음을 바꿔 먹는다면 하나님과 충분히 교제하며 영적으로도 강건해지는 복된 시간이 될 수도 있을 것입니다. 이 힘든 시간을 통해 몸도 영혼도 더 건강해지시길 바랍니다.

시험 받는 인생

초대교회 성도들은 편하게 예수님을 믿을 수가 없었습니다. 로마 정부는 물론 같은 민족과 가족에게서까지 온갖 박해와 핍박을 당하면서 신앙생활을 해야 했습니다. 로마 정부에서는 황제 숭배 명령을 내렸고, 그 명령을 따르지 않으려면 극심한 핍박을 각오해야 했습니다. 그래서 많은 성도가 핍박과 박해를 피해 외국으로 도망가 숨어서 신앙생활을 이어 갔습니다. 터키의 갑바도기아 지방에서 볼 수 있는 큰 바위에 판 동굴이나 카타콤 같은 지하묘지가 그때의 상황을 잘 말해 줍니다.

오늘날의 성도 역시 갖가지 마귀의 '유혹'(temptation)으로 신앙을 지키기가 쉽지 않습니다. 마귀는 사자처럼 무서운 모습으로 덮치기도 하고, 여우처럼 교활하고 달콤한 속임수로 덫을 놓기도 합니다. 그래서 성도를 믿음에서 넘어뜨리려 합니다.

그뿐 아니라 성도는 하나님의 '시험'(test)을 받기도 합니다. 하나님은 성도의 믿음을 연단하고 성숙시키기 위해 때로 시험을 하십니다. 물론 이 시험은 성도를 넘어뜨리기 위한 것이 아니라, 하나님의 자녀를 더 강하게 성장시키기 위한 것입니다. 이 시험을 잘 통과하면 영적인 유익을 얻습니다. 신앙 인격이 자랍니다. 병원에서 투병하는 지금이 바로 그런 연단의 시간입니다. 하나님의 선한 뜻을 믿고 이 시험을 잘 통과하시길 바랍니다.

능히 도우시는 예수님

사탄의 유혹과 하나님의 시험이 있음을 이해한다 할지라도, 힘든 순간을 참고 견뎌 내는 것은 결코 쉬운 일이 아닙니다. 이런저런 불편한 현실에 낙담되기도 하고, 때때로 생겨나는 부정적인 생각과 감정을 통제하는 것도 쉽지 않습니다. 그래서 정말 중요한 마음이 시험에 들기도 합니다.

그러나 힘들고 어려운 고난의 때에 주님이 반드시 도와주신다는 사실을 기억하십시오. 나 혼자 고난의 터널을 통과하는 게 아니라 주님이 동행하시고, 나 혼자 헤쳐가는 게 아니라 주님이 도와주십니다. 예수님은 육신의 몸을 입고 세상에 오셔서 사람들이 당하는 모든 고난과 어려움을 다 경험하시고, 또 이겨내셨습니다. 그러기에 고난당하는 성도들의 마음을 너무나 잘 아시고, 이해하시고, 공감하십니다. 그뿐 아니라 십자가에서 죽으시고 부활하심으로 이 세상을 장악하려는 사탄의 세력을 이미 제압하셨고, 죄와 죽음의 권세를 다 꺾으셨습니다. 그렇기 때문에 예수님은 우리를 도울 수 있는 충분한 능력을 갖고 계십니다.

인간은 서로의 아픔과 고통을 이해하고 공감할 수는 있지만, 실제적인 도움을 주고받지는 못할 때가 많습니다. 그럴 능력이 없기 때문입니다. 도울 마음은 있지만, 능력이 없다는 겁니다. 그러나 예수님은 얼마든지 도울 수 있는 분입니다. 그분은 미친 듯이 일어나는 광풍과 파도를 말씀 한마디로 잠잠하게 하셨습니다. 거라사 광인에게 깃든 더러운 귀신을 말씀 한마디로 쫓아내셨습니다.

은혜의 보좌로 나아가

아픔과 고난 중에 있을 때 반드시 기억해야 할 것이 있습니다. 우리는 하늘의 부르심을 받은 거룩한 존재라는 사실입니다(3:1). 하나님은 태초에 우리를 지으시고 부르셔서 '너는 내 것이라'고 말씀하셨습니다. 그러므로 어떤 어려운 현실에서도 예수님을 깊이 생각하고 바라봐야 합니다. 주변 환경이나 도움을 줄 만한 사람이 아니라, 우리가 믿는 도리의 사도시요 대제사장이신 예수님만 생각하고 갈망해야 합니다. 예수님은 하나님의 뜻을 인간에게 계시해 주실 뿐 아니라, 인간의 사정을 하나님께 아뢰어 주십니다. 그러므로 성도는 '때를 따라 돕는 은혜'를 입기 위해 은혜의 보좌로 나아가 그분에게 모든 어려움을 아뢰어야 합니다(히 4:16).

병실에서 보내는 힘든 시간을 하나님이 믿음을 연단하시기 위해 주시는 시험이라고 생각하십시오. 그리고 능히 도우시는 예수님을 바라보고 의지해 이 시험을 잘 이겨내시길 바랍니다.

불신자
마르고 시드는 인생
_사 40:6-8

투병하느라 정말 고생이 많으십니다. 좋은 자리가 아니라 힘든 시간을 보내는 자리에서 만나게 되어 안타깝지만, 인생의 참된 길을 찾는 소중한 만남이 되길 바랍니다.

인간의 실존

모든 사람의 공통적인 바람은 건강하게 오래 사는 것입니다. 오래 사는 것도 좋지만, 그보다 건강하게 사는 게 더 중요합니다. 누구나 병들지 않고 사고 없이 형통한 인생을 보내고 싶어 합니다. 그러나 그렇게 살아갈 수 있는 사람은 하나도 없습니다. 아담의 죄성을 갖고 태어난 우리 사람에게는 고통과 죽음의 길이 정해져 있기 때문입니다.

인생은 흔히 안개, 이슬, 나그네, 바람, 그림자 등으로 비유됩니다. 오늘 본문 말씀은 인간의 육체를 '풀'로, 인간이 누리는 모든 아름다움과 영광을 '들의 꽃'으로 묘사하고 있습니다. 새벽에 이슬을 맞고 싱싱하게 피어오르는 풀은 사막에서 불어오는 한낮의 뜨거운 바람에 금세 시들고 맙니다. 타는 듯한 뜨거운 열기를 견뎌 내기가 힘들기 때문입니다. 들판에서 피어나는 아름다운 꽃들이 누리는 영광도 그리 오래 가지 못합니다. 며칠 지나지 않아 그 아름다운 기운은 사라지고 맙니다. 이게 인생이라는 겁니다.

아마 한때는 누구보다도 건강을 자부하셨을 겁니다. 수십 년 동안 병원 한번 가지 않았는데, 어느 날 갑자기 쓰러져 입원하시는 분이 있습니다. 그때는 이렇게 말씀드립니다. "여태까지 병원을 한 번도 안 가셨다니 아무나 누릴 수 없는 엄청난 복을 받으셨네요." 아무리 젊음과 건강을 유지하기 위해 운동을 하고 건강식품을 챙겨 먹는다 해도, 인생은 풀에 불과하고, 인간이 누리는 모든 화려한 영광도 들판의 꽃과 같음을 잊지 마십시오.

창조자를 기억하라

하나님의 백성의 운명은 자신의 노력과 능력에 달려 있지 않습니다. 그들은 자신과 언약을 맺어 주신 하나님을 전적으로 의존하며 살아야 합니다. 그들의 삶을 책임지고 이끄시는 분이 바로 하나님이시기 때문입니다.

하나님은 그분의 백성에게 얼마든지 복을 주실 수 있는 분입니다. 아침 이슬과 이른 비, 늦은 비를 때를 따라 내려 주심으로 그들의 삶을 윤택하고 풍요롭게 만드실 수 있습니다. 그러나 그들이 하나님에게서 멀어지고 등질 때, 하나님의 법을 따르지 않고 세상 풍속을 따라갈 때, 여호와만이 아니라 우상을 함께 섬기는 혼합주의 신앙을 가질 때, 하나님은 징계와 심판의 기운이 불게 하십니다. 인간은 하나님의 기운을 피할 수도, 막을 수도 없습니다. 그렇기 때문에 죄로 하나님의 진노를 불러일으키지 않는 게 삶의 지혜입니다.

　하나님이 인간을 창조하셨기에 인간은 그분의 피조물입니다. 그러므로 피조물은 창조자를 기억하고 경외하며 살아야 합니다. 그것이 가장 안전하게 보호받는 삶입니다. 하나님을 인정하지 않고 독립을 선언하는 게 바로 죄입니다. 병상에 계시는 동안 우리를 지으신 창조자 하나님 품으로 돌아갈 수 있기를 바랍니다.

영원한 것

　여호와의 기운이 불면 이 세상은 사라지고 맙니다. 인간의 육체도, 그 모든 자랑거리도 시들고 말라 버립니다. 시들고 마를 것을 붙잡고 연연해하는 것은 어리석은 인생입니다. 그러므로 영원하신 하나님을 찾고, 그분의 입에서 나오는 생명의 말씀을 붙잡아야 합니다. 여호와의 말씀만이 영원할 것입니다.

　원치 않고 달갑지 않은 병원생활이 무척 답답하고 힘드실 겁니다. 의도치 않게 휴식 아닌 휴식의 시간을 보내고 있지만, 인생을 다시 한 번 생각해 보는 소중한 자기 성찰의 기회로 삼아 보시길 바랍니다. 무엇보다 영원하신 창조주 하나님께로 나아가는 복된 기회가 되시길 바랍니다.

사고로 입원한 경우

내일 일을 자랑할 수 없는 인생
_잠 27:1

원치 않는 사고로 고통당하고 있는 삶에 주님의 위로가 함께하기를 바랍니다. 사고가 없는 세상이 있다면 얼마나 좋겠습니까? 그러나 이 세상에는 안전지대가 없습니다. 하루에도 수없이 발생하는 사건·사고 소식을 듣다 보면 어쩔 수 없이 무섭고 불안해지는 것이 사실입니다.

자랑하지 말라

오늘 말씀은 우리에게 인생의 눈을 뜨라고 촉구합니다. 내일 일을 자랑하지 말라는 것입니다. 사실 내일 일을 장담할 수 있는 사람이 어디 있겠습니까? 하루 동안 무슨 일이 일어날지 알 수 있는 사람은 아무도 없습니다. 누구나 좋은 일만 일어나고, 좋은 소식만 들리기를 원합니다. 그러나 세상만사는 결코 그렇지 않습니다. 원치 않은 일도 일어나고, 듣고 싶지 않은 소식도 듣고 살아야 하는 게 인생입니다.

그렇기 때문에 우리는 자랑하며 살아서는 안 됩니다. 오늘 건강하다고 자랑할 수 없습니다. 든든히 서 있더라도 허사일 수 있기 때문입니다.

"주께서 나의 날을 한 뼘 길이만큼 되게 하시매 나의 일생이 주 앞에는 없는 것 같사오니 사람은 그가 든든히 서 있는 때에도 진실로 모두가 허사뿐이니이다"(시 39:5). 든든히 서 있는 것 같았던 유명 인사들이 하루아침에 무너지는 광경을 우리는 그동안 많이 봐왔습니다. 누가 자식을 자랑할 수 있겠습니까? 어느 날 갑자기 훌쩍 부모 곁을 떠나기도 하지 않습니까? 반면 별 볼 일 없다고 무시했던 다른 집 자녀가 훗날 보란 듯이 성공하기도 합니다. 정말 자랑할 것이 아무것도 없습니다.

염려를 주께 맡기라

내일 일을 알 수 없는 무지한 존재요, 문제를 해결할 능력도 없는 무능한 존재이기에, 우리는 스스로의 힘으로 살려고 애쓰기보다 주님께 삶을 맡겨야 합니다. 주님은 우리와 달리 무한한 지혜를 가진 전능한 분이십니다. 예수님은 수고하고 무거운 짐 진 자들을 부르십니다. 주님께서 도와주시겠다는 것입니다. 안식과 쉼을 주시겠다는 약속입니다. 혼자 끙끙거리고 애쓰며 힘겹게 사는 것보다 주님의 약속을 믿고 그분께 다 맡기고 사는 게 훨씬 더 쉽지 않을까요? 그런데도 사람들은 이 쉬운 길을 선택하려 하지 않습니다.

사람들은 하루를 장담할 수 없는 인생임에도 큰소리치기를 좋아합니다. 오늘 하루도 무슨 일이 일어날지 알지 못하면서 십 년 후를 설계하려 합니다. 물론 미래를 계획하고 설계하는 인생이 나쁘다는 것이 아닙니다. 당연히 그렇게 해야 합니다. 그러나 교만하지는 말라는 것입니다. 하나님의 손 안에서 계획하라는 것입니다. 하나님 없이 세운 계획은 모두 헛수고일 수 있습니다.

하나님의 선물을 즐기라

하나님은 우리를 정말 사랑하십니다. 그래서 인간에게 수많은 선물을 주셨습니다. "또한 어떤 사람에게든지 하나님이 재물과 부요를 그에게 주사 능히 누리게 하시며 제 몫을 받아 수고함으로 즐거워하게 하신 것은 하나님의 선물이라"(전 5:19).

어떤 사람은 자신이 노력해서 얻은 것이지 왜 하나님이 주신 것이냐고 따질 수 있습니다. 그러나 믿음으로 사는 사람들은 이와 다른 분명한 삶의 관점을 가지고 있습니다. 자신의 모든 것이 하나님에게서 왔음을 고백하고 인정하는 것입니다. 건강도, 성공도, 재물도, 자식도 모두 하나님이 주신 선물이라고 고백합니다. 사실 하나님이 주시지 않으면 우리가 아무리 애써 노력해도 헛된 것이 되어 버리는 경우가 얼마나 많은지 모릅니다. 건강 지키려고 좋다는 보약 다 챙겨 먹고, 헬스장에 다니고, 건강식도 하는데 하루아침에 쓰러져 일어나지 못하는 사람이 생각보다 많습니다. 그러므로 자신이 가진 재물도, 건강도, 성공도 모두 주님의 선물임을 알고, 그것을 하나님의 뜻대로 누릴 수 있어야 합니다.

병상에서 보내는 이 시간을 의미 있는 자기 성찰의 기회로 삼기를 바라며, 마지막으로 솔로몬 왕의 교훈을 통해 하늘의 지혜를 얻으시길 소망합니다. "하나님께서 행하시는 일을 보라 하나님께서 굽게 하신 것을 누가 능히 곧게 하겠느냐 형통한 날에는 기뻐하고 곤고한 날에는 되돌아보아라 이 두 가지를 하나님이 병행하게 하사 사람이 그의 장래 일을 능히 헤아려 알지 못하게 하셨느니라"(전 7:13-14).

노년의 병 1(중풍)
하나님을 찬송하는 인생
_행 3:6-10

불편한 몸으로 인해 힘겨운 마음에 하나님의 위로가 함께하길 바랍니다. 전처럼 마음대로 다니고 움직일 수 없어 얼마나 답답하고 힘드십니까? 그러나 그로 인해 마음과 영혼마저 병들지 않게 하나님이 기뻐하시는 것으로 채워 가시길 바랍니다.

나면서부터 못 걷게 된 사람

베드로와 요한이 오후 세 시 기도하는 시간이 되어 성전에 올라가는 길이었습니다. 그때 사람들이 자기 혼자서는 움직일 수 없는 병자를 성전 앞으로 데려와 구걸할 수 있도록 했습니다. 그는 세상에 태어나서 지금까지 사십 년 동안 한 번도 걸어 보지 못했습니다. 그동안 그 병을 고치기 위해 얼마나 백방으로 노력했겠습니까? 돈은 또 얼마나 많이 들였겠습니까? 몸도 마음도 엄청나게 고생했을 것입니다. 그러나 모두 소용없었습니다. 그래서 모든 희망을 버리고 구걸하며 살아가게 되었습니다. 아마도 그에게는 그것이 살아남기 위한 유일한 방편이었을 것입니다.

우리도 살아가면서 한계 상황에 부딪힐 때가 많습니다. 오늘 본문의 병자는 걷는 데 한계가 있었지만, 어떤 사람은 보는 데, 어떤 사람은 듣는 데, 또 어떤 사람은 먹고사는 데서 한계에 부딪히기도 합니다. 그래서 다른 사람보다 더 애쓰고 노력하지만, 그래도 안 된다 싶으니까 또 다른 자구책을 마련하게 되는 것입니다. 이것이 인간의 실존 아니겠습니까?

비록 지금은 안타깝게도 몸이 마음과 생각대로 움직여 주지 않아 답답하고 힘들지만, 그래도 마음만은 아름다운 생각으로 채우시기를 바랍니다. 알고 보면 다른 사람들도 모두 어떤 식으로든 한계 상황에 부딪히며 살아가고 있습니다. 혼자만 한계 상황을 겪으며 힘들게 살고 있다는 부정적인 생각을 떨쳐 버리고, 마음과 생각을 잘 다스리시기 바랍니다.

은이나 금보다 더 소중한 것

지금 성전에서 구걸하고 있는 이 병자는 걷는 것을 포기한 지 이미 오랩니다. 이제 그에게 중요한 건 먹고사는 문제입니다. 돈이 필요한 것입니다. 돈이 있어야 하루 끼니를 이어갈 수 있기 때문입니다. 양적인 차이는 있겠지만, 사실 이것이 우리 모든 인생의 관심사가 아닙니까?

그런데 베드로는 이 병자에게 말합니다. "은과 금은 내게 없거니와 내게 있는 이것을 네게 주노니 나사렛 예수 그리스도의 이름으로 일어나 걸으라"(6절). 당시 사람들에게 나사렛 출신의 예수님은 실패자였고, 십자가에서 저주스러운 죽음을 당한 사람일 뿐이었습니다. 그러나 베드로와 사도들에게 예수님의 이름은 건축물의 모퉁잇돌 같은 것이었습니다. 그들은 이미 부활하신 예수님의 생명과 능력을 공급받았습니다. 그래서 나사렛 예수님이라면 능히 걷게 하실 것을 믿었습니다. 그래서 예수님의 이름으로 명령했습니다.

사람들은 은과 금에 목숨을 걸고 살아갑니다. 돈이면 다 된다고 생각합니다. 그러나 실제로는 돈으로 해결하지 못하는 일이 너무 많습니다. 착각하지 말아야 합니다. 죄나 생명의 문제는 돈으로 해결할 수 없는 경우가 많습니다. 무엇보다 천국과 영원한 생명은 돈으로 해결할 수 없습니다. 그러나 예수 그리스도는 이 모든 문제까지 해결하실 수 있습니다.

하나님을 찬송하는 인생

오늘 본문의 병자의 경우, 몸은 성전의 아름다운 문 앞에 있었지만 마음은 어쩌면 상대적 박탈감이나 하나님과 사람들에 대한 불평과 원망으로 가득했을지도 모릅니다. 아마도 만족 없는 인생이었을 것입니다. 그러나 그의 인생에 반전이 일어났습니다. 역전의 명수이신 예수님은 걷지 못해 불행한 인생을 살아오던 한 사람의 인생을 완전히 바꾸어 놓으셨습니다. 베드로가 그 사람의 손을 잡고 일으키니 그 발과 발목이 힘을 얻어 걷고 뛸 수 있게 되었습니다. 그들은 함께 성전으로 들어가 하나님을 찬송했습니다. 이제 그 병자의 인생은 예배하는 인생으로 바뀌었습니다.

예수님의 이름으로 다시 걷게 되길 간절히 기원합니다. 혹 다시 걷지 못할지라도 마음과 영혼에는 불편함이 없기를 바랍니다. 비록 몸의 한 부분은 매우 불편하지만, 그래도 주님께서 그 외의 다른 많은 것을 허락해 주시지 않았습니까? 언젠가 부활의 그날이 되면 주님께서 분명 온전하고 영광스러운 몸으로 입혀 주실 것입니다. 그날을 바라보며 불평불만으로 가득 찬 인생이 아니라, 하나님을 찬송하고 예배하는 삶이 되시길 바랍니다.

노년의 병 2(치매)

하나님께 소망을 둔 인생
_시 146:5

    목회를 하다 보면 기쁘고 행복한 순간이 많습니다. 성도에게 좋은 일이 있거나 기쁨이 넘치는 모습을 보면 목회자도 행복합니다. 그러나 마음이 무겁고 힘든 순간도 있습니다. 그중 하나가 생로병사 앞에서 무기력한 성도들의 모습을 볼 때입니다. 치매로 고통당하는 본인과 가족을 보니, 지금이 바로 그런 순간인 것 같습니다.

하나님께 소망을

    다윗은 귀인들을 의지하지 말고, 도울 힘이 없는 인생도 의지하지 말라고 충고합니다(시 146:3). 호흡이 끊어지면 흙으로 돌아가 버리고 말 인생은 도움을 구할 대상이 아니라는 겁니다. 사실 사람을 의지했다 배신당하는 일이 얼마나 많습니까? 또 믿었던 사람인데, 정작 현실적인 문제에 부딪히거나 더 큰 힘과 위력 앞에 섰을 때는 아무런 도움이 되지 않는 경우도 허다합니다. 그래서 다윗은 사람을 의지하지 않았습니다. 더구나 그는 아들과 신하의 배신까지 경험했기 때문입니다.

그래서 다윗은 야곱의 하나님을 자신의 도움과 소망으로 삼는 삶을 선택했습니다. 다윗은 이미 소년 시절부터 거대한 블레셋 장수 골리앗 앞에서도 전혀 주눅들지 않았습니다. 철저하게 무장하거나 대단한 무기가 있는 것도 아니고, 손에는 고작 양 떼를 칠 때 사용하던 물맷돌뿐이었습니다. 그러나 그는 만군의 여호와의 이름으로 나아갔습니다. 하나님을 자신의 도움으로 삼고, 여호와께 소망을 두었던 것입니다.

사실 치매에는 최첨단을 달리는 과학도, 의학이나 의술도, 수많은 임상경험도 무기력할 뿐입니다. 자신의 의사와 상관없이 행동하고 말하는 게 마치 무능한 인간의 실존을 보여주는 것만 같습니다. 사실 죄와 의, 악과 선, 사망의 길과 생명의 길 앞에서 무기력한 것이 인생 아닙니까? 그러므로 전적으로 무능한 우리가 소망을 둘 곳은 하나님밖에 없습니다.

전능하신 하나님

이스라엘이 소망을 두어야 할 여호와는 천지만물을 창조하신 전능자입니다(시 146:6). 억눌린 자를 위해 심판하시고, 주린 자에게 먹을 것을 주시며, 갇힌 자에게 자유를 주시는 분입니다(시 146:7). 맹인들의 눈을 여시고, 비굴한 자들을 일으키시며, 의인들을 사랑하시는 분입니다(시 146:8). 사회적 약자인 나그네를 보호하시고, 고아와 과부를 붙드시며, 악인들의 길은 반드시 굽게 하시는 분입니다(시 146:9).

우리의 소망이신 하나님은 성도의 삶에 구체적으로 개입하고 간섭하십니다. 우리의 필요를 잘 알고 계실 뿐 아니라 그것을 충분히 채워 주실 수 있는 분입니다. 사람은 제아무리 노력해도 해줄 수 있는 게 한계가 있습니다. 그러나 하나님은 모든 것을 하실 수 있습니다.

시온의 대로를 향해 나아가는 마음

하나님께 소망을 둔 자는 삶의 방식이 다릅니다. 그는 하나님께 마음이 집중되어 있고, 하나님이 하시도록 삶의 지평을 열어 둡니다. 그래서 이런 삶을 고라 자손은 이렇게 고백합니다. "주께 힘을 얻고 그 마음에 시온의 대로가 있는 자는 복이 있나이다 그들이 눈물 골짜기로 지나갈 때에 그곳에 많은 샘이 있을 것이며 이른 비가 복을 채워 주나이다 그들은 힘을 얻고 더 얻어 나아가 시온에서 하나님 앞에 각기 나타나리이다"(시 84:5-7).

때로는 눈물 골짜기를 지나가야 하는 것이 인생입니다. 그러나 하나님은 그곳에서 샘을 허락하시고, 이른 비와 늦은 비를 내려 주십니다. 그래서 하나님께 소망을 둔 성도는 힘을 얻기 위해 하나님의 성전으로 나아갑니다. 그 마음에 시온을 향해 나아가는 문을 활짝 열어 둡니다.

지금은 기억의 장애로 어려움을 겪고 있지만, 하나님의 도우심으로 기억력 상실의 속도가 더뎌지고, 나아가 점차 회복되길 바랍니다. 사실 치매 환자를 둔 가족의 아픔과 고충도 이만저만이 아닙니다. 그러므로 가족 간에 더 소통하고, 위로와 격려로 서로를 응원해 주시길 바랍니다. 치매로 고통을 겪고 계시는 당사자와 가족 모두 전능하신 하나님께 소망을 둠으로 이 힘든 시간을 잘 이겨 나가시길 기원합니다.

정신질환(우울증 등)

마음이 상한 그때
_시 42:4-5

　오늘날 많은 현대인이 마음의 병을 앓고 있습니다. 더구나 육체적인 질병보다 이 마음의 병이 훨씬 더 고통스럽고 다루기 힘듭니다. 그러나 상처 입은 치유자이신 예수님은 이미 모든 인간의 아픔과 고통을 경험하시고 정복하셨기에 얼마든지 도우실 수 있습니다. 오늘 말씀을 통해 그 주님을 바라볼 수 있길 바랍니다.

돌아갈 수 없는 옛 추억
　본문은 고라 자손의 시입니다. 그들은 과거 예루살렘 성전에서 찬양대를 섬겼습니다. 하나님을 섬기는 너무도 행복한 사역이었습니다. 그런데 이제는 그렇게 할 수 없는 처지가 되었습니다. 마음속에 간직하고 있던 영적인 추억은 이제 돌아갈 수 없는 과거가 되고 말았습니다. 그래서 고라 자손은 눈물을 흘리고 있습니다.
　그 마음은 옛날로 돌아갑니다. 동료들과 함께 기쁨과 감사의 노래로 섬겼던 날들이 생각납니다. 예배하러 오는 무리를 예루살렘 성전으로 인도하던 그때를 잊을 수가 없습니다. 그런데 지금은 그럴 수가 없습니다. 불가피한 사정으로 성전을 떠나 있는 상황입니다. 기쁘고 행복했던 그때, 그러나 다시 돌아갈 수 없는 그 시절을 생각하니 그저 마음만 상할 뿐입니다.

우리는 하나님이 주시는 섬김의 기회를 놓치지 말아야 합니다. 시간은 다시 돌아오지 않고, 기회는 영원히 있지 않습니다. 기회가 올 때 잘 포착해야 합니다. 하나님을 섬길 수 있을 때 최선을 다해야 합니다. 아름다운 옛 추억을 생각할 수는 있습니다. 그러나 거기에 매여서는 안 됩니다. 지나간 과거는 돌이킬 수 없습니다. 그것이 마음을 상하게 하거나 낙심하게 만들도록 내버려 둬서는 안 됩니다.

불안한 인생

고라 자손들은 과거와 현재의 삶을 비교해 보면서 마음의 답답함을 느낍니다. 보장되지 않은 미래에 대한 불안도 있습니다. 그래서 낙심과 절망감이 마음을 휘감고 있습니다. 너무나 강력해 도저히 거절하고 밀어낼 수 없을 정도입니다(시 42:7). 원수의 압제와 대적의 비방으로 인해 뼈를 찌르는 듯한 고통까지 짓누르고 있습니다(시 42:9-10).

마음의 병은 어디서 오는 것일까요? 감당할 수 없는 현실에서 옵니다. 너무 힘들고 가슴 아픈 일이어서 잊고 싶은데, 그게 마음대로 되지 않아 우울한 마음이 생기는 것입니다. 가족을 잃은 아픔, 사랑했던 사람과 이별한 실연의 슬픔, 승승장구하던 시절이 돌아갈 수 없는 과거일 뿐임을 깨달은 절망감 때문에 낙심되고 우울합니다.

또 헤쳐나갈 수 없는 현실과 앞이 보이지 않는 미래를 생각할 때 마음이 착잡하고 불안하고 우울해집니다. 어두운 현실을 조정할 수 있는 능력이 있다면 문제가 없을 텐데, 그게 아니니 낙심되고 불안할 수밖에 없습니다. 그래서 마음에 병이 찾아오는 것입니다.

하나님께 시선을 고정하라

돌아갈 수 없는 과거에 매이면 마음이 상할 수 있습니다. 버거운 현실에 눈을 고정하면 낙담될 수 있습니다. 앞이 보이지 않는 미래에 시선을 두면 염려와 불안에 휩싸일 수 있습니다. 그러므로 그와 같은 것에서 눈을 들어 우리를 도우실 하나님께 시선을 고정해야 합니다. 우리를 둘러싸고 있는 상황과 현실이 아니라 그것을 바라보는 시선이 우리를 병들게 하는 것입니다. 그러므로 주님께만 마음과 시선을 집중하십시오.

사무엘을 낳기 전까지 한나는 자신보다 먼저 아들을 낳은 브닌나에게 모욕과 치욕을 당했습니다. 성경에는 없지만 아마 한나가 브닌나를 타이르기도 했을 겁니다. 또 남편에게 불평과 원망을 쏟아 놓기도 했을 겁니다. 그러나 하나님이 하시는 일을 사람이 어떻게 하겠습니까? 그래서 결국 한나는 성소를 찾아갔습니다. 그리고 통곡하며 기도했습니다. 사람에게 열었던 입술의 문을 닫고 하늘 아버지를 향해 열었더니, 하나님은 하늘의 문을 여시고 응답해 주셨습니다. 그렇게 태어난 아이가 한때 이스라엘을 영적으로 이끈 사무엘입니다.

혹시 가슴 아픈 과거나 버거운 현실, 앞이 보이지 않는 힘든 미래만 바라보다 마음이 상한 것은 아닙니까? 이제 마음과 시선을 주님께로 돌리시기 바랍니다. 주님만이 해답이고, 도움이십니다. 하나님께 소망을 둠으로 이 마음의 병에서 속히 놓임받기를 바랍니다.

수술 전

내가 여기 함께 있다
_사 41:10

아마 어제 제대로 주무시지 못하셨을 것 같습니다. 사실 수술을 앞두고 불안하거나 초조하지 않은 사람은 거의 없을 겁니다. 그럼에도 오늘 주시는 말씀으로 강하고 담대한 마음을 얻어 편안하게 수술 잘 받고 빨리 회복하시기를 기원합니다.

피곤하고 곤비한 인생

하나님은 언약 백성을 사랑하셨습니다. 그래서 포기하지 않는 사랑과 변함없는 긍휼로 보듬어 주셨습니다. 그러나 하나님의 넘치는 사랑과 긍휼에도 끝은 있습니다. 짐승도 주인을 아는데 하나님의 백성은 하나님을 잊어버렸습니다. 그래서 북 이스라엘은 앗수르에 패망하고, 후에 남 유다도 바벨론에게 망하고 말았습니다.

이스라엘과 유다 왕국이 아무리 한때 강성했을지라도 무너지는 건 한순간이었습니다. 그래서 이사야 선지자는 소년이라도 피곤하고 곤비하며, 장정이라도 넘어지고 쓰러진다고 단언합니다(사 40:30). 성경의 위대한 영적 거장들도 한때는 넘어지고 실족했습니다. 아브라함은 두 번이나 아내를 누이라고 칭하며 비겁하게 행동했습니다. 다윗도 밧세바를 범하고 충신인 우리아를 살해하는 천인공노할 잘못을 저질렀습니다. 아합 및 이세벨과 대항하고, 바알과 아세라 선지자 850명과 용감하게 맞서 싸웠던 엘리야도 생명을 위협하는 위기를 느끼자 차라리 죽여 달라고 하나님께 항변했습니다.

병들지 않을 철인이 없고, 고통을 느끼지 않을 장사가 없습니다. 누구나 피곤하고, 곤비하고, 넘어지고, 쓰러질 수 있습니다. 중요한 건 그 인간의 실존을 인정하는 것입니다. 그렇게 연약하고 부족한 존재이기에 유일한 소망이신 예수님께로 나아가고, 십자가 앞에 엎드리는 것입니다. 수술을 앞둔 이 병상에서 십자가에 죽으시고 다시 살아나신 주님을 더 깊이 체험할 수 있기를 바랍니다.

함께하시는 여호와

너무 힘들고 고통스러울 때 혼자 있다는 생각이 들면 훨씬 더 힘들어집니다. 반면 때마침 누군가가 함께해 주면 얼마나 큰 위로가 되고 용기가 나는지 모릅니다.

오늘 말씀을 보십시오. 바벨론 포로생활로 지쳐 있는 유다 백성에게 하나님이 함께하겠다고 격려하고 계십니다. 하나님은 동방에서 페르시아의 고레스 왕을 세워 일하실 것입니다(사 41:2). 그러나 언약 백성을 위해 일하시는 실체는 바로 여호와입니다(사 41:8-9). 이것을 기억해야 합니다. 의사가 수술을 하지만, 하나님이 그 의사의 손을 붙잡고 일하십니다. 의사의 모든 의술과 지식, 경험과 능력을 사용하실 것입니다. 그러나 그 모두는 의사의 손을 통해 하나님이 하시는 일입니다.

두려워하거나 놀라지 말아야 하는 이유가 있습니다. 하나님이 함께하겠다고 약속하셨기 때문입니다. 수술 현장에 하나님이 함께하십시다. 여호와께서 굳세게 하시고, 도와주시며, 의로운 능력의 손으로 붙들어 주실 것입니다. 그것이 우리의 믿음이며 소망입니다.

여호와를 아는 것이 힘이다

하나님을 제대로 아는 것이 우리의 힘입니다. 하나님이 어떤 분이신지를 기억하십시오. 하나님은 별 볼 일 없는 우리 인생들과는 다릅니다. 그분은 영원하신 하나님이며 땅 끝까지 창조하신 이로, 피곤하지 않으시고, 곤비하지 않으시며, 명철이 한이 없으십니다(사 40:28). 피곤한 자에게 능력을 주시고, 무능한 자에게 힘을 더하시는 분입니다(사 40:29). 그러니 염려하지 말고 맡기셔도 됩니다.

너무 염려하거나 초조해하지 마십시오. 하나님은 상한 갈대를 꺾지 않으시고, 꺼져 가는 등불도 끄지 않으시는 분입니다(사 42:3). 눈먼 자의 눈을 밝히시고, 갇힌 자를 감옥에서 이끌어 내시며, 흑암에 앉은 자를 감방에서 나오게 하시는 분입니다(사 42:7). 그러므로 그분께 모든 것을 맡기고 편안하게 수술실로 들어가시기 바랍니다.

불안한 마음에 간밤을 뜬눈으로 지새웠다 할지라도, 이제부터는 하늘 아버지이자 영원한 소망이신 주님을 신뢰하고 모든 것을 맡기십시오. 모든 수술 과정을 지켜보시고 도우실 것입니다. 수술 잘 받고 빠른 시일 내에 온전하게 회복되어 살아계신 하나님을 다시 한 번 체험할 수 있기를 바랍니다.

수술 후
하나님께 올릴 새 노래
_시 40:1-3, 16

수술 받느라 정말 수고 많으셨습니다. 이제 빨리 회복해 예전보다 더 건강하고 아름다운 삶으로 하나님을 섬기시길 기대합니다. 그리고 수술이 잘 끝나기까지 도우시고 돌보신 주님께 감사와 간증으로 영광 돌리시길 바랍니다.

기가 막힐 웅덩이와 수렁

다윗이 어떤 상황에서 이 시를 지은지는 정확히 알 수 없지만, 아마도 전쟁을 배경으로 하고 있는 것 같습니다. 그것이 무엇이든 위험한 상황에서 자신을 구원하신 하나님께 감사 고백을 하는 내용입니다.

다윗은 살아오는 동안 수많은 인생의 파도를 만났습니다. '기가 막힐 웅덩이와 수렁'으로 발이 미끄러지는 일이 수없이 많았습니다(2절). 한때 자신의 주군이요 장인이었던 사울에게 쫓겨 도망 다닌 날이 헤아릴 수 없을 정도로 많고, 여차하면 붙잡혀 죽을 뻔한 위기도 여러 번 넘겼습니다. 그를 대적하고 모함하는 무리도 수없이 많았습니다. 이 편에 섰다가도 형세가 바뀌면 다른 편으로 가버리는 사람들로 인해 뼈저린 배신감도 경험했습니다. 심지어 누구보다 사랑하던 아들과 믿었던 신하에게서 배신도 당했습니다. 또 목숨을 걸어야 하는 수많은 전쟁터에 나가기도 했습니다. 한순간도 안전을 장담할 수 없고, 보장된 것도 없는 인생이었습니다.

사노라면 눈물 흘릴 일이 적지 않습니다(시 39:12). 속상하고, 억울하고, 고달프고, 힘겨워 넋을 놓고 울 때가 많이 생깁니다. 아마 이번 수술이 그런 경우가 아니었을까 싶습니다. 그럼에도 잘 견디고 이겨내셨습니다. 어쩌면 앞으로도 이렇게 눈물 흘릴 날이 또 있을지도 모르겠습니다. 기가 막힐 웅덩이와 수렁은 계속해서 또 다른 모습으로 우리 앞에 나타날 것입니다. 그럼에도 아마 이번 경험을 통해 넉넉히 이길 힘이 생겼을 것입니다.

하나님께 올릴 새 노래

기가 막힐 웅덩이와 수렁 없이 살 수 있다면 좋겠지만, 그런 삶은 없습니다. 그러나 그보다 더 중요한 게 있습니다. 기가 막힐 웅덩이와 수렁이 있는 건 어쩔 수 없을지라도, 그곳에서 끌어 올리시고, 반석 위에 발을 두게 하시고, 걸음을 견고하게 하시는 분이 계시다는 사실입니다(2절). 우리의 소망은 여기에 있습니다. 우리에게 위기와 고난이 없는 건 아니지만, 거기서도 우리를 도우시고 건지시고 구원하시는 분이 계십니다.

다윗은 그것을 경험했기에 하나님께 올릴 새 노래가 터져 나온 것입니다. 사람들이 그 광경을 지켜봤다면 함께 하나님을 찬양했을 것입니다. 그래서 기독교 신앙은 간증이 있는 삶입니다. 만약 이런 아픔과 고통의 시간이 없다면 간증도 없을 것이고, 하나님께 올릴 찬송도 없을 것입니다. 하나님은 반드시 자신의 이름을 위해, 그리고 그 백성의 안전과 행복을 위해 일하시는 분입니다.

다윗은 고백합니다. "주께서 행하신 기적이 많고 우리를 향하신 주의 생각도 많아 누구도 주와 견줄 수가 없나이다 내가 널리 알려 말하고자 하나 너무 많아 그 수를 셀 수도 없나이다"(시 40:5). 아마 이번 수술을 통해 또 한 번 기적을 경험하셨을 것입니다. 그 하나님을 찬송하고 널리 알리시기 바랍니다.

주를 찾는 삶

이번에 또다시 연약하고 부족한 자신을 발견한 반면, 위대하신 주님을 경험하셨을 것입니다. 그러므로 이제는 '주를 찾는 삶'을 살아야 합니다(16절). 주의 구원을 사랑하며 살아야 합니다. 우상이나 다른 힘 있는 자가 아니라, 우리를 잘 아시고 늘 돕고자 하시는 주님만 의지해야 합니다. '주 안에서 즐거워하고 기뻐하는' 인생을 살아야 합니다.

이번 수술을 통해 주님 안에서 인생의 의미를 다시금 발견했으니, 앞으로는 '주의 뜻' 행하기를 즐기고, '주의 법'을 마음의 중심에 두고 살아가기를 바랍니다(시 40:8). 이제는 자신의 마음과 생각을 따라 자신이 정한 길을 가는 것이 아니라, 주님의 의도를 파악하고 주님이 기뻐하시는 길을 가야 합니다.

살다 보면 앞으로도 이번 일과 같은 기가 막힐 웅덩이와 수렁을 경험할 수 있습니다. 그러나 그때마다 하나님이 생명싸개로 보호하시고 능력의 팔로 도우실 것입니다. 그러므로 늘 그 하나님께 새 노래를 올려 드리고, 그분의 행하심을 널리 전하며 사시길 바랍니다.

암 환자

얼굴을 벽으로 향해 기도할 때
_왕하 20:1-3

살다 보면 앞이 캄캄해지는 순간을 경험할 때가 있습니다. 감당하기 힘든 시련이 다가와 낙심하고 절망할 때가 있습니다. '왜 이런 일이 나에게 생긴 거지? 내가 뭘 그렇게 잘못했다고?' 그런데 스스로 속지 말아야 합니다. 혼자만 이런 일을 당하는 것이 아닙니다. 자신이 뭘 잘못했기 때문만도 아닙니다. 물론 그럴 수도 있지만 반드시 그런 건 아니라는 것입니다. 오늘 히스기야의 이야기처럼 무언가 하나님이 하시는 일일 수 있다는 말입니다.

히스기야에게 닥쳐온 위기

히스기야는 정말 선한 왕이었습니다. 아버지 아하스와는 전혀 달랐습니다. 그는 여호와께서 보시기에 정직하게 행했던 의로운 왕으로(왕하 18:3), 산당과 각종 우상을 제거하고 종교개혁을 단행하기도 했습니다. "히스기야가 이스라엘 하나님 여호와를 의지하였는데 그의 전후 유다 여러 왕 중에 그러한 자가 없었으니 곧 그가 여호와께 연합하여 그에게서 떠나지 아니하고 여호와께서 모세에게 명령하신 계명을 지켰더라"(왕하 18:5-6).

그런데 이 히스기야가 병에 걸리고 말았습니다. 그때 나이가 겨우 서른아홉 살이었습니다. 성경은 "병들어 죽게 되매"(1절)라는 말로 이 병의 심각성을 알려 주고 있습니다. 손을 써도 나을 희망이 없어 포기해야 하는 형편이라는 것입니다. 이때 하나님의 종 이사야 선지자가 찾아와 더 절망적인 말을 전해 줍니다. "여호와의 말씀이 너는 집을 정리하라 네가 죽고 살지 못하리라 하셨나이다"(1절).

우리에게도 이런 순간이 올 때가 있습니다. 원치 않는 일이 점점 다가오고 있는데, 도무지 손을 쓸 수가 없습니다. 맥이 풀리고, 다리의 힘이 빠져 주저앉고만 싶습니다. 좌절과 절망감 외에는 아무것도 생각나지 않습니다. 아마 지금이 바로 그런 순간이 아닌가 싶습니다.

낯을 벽으로 향해야 하는 순간

히스기야는 병든 것 자체도 받아들이기 힘들었겠지만, 이사야 선지자의 말에 훨씬 더 마음이 상했을 것입니다. 다른 왕 같으면 불쾌한 예언을 했다는 이유로 옥에 가두거나 사형시켰을지도 모릅니다. 그런데 히스기야는 그렇게 하지 않았습니다. 대신 낯을 벽으로 향하고 여호와께 간구했습니다(2절). 그리고 심히 통곡하며 기도했습니다(3절).

하나님은 히스기야의 눈물 어린 간구에 귀를 기울여 주셨고, 이미 결정한 뜻을 바꾸셨습니다. 하나님이 변덕쟁이어서가 아니라, 그만큼 긍휼이 풍성하시기 때문입니다. 하나님은 이사야 선지자를 다시 보내 생명을 십오 년 연장해 주겠다고 약속하셨습니다. 그리고서 이사야 선지자가 무화과 반죽을 히스기야의 상처에 놓자 곧 병이 나았습니다(왕하 20:7). 무화과 반죽에 신비한 효과가 있는 게 아닙니다. 치유하시는 능력은 여호와께만 있습니다. 인간의 의술과 과학적 장비로 치유할 수 없는 병이라도, 하나님께서 치유의 광선을 비추시면 얼마든지 소망이 있음을 믿고 히스기야처럼 간구하기를 바랍니다.

자신을 돌아보는 지혜

히스기야가 아버지 아하스와는 달리 하나님 중심의 신앙으로 산 것은 인정할 만합니다. 그러나 그 역시 완전하지는 못했습니다. 하나님이 그 모든 형통함과 부강함을 주셨다는 사실을 망각했던 것입니다. 그래서 바벨론 사절단에게 왕궁의 모든 것을 보여주며 마치 자신의 업적인 양 자랑했습니다(왕상 20:13). 사실 유다의 부강함과 형통함은 여호와께서 주신 복에 불과한데, 인간적인 자랑거리로 삼았던 것입니다. 이것이 바로 인간입니다.

병상에 있는 동안 하나님께 치유를 위해 간구하면서, 한편으로는 자신을 돌아보는 시간도 가지시길 바랍니다. 주어진 현실에 대해 원망하고 불평하기보다 하나님 앞에서 자신을 성찰할 수 있다면 새로운 인생의 지평이 열릴 것입니다. 그때 하나님은 삶을 회복시키시고, 치유의 유무와 상관없이 영적으로 더 성장하게 하실 것입니다.

암과 싸우는 것은 결코 쉬운 일이 아닙니다. 그러므로 무엇보다 히스기야처럼 하나님께 간절히 기도하십시오. 그래서 하나님의 치유하시는 능력을 반드시 경험하길 바랍니다. 아울러 하나님 앞에서 자신을 돌아봄으로 영적으로 더욱 성장하는 복된 시간이 되시길 바랍니다.

장기 입원 환자

내 은혜가 네게 족하다
_고후 12:8-9

그동안 평안하셨습니까? 병상에 있는 시간이 길어질수록 마음도 더 힘들어질 수 있겠지만, 그럼에도 불평과 원망보다 주님이 주시는 평안함을 누리고, 더 나아가 감사와 기쁨을 잃지 않기를 기원합니다.

영적 거장 바울도

바울은 예수님을 믿는 사람들과 교회를 핍박하기 위해 다메섹으로 가고 있었습니다. 당시 다메섹은 그리스도인들이 로마 정부의 핍박을 피해 숨어 있던 곳 중 하나였습니다. 이에 바울은 도망친 그리스도인들의 본거지를 소탕하기 위해 대제사장들에게 위임장을 받아 의기양양하게 다메섹으로 가고 있었던 것입니다.

그런데 하나님은 그런 악한 바울을 만나 주셨고, 그를 사용하시기 위해 이방인의 사도로 선택해 주셨습니다. 주님이 바꾸지 못할 사람은 없고, 쓰지 못할 인생은 없습니다. 필요하다면 바울처럼 교만을 깨뜨려서라도 쓰십니다. 주님을 만난 바울은 자신의 성공과 화려한 이력서를 다

쓰레기통에 버렸습니다. 그리고 주님이 마음대로 쓰시도록 자신을 주님의 손에 전적으로 맡겼습니다.

바울은 복음을 들고 터키 지역과 유럽을 넘어 그리스와 이탈리아 로마까지 나아갔습니다. 유럽에 복음화의 물결이 일도록 만든 사람이 바로 바울입니다. 그런데 그런 바울에게 질병이 있었습니다. 그의 질병을 성경은 육체의 가시, 곧 사탄의 사자라고 말합니다(고후 12:7). 그는 자신의 질병을 너무 자만하지 않도록 하시려는 하나님의 장치라고 해석했습니다. 그러니 아름다운 고통이 아닐 수 없습니다.

세 번 주께 간구했으나

우리도 그렇지만 선교사에게는 질병이 훨씬 더 불편하고 힘든 짐일 것입니다. 사실 질병 자체가 주는 고통만도 무척 큽니다. 그 질병이 안질이든, 간질이든, 혹은 다른 질병이든 선교를 위해 이곳저곳을 다녀야 하는 그로서는 불편히기 그지없었을 것입니다. 그런데 그보다 더 큰 문제가 있었습니다. 선교사로서 도대체 체면이 서지 않는 것입니다. 복음을 전하노라면 사람들이 속으로 비웃었을지도 모릅니다. 그러니 정신적 고충이 이만저만이 아니었을 것입니다.

그래서 그는 하나님께 간구했습니다. 그것도 세 번이나 했습니다. 이는 단순히 정확한 횟수를 말하는 것이 아니라, 하나님께 끈질기게 기도했다는 의미일 것입니다. 이렇게 헌신적인 선교사가 그렇게 간절히 기도했으면, 기꺼이 치유해 주셔야 하는 것 아닙니까? 그러나 하나님의 응답은 '노'였습니다. 그러니 어떻게 하겠습니까? 그것도 하나님의 응답이니 말입니다.

사실 장기 입원이 쉬운 일이 아닙니다. 더구나 기도했는데도 질병이 치유되지 않으면 조급한 마음마저 듭니다. 불안하기도 하고, 급기야 시험에 들 수도 있습니다. 그러나 바울은 결코 그러지 않았습니다. 주님이 '노'라고 하신 것에 무슨 의미가 있는지를 발견했습니다.

약한 곳에 임하는 그리스도의 능력

하나님께서 바울에게 말씀하셨습니다. "내 은혜가 네게 족하도다 이는 내 능력이 약한 데서 온전하여짐이라"(9절). 병을 고쳐 주시지 않는 게 하나님의 은혜라고 말씀하십니다. 또 인간의 약함에 주님의 능력이 임한다고 말씀하십니다. 질병의 고통을 잘 아는 바울로서는 믿기 어려운 말일 수 있습니다. 그러나 바울은 주님의 말씀을 그대로 받아들였습니다. 기억하십시오. 우리에게 약한 것이 있기에 주님의 강한 능력이 임할 수 있습니다.

우리는 단지 질그릇일 뿐입니다. 토기장이가 진흙을 어떻게 빚든 그것은 전적으로 그의 일입니다. "질그릇 조각 중 한 조각 같은 자가 자기를 지으신 이와 더불어 다툴진대 화 있을진저 진흙이 토기장이에게 너는 무엇을 만드느냐 또는 네가 만든 것이 그는 손이 없다 말할 수 있겠느냐"(사 45:9). 바울은 주님이 택한 그릇이니 그분이 원하시는 대로 빚어 가시는 것입니다. 인간의 계산과 생각에는 맞지 않을지 모르지만, 우리가 미처 알지 못하는 주님의 뜻이 있을 수 있습니다.

오랫동안 입원해 치료받느라 고생이 많으십니다. 분명히 주님의 선하신 뜻이 있을 것입니다. 아직은 주님의 계획이 무엇인지 다 알 수 없지만, 어떤 일을 행하실지 계속해서 주목하십시오. 분명 더 아름다운 일을 이루어 가실 것입니다.

퇴원

합력하여 선을 이루게 하심
_롬 8:28

먼저 무사히 퇴원하게 하신 하나님께 감사를 올려 드립니다. 그동안 많이 힘드셨겠지만 하나님께서 이곳에서 주신 특별한 은혜도 있을 것입니다. 그 은혜를 기억하며 감사하고, 앞으로 더 아름다운 믿음의 길로 걸어가시길 바랍니다.

합력하여 선을 이루게 하시는 분

인생은 해석이 중요합니다. 어떤 사람이나 상황을 어떻게 생각하고 해석하는지에 따라 결과는 판이하게 달라집니다. 부정적인 마음으로 사람을 바라보면 모든 게 미워 보입니다. 그러나 좋은 마음과 생각으로 보면 별로 잘하지 못한 것도 괜찮아 보입니다. 그렇기 때문에 사람이나 현실을 바라보는 것도, 사건을 해석하는 것도 마음과 눈이 건강해야 합니다.

인생은 단순히 한두 개의 조각으로 이루어지는 게 아닙니다. 수많은 조각의 조합으로 이루어져 있습니다. 어떤 조각은 만족스럽고 아름다운 반면, 또 어떤 조각은 마음에 들지 않고 보기 싫을 수 있습니다. 어떤 사람도 아름다운 조각만, 혹은 보기 싫은 조각만 갖고 있지는 않습니다. 이런 조각이 있는가 하면, 저런 조각도 있기 마련입니다. 고작 한두 개의 조각을 갖고 평가해서는 안 됩니다.

사실 이왕이면 질병에 걸리지 않고, 병원에 입원하지도 않는 게 좋습니다. 그러나 그게 나쁜 것만은 아닙니다. 모든 조각을 조합해 보면, 다윗처럼 오히려 고난이 유익이라고 고백할 수도 있습니다. 오늘의 불만족이 내일의 만족이 될 수도 있고, 반대로 오늘의 만족이 내일의 불만족이 될 수도 있습니다. 그렇기 때문에 어떤 일을 함부로 판단하고 단정 지으려는 습성을 버려야 합니다. 하나님이 하시는 모든 일은 아름다운 결과를 가져오기 때문입니다. 그런 하나님을 신뢰하는 게 중요합니다.

하나님을 사랑하는 자

인간은 하나님의 형상을 가진 존재로 창조되었지만, 이내 하나님의 명령을 거역하고, 하나님에게서 독립을 꿈꿨습니다. 그래서 결국 일그러진 형상을 갖게 되었습니다. 그러나 하나님의 사랑은 집요했습니다. 부지런히 선지자들을 보내시고, 마침내 자신의 아들 예수님까지 보내셨습니다. 그리고 그 아들의 처참한 십자가 죽음까지 불사하셨습니다.

그러나 인간은 어떠했습니까? 하나님을 배반하고 저버렸습니다. 하나님만 사랑하며 섬기라고 하셨지만, 하나님뿐 아니라 바알과 아세라도 함께 섬기며 영적 음란을 행했습니다. 하나님도 사랑하고, 세상과 돈도 사랑하는 식입니다.

그런데도 하나님은 우리를 끝까지 치밀하게 사랑하십니다. 그래서 형편없는 우리를 창세 전에 미리 예정하시고, 때가 되어 부르시고, 의롭게 하시고, 영화롭게 만들어 가십니다(롬 8:29-30). 우리에게 그럴 만한 이유가 있어서가 아닙니다. 그저 하나님이 우리를 사랑하시기 때문입니다. 이렇게 사랑하는 존재인데, 어떻게 아무렇게나 방치하고 내버려 두실 수 있겠습니까? 우리가 어떤 모습으로 있든 하나님 편에서 일하십니다. 때로는 병원에 입원하게 하심을 통해 하실 수도 있습니다. 그러나 그마저도 하나님이 하시는 일임을 인정한다면, 불평보다는 감사를 해야 하지 않겠습니까? 이제는 우리가 하나님을 사랑하고 섬기며 경외해야 하지 않겠습니까?

도우시는 보혜사

퇴원하기까지 병원에서 많은 생각을 하고, 여러 가지 결단도 하셨을 것입니다. 그렇다고 앞으로 완전히 새로운 삶을 살 거라고 장담할 수는 없습니다. 인간은 모두 연약하기 때문입니다. 우리는 생각도, 결단도, 행함도, 의지도, 끈기도 부족합니다. 그래서 결단은 했지만 작심삼일이 될 수도 있습니다. 그럼에도 우리에게 소망이 있는 것은, 이처럼 연약한 우리를 도우시는 분이 계시기 때문입니다. 바로 보혜사 성령이십니다. 예수님은 제자들 곁을 떠나시면서 보혜사 성령을 보내 진리로 인도해 주시겠다고 약속하셨고, 실제로 그 약속을 성취해 주셨습니다. 이제 그 성령이 우리의 연약함을 도우실 것입니다.

퇴원을 다시 한 번 진심으로 축하드립니다. 앞으로 또 어떤 인생의 조각이 손에 쥐어질지 모르지만, 합력하여 선을 이루시는 주님을 굳게 신뢰함으로, 어떤 상황과 현실에서도 하나님을 가장 사랑하고 섬기며 살아가시기를 바랍니다.

5장

위로와 격려

Sermon for Visiting

예기치 못한 재난을 당한 가정

하나님을 의지하라
_사 43:1-2

인생을 살아가다 보면 누구나 예상하지 못한 재난을 만날 때가 있습니다. 재난이나 위기는 선한 사람이든 악한 사람이든, 믿는 사람이든 믿지 않는 사람이든 누구에게나 올 수 있습니다. 하나님을 믿는 사람도 예외가 아니라는 것입니다. 하지만 하나님은 우리가 위기를 만났을 때 불안해하는 것을 원치 않으십니다. 그렇다면 미처 예상하지 못한 재난이나 위기를 만났을 때는 어떻게 대처해야 합니까?

위기를 만났을 때

첫째, 스스로 문제를 통제하려 하지 말아야 합니다. 누가복음 1장에 의하면, 갈릴리 나사렛 사람 요셉과 정혼한 마리아에게 전혀 예상치 못한 위기가 찾아왔습니다. 정혼은 했지만 아직 처녀인 마리아는 천사에게 전혀 생각지도 못한 말을 들었습니다. "네가 하나님께 은혜를 입었느니라 보라 네가 잉태하여 아들을 낳으리니 그 이름을 예수라 하라"(눅 1:30-31).

마리아가 어떻게 반응했습니까? "나는 남자를 알지 못하니 어찌 이 일이 있으리이까"(눅 1:34). 누구나 보일 수 있는 반응입니다. 천사가 대답합니다. "성령이 네게 임하시고 지극히 높으신 이의 능력이 너를 덮으시리니 이러므로 나실 바 거룩한 이는 하나님의 아들이라 일컬어지리라 보라 네 친족 엘리사벳도 늙어서 아들을 배었느니라 본래 임신하지 못한다고 알려진 이가 이미 여섯 달이 되었나니 대저 하나님의 모든 말씀은 능하지 못하심이 없느니라"(눅 1:35-37). 그러자 마리아가 말합니다. "주의 여종이오니 말씀대로 내게 이루어지이다"(눅 1:38). 마리아는 더는 안 된다고 하지 않습니다. 스스로 문제를 통제하려 하지 않았습니다.

우리는 자신의 뜻대로 문제를 조정하려다 잘 안 되면 불안해합니다. 이런 우리에게 하나님이 주시는 말씀이 있습니다. "너는 마음을 다하여 여호와를 신뢰하고 네 명철을 의지하지 말라 너는 범사에 그를 인정하라 그리하면 네 길을 지도하시리라"(잠 3:5-6). 우리를 향한 하나님의 계획은 우리의 것보다 훨씬 큽니다. 그러므로 불가항력적인 상황이 닥칠 때 스스로 문제를 통제하려 하지 말아야 합니다.

둘째, 하나님을 의지해 그분의 능력을 받아야 합니다. 성경은 엘리사벳의 입을 통해 마리아에 대해 이렇게 말합니다. "주께서 하신 말씀이 반드시 이루어지리라고 믿은 그 여자에게 복이 있도다"(눅 1:45). 어린 소녀 마리아는 불가항력적인 상황에서 두려울 수밖에 없었지만, 천사의 말을 듣고는 하나님의 약속을 붙잡았습니다.

우리가 우리 힘으로 어찌할 수 없는 상황에서 붙잡아야 되는 위대한 약속의 말씀이 오늘 본문 2절에 있습니다. "네가 물 가운데로 지날 때에 내가 너와 함께할 것이라 강을 건널 때에 물이 너를 침몰하지 못할 것이며 네가 불 가운데로 지날 때에 타지도 아니할 것이요 불꽃이 너를 사르지도 못하리니."

마리아는 혼란스러운 상황에서도 "말씀대로 내게 이루어지이다"(눅 1:38)라고 응답했으며, 하나님의 말씀을 마음에 새기고 생각했습니다(눅 2:19). 이와 같이 하나님을 의지하는 능력은 어디서 옵니까? 주님을 찬양할 때 옵니다. 하나님의 말씀을 생각할 때 옵니다. 예수님도 스스로 문제를 통제하려 하지 않았습니다. 하나님 아버지를 의지했습니다. 물론 십자가는 예상된 일이었지만 예수님께서 그것을 극복하신 방법은, 그저 겟세마네 동산에서 하나님께 맡기는 것이었습니다. 그러므로 스스로 문제를 통제하려 하지 말고, 하나님을 전적으로 의지해 그분의 능력을 받으시기 바랍니다.

하나님을 바라보니

구약의 미가 선지자도 절망을 겪었습니다. 그러나 그는 이렇게 고백합니다. "재앙이로다 나여 … 오직 나는 여호와를 우러러보며 나를 구원하시는 하나님을 바라보나니 나의 하나님이 나에게 귀를 기울이시리로다"(7:1, 7). 그는 지금 이렇게 말하는 것입니다. '슬픔과 절망에 빠졌으나 나는 포기하지 않겠다. 나는 하나님의 역사를 볼 것이다. 나는 하나님이 모든 것을 바로잡으실 때까지 기다리겠다.'

예기치 못한 위기를 맞는다면 어떻게 대처하시겠습니까? 오늘 본문 말씀처럼 어떤 상황에서도 우리와 함께하겠다고 약속하신 하나님을 기억하십시오. 또 예수님께서는 이렇게 말씀하십니다. "세상에서는 너희가 환난을 당하나 담대하라 내가 세상을 이기었노라"(요 16:33). 인생에서 예기치 못한 재난이나 위기, 환난을 당하더라도 예수님의 능력과 담대한 믿음으로 승리하시길 바랍니다.

경제적으로 어려운 가정

주님을 신뢰하라
_왕하 3:3-21

여호람이 북 이스라엘을 다스리고 있을 때였습니다. 여호람의 아버지 아합 왕 때부터 북 이스라엘에 매년 조공을 바쳐 왔던 모압의 메사 왕이 이제는 조공을 하지 않겠다고 선전포고를 해왔습니다. 그래서 여호람이 형제 나라 남 유다 여호사밧 왕에게 사신을 보내 사태의 심각성을 설명한 후 동맹을 맺고, 에돔 왕과 함께 연합군을 조직해 모압으로 진격해 올라갔습니다. 그러나 진격한 지 칠 일째 되는 날, 군인들과 말이 먹을 물이 떨어지고 말았습니다. 사막 한가운데서 곤경에 처한 것입니다.

이런 재정적 어려움을 해결하려면 어떻게 해야 하는지에 관해 오늘 본문은 우리에게 세 가지를 가르쳐 줍니다.

재정적인 어려움을 만났을 때

첫째, 일의 경위를 솔직히 평가해 봐야 합니다. 어려운 상황에서도 하나님께 묻거나 기도 한번 하지 않았던 여호람이, 자신의 계획대로 일이 잘 되지 않자 하나님을 원망합니다(9-10절). 혹시 지금 우리도 눈덩이처럼 불어난 빚더미에 앉아 염려하며 하나님을 원망하고 있지는 않습니까? 그렇다면 그런 상황에 처하게 된 경위를 솔직하게 평가해 보시기 바랍니다.

둘째, 하나님의 조언을 구해야 합니다. 유다 왕 여호사밧은 다른 방식으로 이 문제를 풀어 갑니다. "여호사밧이 이르되 우리가 여호와께 물을 만한 여호와의 선지자가 여기 없느냐 하는지라 이스라엘 왕의 신하들 중의 한 사람이 대답하여 이르되 전에 엘리야의 손에 물을 붓던 사밧의 아들 엘리사가 여기 있나이다 하니 여호사밧이 이르되 여호와의 말씀이 그에게 있도다 하는지라 이에 이스라엘 왕과 여호사밧과 에돔 왕이 그에게로 내려가니라"(11-12절). 여호사밧 왕은 이 모든 일이 자신들이 스스로 초래한 것임을 깨닫고는 하나님의 조언을 구합니다. 우리 역시 재정에 관해서 하나님의 조언을 듣고 따라야 합니다.

셋째, 하나님을 시험해 봐야 합니다. 하나님께서는 이 상황에서 느닷없이 골짜기에 개천을 많이 파라고 말씀하십니다. 사막 한가운데서 목말라 죽게 된 사람들에게 개천까지 파라는 것은, 더 빨리 목말라 죽게 만드는 것이나 다름없습니다. 그러나 그들은 그 말씀을 따라, 새벽에 떠오른 해가 물에 비쳐 마치 피가 가득한 것같이 보일 정도로 개천을 깊이 팠습니다. 결국 그들은 죽음의 땅 사막에서 물을 얻었습니다. 이처럼 우리는 하나님의 약속에 근거해 하나님을 시험해 볼 필요가 있습니다. 특히 십일조 생활이 그렇습니다. 어떤 사람은 아직은 십일조를 드릴 여유가 없다고 말합니다. 그러나 하나님께서는 십일조를 드리는 자에게 하늘 문을 열고 복을 쌓을 곳이 없도록 부어 주겠다고 약속하십니다(말 3:10).

예수님을 따른다는 것은 위험을 감수하고, 모험에 도전하며, 행동으로 실천하는 것입니다. 마태복음 25장의 달란트 비유를 통해 예수님은 제자들에게 하나님께서 주신 것을 가지고 위험을 무릅쓰고 도전하며 행동하라고 권면하십니다. 우리는 하나님의 약속을 믿고 위험을 감수하는 사람입니까, 의심과 두려움으로 안정만을 추구하는 사람입니까?

참된 성공

투자의 세계에서 종종 사용되는 말이 있습니다. "보상과 위험을 비교해 보라." 예수님께서는 사랑하는 교회를 위해 자신을 기꺼이 포기하셨습니다. 그리고 "사람이 만일 온 천하를 얻고도 제 목숨을 잃으면 무엇이 유익하리요"(마 16:26)라고 말씀하셨습니다. 제아무리 억만장자라도 구원받지 못했다면 사실은 실패한 것입니다. 반면 가진 건 아무것도 없지만 예수 그리스도를 믿어 구원을 얻었다면 엄청난 성공을 거둔 것입니다. 하나님과 재물을 각각 그에 준하는 가치대로 대하는 것은 쉽지 않습니다. 그러므로 그 우선순위가 바뀌지 않도록 주의해야 합니다. 그렇지 않으면 영원한 삶을 보장받을 수 없습니다.

빌립보서 4장 12-13절에서 바울은, 재정적 어려움을 겪을 때마다 하나님께서 주셨던 힘에 대해 말하고 있습니다. "나는 비천에 처할 줄도 알고 풍부에 처할 줄도 알아 모든 일 곧 배부름과 배고픔과 풍부와 궁핍에도 처할 줄 아는 일체의 비결을 배웠노라 내게 능력 주시는 자 안에서 내가 모든 것을 할 수 있느니라." 이러한 확신이 있으면 어떤 어려움도 이겨 낼 수 있습니다. 삶의 모든 문제에 당당히 맞서 지혜롭게 헤쳐나갈 수 있습니다. 재정과 미래에 관해 주님을 온전히 신뢰하시길 바랍니다.

신앙 때문에 핍박받는 경우

끝까지 사랑하라

_히 12:14

주위를 살펴보면 신앙인들을 핍박하고 괴롭히는 사람이 생각보다 많이 있습니다. 그들은 가족일 수도 있고, 직장 상사나 동료일 수도 있습니다. 인생의 참된 목적을 모르기에 그럴 수 있습니다.

인생의 첫 번째 목적이 무엇입니까? 웨스트민스터 신앙고백 제1문에 의하면, 사람의 제일 되는 목적은 "하나님을 영화롭게 하고 그를 영원토록 즐거워하는 것"입니다. 인생의 제일 된 목적, 곧 하나님을 모르면 신앙인을 핍박할 수 있습니다.

큰 계명과 사명

그렇다면 믿음으로 인해 핍박당할 때는 어떻게 해야 할까요? 오늘 본문은 이렇게 말합니다. "모든 사람과 더불어 화평함과 거룩함을 따르라 이것이 없이는 아무도 주를 보지 못하리라."

하나님은 우리에게 하나님과 이웃을 사랑하라는 큰 계명을 주셨습니다. 우리는 그 계명에 순종함으로 이웃에게 거룩한 영향력을 미치고,

그것을 복음 전도의 발판으로 삼아 그들로 예수님을 믿게 해야 하는 대사명을 가지고 있습니다. 그 사명 때문에 우리는 우리를 핍박하는 사람을 사랑하고 이해하고 용서해야 합니다. 그리고 그 사명이 없다면 우리는 핍박을 이겨 낼 수 없습니다.

불완전한 인간

창세기는 인간의 시기, 거짓말, 편애, 부정한 기대감, 두려움, 권력욕, 물질주의, 성범죄, 분노, 무관심, 이기주의 등 이 모든 것이 가족관계를 무너뜨림을 적나라하게 보여주고 있습니다. 가인은 동생 아벨을 죽였습니다. 아브라함은 아내의 여종의 몸에서 자녀를 얻었으나 나중에는 광야로 몰아내 죽게 했습니다. 요셉의 형제들은 요셉을 죽이려 했습니다. 하지만 그를 노예로 파는 것이 금전적으로 유익하다는 것을 알고는 그를 팔아 버렸습니다. 롯의 두 딸은 아버지가 술 취한 틈을 타 아버지의 대를 이어 가려 했습니다. 야곱은 유산 상속 욕심에 눈이 어두워져 아버지를 속였습니다. 우리는 모두 이렇게 불완전합니다. 죄에 빠져 있는 것이 우리의 현실입니다.

기도해야 합니다

신앙 때문에 핍박당할 때 우리가 해야 할 것은 기도입니다. 이것이 출발점입니다. 그 모든 핍박을 이겨 낼 능력이 하나님에게서 오기 때문입니다. 그렇다면 어떻게 기도해야 할까요?

첫째, 우리의 상황과 한계를 인정하게 해달라고 기도해야 합니다. 우리는 먼저 자신이 얼마나 연약한 존재인지 인정하고, 지금의 상황을 그대로 받아들일 수 있어야 합니다. 그래야 주님의 능력을 구하게 됩니다.

둘째, 핍박하는 사람들을 용서하게 해달라고 기도해야 합니다. 베드로가 예수님께 물었습니다. "주여 형제가 내게 죄를 범하면 몇 번이나 용서하여 주리이까 일곱 번까지 하오리이까"(마 18:21). 예수님이 대답하십니다. "일곱 번뿐 아니라 일곱 번을 일흔 번까지라도 할지니라"(마 18:22). 예수님께서는 베드로에게 왜 이렇게 끝없는 용서를 말씀하셨을까요? 우리의 힘으로는 용서할 수 없다는 것을 알려 주시기 위해서입니다. 그러므로 용서할 수 있는 능력을 주시도록 기도해야 합니다.

셋째, 우리의 생각을 바꿔 주시도록 기도해야 합니다. 아무리 사랑으로 용서한다 해도 핍박이 계속되면 감정이 상할 수 있습니다. 그래서 마음에 분노와 짜증, 서운함 등이 자리할 수 있습니다. 그러므로 그런 감정에 이끌리지 않도록 하나님의 영이 우리의 마음을 새롭게 해주시도록 기도해야 합니다.

넷째, 주님의 사랑을 풍성히 누릴 수 있게 해달라고 기도해야 합니다. 하나님은 우리를 위한 '완전한 사랑'을 가지고 계십니다. 그 사랑으로 가득 채워져야 우리도 우리를 핍박하는 사람을 끝까지 사랑할 수 있습니다.

"하나님이 우리를 사랑하시는 사랑을 우리가 알고 믿었노니 … 사랑 안에 두려움이 없고 온전한 사랑이 두려움을 내쫓나니 두려움에는 형벌이 있음이라 두려워하는 자는 사랑 안에서 온전히 이루지 못하였느니라"(요일 4:16-18). 믿음으로 인해 핍박당할 때, 하나님의 완전하신 사랑을 바라보며 굳건히 이겨내시길 바랍니다.

시험이나 사업에 실패하거나 실직한 가정

하나님을 바라보라
_마 25:25-26

　누구나 인생에서 성공과 실패를 경험할 수 있습니다. 그중에서도 실패는 더 일반적인 것 같습니다. 이유는 간단합니다. 모험은 실패를 동반하기 때문입니다. 새로운 일을 시도하거나, 일자리를 바꾸거나, 예술 작품을 만들거나, 학교에 들어가려 하거나, 사랑에 빠지거나, 새로운 상품을 개발하는 등 새로운 모험에는 늘 실패의 위험이 있는 것입니다. 더구나 성공으로 가는 길에서 실패의 위험은 결코 피할 수 없습니다.

위험이 동반되는 모험
　실패에 대한 두려움은 전혀 새로운 것이 아닙니다. 실패는 우리 주변에 늘 있어 왔습니다. 예수님도 마태복음 25장에서 이에 관해 말씀하셨습니다. 어떤 주인이 여행을 떠나면서 세 명의 종에게 돈을 나눠 주며 자신이 돌아올 때까지 잘 관리하라고 말했습니다. 첫 번째 종은 위험을 감수해 가며 그것을 두 배로 만들었고, 나중에 주인은 이를 보고 기뻐했습니다. 두 번째 종도 위험을 무릅쓰고 투자해 두 배로 만들었습니다. 이번에도 주인은 기뻐했습니다. 그런데 세 번째 종은 실패할까 두려워 땅에 구멍을 파고 그 돈을 숨겼습니다. 어떤 모험도 하지 않았고, 결국 아무것도 얻지 못했습니다. 이 이야기에서 흥미로운 부분은, 주인이 이 실패를 두려워한 종에게 보인 반응입니다. "그 주인이 대답하여 이르되 악하고 게으른 종아 나는 심지 않은 데서 거두고 헤치지 않은 데서 모으는 줄로 네가 알았느냐"(26절). 너무 지나친 것 같지 않습니까? 그러나 믿음의 여정에서는 위험을 감수하는 모험이 필요할 때가 있습니다.

실패를 통해 배우는 성공

우리는 모두 실수할 수 있습니다. 성경은 말합니다. "우리가 다 실수가 많으니"(약 3:2). "모든 사람이 죄를 범하였으매 하나님의 영광에 이르지 못하더니"(롬 3:23). 많은 사람이 실패를 경험합니다. 지금 일자리를 잃었습니까? 시험에 떨어졌습니까? 사업에 실패했습니까? 마음은 많이 힘들겠지만, 그래도 괜찮습니다. 실패는 절대로 치명적인 것이 아닙니다. 오히려 매우 일반적인 일입니다. 잠언 24장 16절은, "대저 의인은 일곱 번 넘어질지라도 다시 일어나려니와"라고 말합니다. 의인도 넘어집니다. 사실 성공한 사람도 성공하기 전까지 수많은 실패를 경험했습니다.

갈라디아서 6장 9절은 이렇게 말합니다. "우리가 선을 행하되 낙심하지 말지니 포기하지 아니하면 때가 이르매 거두리라." 우리는 실패를 통해 배우게 됩니다. 실패는 성공에 이르는 길입니다. 아기가 어떻게 걷는 것을 배웁니까? 일어났다 넘어지고, 또 일어났다 넘어지면서 배우지 않습니까? 인내심을 가지고 걸을 수 있을 때까지 계속 걸어야 하는 것입니다.

실패의 유익

실패에는 유익이 있습니다. "우리가 알거니와 하나님을 사랑하는 자 곧 그의 뜻대로 부르심을 입은 자들에게는 모든 것이 합력하여 선을 이루느니라"(롬 8:28). 하나님은 그 실패마저도 사용해 선을 이루시기 때문입니다. 그러므로 할 수 있는 한 최선을 다하는 것, 그것이 하나님께서 우리에게 원하시는 것입니다. 디모데후서 4장 7절에서 바울은 이렇게 말합니다. "나는 선한 싸움을 싸우고 나의 달려갈 길을 마치고 믿음을 지켰으니." 삶의 마지막 순간에 우리도 이렇게 말할 수 있어야 합니다.

자신을 다른 사람과 비교하지 마십시오. "각각 자기의 일을 살피라 그리하면 자랑할 것이 자기에게는 있어도 남에게는 있지 아니하리니 각각 자기의 짐을 질 것이라"(갈 6:4-5). 실패에 대한 두려움은 자신을 다른 사람과 비교하기 시작할 때 찾아옵니다. 오히려 눈을 들어 우리를 사랑하시고, 우리에게 모든 상황을 이겨 낼 수 있는 힘을 주시는 하나님을 전적으로 바라보고 신뢰하십시오. 예수님을 향한 믿음으로 우리 마음을 채울 때, 두려움은 사라지고 곧 다시 일어서게 될 것입니다.

고부 간에 갈등이 있는 가정

그래도 사랑하라

_롬 13:8-14

　인생은 관계의 연속입니다. 그리고 우리는 그 관계들로 인해 갈등을 겪습니다. 믿음의 사람은 이 갈등도 사랑으로 극복할 수 있어야 합니다. 예수님께서 다음과 같은 계명을 우리에게 주셨기 때문입니다. "예수께서 이르시되 네 마음을 다하고 목숨을 다하고 뜻을 다하여 주 너의 하나님을 사랑하라 하셨으니 이것이 크고 첫째 되는 계명이요 둘째도 그와 같으니 네 이웃을 네 자신같이 사랑하라 하셨으니 이 두 계명이 온 율법과 선지자의 강령이니라"(마 22:37-40).

　그리고 우리는 이 계명을 바탕으로, "그러므로 너희는 가서 모든 민족을 제자로 삼아 아버지와 아들과 성령의 이름으로 세례를 베풀고 내가 너희에게 분부한 모든 것을 가르쳐 지키게 하라"(마 28:19-20)라는 대 사명을 지켜 행해야 합니다.

사랑하기 힘든 때조차

　사실 하나님의 명령 가운데 가장 실천하기 힘든 명령이 있다면, 그것은 사랑하기 힘든 때조차도 사랑하라는 명령일 것입니다. 그러나 하나님은 원수라도 사랑하고 복을 빌어 주라고 말씀하십니다. 원수를 사랑하고 그를 위해 복을 빌어 준다는 것은 결코 쉬운 일이 아닙니다. 원수는커녕 단순히 상대하기 까다로운 사람, 성향이나 가치관이 다른 사람, 자신과 반대 입장에 있는 사람을 사랑하고 축복해 주는 것조차도 정말 힘듭니다.

사랑을 행하는 사람

그렇다면 사랑하기 힘든 때조차도 사랑하는 것이 어떻게 가능합니까? 오늘 본문은 그런 사랑을 행하는 사람에게는 세 가지 특징이 있다고 말합니다.

첫째, 겸손합니다. 본문 8절의 "피차 사랑의 빚 외에는 아무에게든지 아무 빚도 지지 말라"는 말씀은 무슨 뜻일까요? 다른 빚은 지면 안 되지만, 사랑의 빚만큼은 괜찮다는 것입니다. 왜 그렇습니까? 사랑에 관해서는 우리가 결코 그 빚을 다 갚을 수 없기 때문입니다. 사랑의 빚에는 독특한 성질이 있어 갚으면 갚을수록 더 증가합니다. 그러므로 겸손히 자신을 낮추고 사랑에 빚진 자라는 마음을 가질 때, 사랑하기 힘든 때조차 사랑할 수 있습니다.

둘째, 열정이 있습니다. 본문 11절은 이렇게 말합니다. "또한 너희가 이 시기를 알거니와 자다가 깰 때가 벌써 되었으니 이는 이제 우리의 구원이 처음 믿을 때보다 가까웠음이라." 무슨 말씀입니까? 종말이 다가왔다는 것입니다. 그러므로 오늘이 마지막인 것처럼 열정적으로 살아야 한다는 것입니다. 오늘을 생애의 마지막인 것처럼 생각하며 삶에 열정을 가질 때, 사랑하기 힘든 때조차 사랑할 수 있습니다.

셋째, 구별됩니다. 본문 12-14절은 말합니다. "밤이 깊고 낮이 가까웠으니 그러므로 우리가 어둠의 일을 벗고 빛의 갑옷을 입자 낮에와 같이 단정히 행하고 방탕하거나 술 취하지 말며 음란하거나 호색하지 말며 다투거나 시기하지 말고 오직 주 예수 그리스도로 옷 입고 정욕을 위하여 육신의 일을 도모하지 말라." 이 말씀은 무슨 의미입니까? 성도답지 못한 행동을 하지 말고, 세상과 구별되게 살라는 것입니다. 이렇게 살아야 다툼이나 시기 없이 사랑하기 힘든 때조차 사랑할 수 있습니다.

예수님처럼

예수님은 하나님의 아들이시면서도 인간의 몸을 입고 낮아져 죽기까지 우리를 사랑하셨습니다. 세 번씩이나 자신을 부인한 베드로를 사랑하셨습니다. 자신을 십자가에 못 박은 자들에 대해, "아버지 저들을 사하여 주옵소서 자기들이 하는 것을 알지 못함이니이다"(눅 23:34)라고 하나님께 용서를 구하기까지 사랑하셨습니다. 그러므로 우리도 이처럼 사람들을 사랑해야 합니다. 심지어 사랑하기 힘든 때조차도 말입니다.

믿음의 사람으로서 사람 간의 갈등을 해결하는 방법은 사랑밖에 없습니다. 사랑하기 힘든 때조차 사랑해야 합니다. 사랑에 빚진 자처럼 겸손하게 사랑하십시오. 마치 생애 마지막 날인 것처럼 열정적으로 사랑하십시오. 세상과 구별된 삶의 방식을 통해 사랑하십시오. 예수님 닮은 그 사랑을 실천함으로 가장 큰 계명에 순종하는 복된 삶이 되시길 바랍니다.

지체장애인이 있는 가정
하나님의 계획
_사 38:14, 눅 1:34-37

오늘 본문에서 이사야는 자신의 심정을 이렇게 표현합니다. "나는 제비같이, 학같이 지저귀며 비둘기같이 슬피 울며 내 눈이 쇠하도록 앙망하나이다 여호와여 내가 압제를 받사오니 나의 중보가 되옵소서."

살다 보면 불가항력적인 일이 의외로 많이 일어납니다. 그리고 그러한 상황은 우리를 절망에 빠뜨립니다. 요한복음 9장의 날 때부터 맹인 된 사람은 얼마나 인생이 절망적이었겠습니까? 열왕기하 5장의 나아만 장군은 자신이 나병에 걸린 것을 알았을 때 얼마나 낙심했겠습니까? 누가복음 1장의 정혼한 처녀 마리아는 어느 날 자신이 잉태했다는 것을 알았을 때 얼마나 두려웠겠습니까? 그렇다면 이런 불가항력적인 상황에 직면했을 때는 어떻게 해야 할까요?

문제를 하나님께 맡기고

인생에서 일어나는 큰 일들은 그 이유를 알 수 없는 것이 대부분입니다. 이해할 수 없는 일이 자신에게 생겼습니까? 그렇다면 스스로의 힘으로 해결하려는 마음을 내려놓으십시오. 누가복음 1장에서 마리아는 천사에게서 놀라운 소식을 듣자 이렇게 질문합니다. "처녀인 제가 어떻게 아기를 낳을 수 있습니까?" 천사가 대답합니다. "대저 하나님의 모든 말씀은 능하지 못하심이 없느니라"(37절). 그로부터 2천 년이 지난 지금까지도 우리는 '어떻게'라는 질문을 하며 살아가고 있습니다. 그러나 혹 주님이 원하시는 것을 이해할 수 없더라도, 그저 하나님께 맡기고 평안을 누려야 합니다.

이런 당혹스러운 상황에서 마리아는, "이 일을 어떻게 이루실지는 알지 못하지만, 주님께서는 분명히 하실 수 있음을 믿습니다"라고 고백합니다. 물론 이것이 누구나 할 수 있는 고백은 아닙니다. 스스로 통제할 수 있는 능력이 없어지면 대부분 어찌할 바를 모르기 때문입니다. 그런 우리를 위해 하나님은 잠언 3장 5절에서 이렇게 말씀하십니다. "너는 마음을 다하여 여호와를 신뢰하고 네 명철을 의지하지 말라." 마음 깊은 곳에서부터 하나님을 의지하라는 것입니다. 우리의 얕은 지혜로 하나님이 하시는 일을 이해하려 하면 절망할 수밖에 없으니, 그저 현실을 받아들여야 합니다. 주님은 우리의 삶을 향한 그분의 계획을 이뤄 주실 것입니다(시 138:8).

하나님의 계획

우리를 향한 주님의 계획에 관해 기억해야 할 세 가지 사실이 있습니다. 첫째, 하나님의 계획은 우리의 것보다 크다는 것입니다. 마리아와 요셉의 계획은 그저 결혼해서 다른 사람들처럼 평범하게 사는 것이었습니다. 그러나 하나님은 좀더 큰 계획을 가지고 계셨습니다. 하나님은 우리에게도 큰 복을 주고 싶어 하십니다. 그러므로 하나님이 우리 삶에서

원하시는 것이라면 마리아처럼 무엇이든 받아들이시기 바랍니다. 하나님의 계획은 우리의 것보다 큽니다.

둘째, 하나님의 계획은 우리의 것보다 훨씬 낫다는 것입니다. 하나님은 우리에게 순간적인 안위를 허락하시지 않는 대신, 영원히 복을 누릴 수 있도록 우리의 인격을 변화시키실 것입니다. 그분은 우리의 삶을 편안하게 하는 데는 관심이 없습니다. 우리가 영생을 누릴 수 있도록 준비시키는 데 관심이 있습니다. 하나님은 우리에게 제일 좋은 것이 무엇인지 아십니다. 그러므로 불가항력적인 상황이 닥쳐오면 무릎 꿇고 주님만 의지하십시오.

셋째, 하나님의 약속을 믿으라는 것입니다. 성경에는 7천 개 이상의 약속이 있습니다. 그리고 하나님은 우리가 구하면 언제든 도와주겠다고 거듭해서 말씀하십니다. 이 하나님의 약속을 믿어야 합니다. 마리아는 당혹스럽고 두려운 상황에서도 믿음으로 하나님의 약속을 붙잡았습니다(눅 1:45). 마음에 하나님의 약속을 두었기에 그녀는 평안과 힘을 얻었습니다.

비록 지금 불가항력적인 상황과 이해할 수 없는 현실에 처해 있을지라도, 우리의 영원한 소망이 되시는 하나님의 약속과 계획을 믿음으로 붙들어 새 힘을 얻으시길 바랍니다.

이혼한 가정

신앙 안에서
_고전 7:15

먼저 위로의 하나님께서 현재 이 가정이 겪고 있는 어려움을 살펴 주시고 선하게 인도해 주시기를 바랍니다. 인생을 살아가다 보면 생각지 못한 위기가 몰려올 때가 있습니다. 그때 지혜롭게 극복하면 좋을 텐데, 꼭 지나고 나면 눈앞의 현실에 집착해 숲을 보지 못하고 나무만 보다 생각지도 못한 결과를 얻은 것은 아닌가 싶어 후회하기도 합니다.

이혼에 대한 관점

성경은 이혼을 인정하면서도, 다른 한편으로는 통제하고 있습니다. 하나님은 "나는 이혼하는 것과 옷으로 학대를 가리는 자를 미워하노라"(말 2:16)라고 말씀하셨지만, 한편으로는 "내게 배역한 이스라엘이 간음을 행하였으므로 내가 그를 내쫓고 그에게 이혼서까지 주었으되"(렘 3:8)라고도 하셨습니다. 즉, 하나님은 이혼을 미워하시면서도 한편으로는 인정하셨습니다. 그러므로 우리는 이혼에 대한 균형 잡힌 성경적 관점을 가질 필요가 있습니다.

그러나 성도 중에도 이혼을 사회 현상의 하나 정도로 가볍게 생각하는 경우가 있는가 하면, 용서받을 수 없는 중대한 죄처럼 생각하는 경우도 있습니다. 이 두 가지 태도 모두 잘못된 것입니다. 하나님은 이혼을 미워하십니다. 그러나 어떤 경우에는 허락하십니다. 우리는 이혼에 대해 현상학적으로 이해하거나 인간적으로 해석하기보다, 하나님의 말씀이 가르치는 양면성을 바로 깨달아야 합니다.

성경이 말하는 이혼

성경에는 이혼에 대한 가르침이 많이 있습니다. 창세기 1장 27절, 2장 18절, 21-25절 등에서는 하나님께서 남녀를 창조하시고 가정을 이루게 하신 뒤 '한 몸'이 되라고 말씀하십니다. 이것은 하나님의 창조 섭리입니다. 남편과 아내는 하나님의 피조물로서 한 몸이며, 이 연합은 죽음 외에는 나눌 수 없습니다.

한편 신명기 24장 1-4절에는 이혼에 대한 구체적인 가르침이 있습니다. 이혼을 세상에 이미 존재하는 것으로 전제한 뒤, 함부로 쉽게 이혼하지 못하도록 그 절차를 규정하고 있습니다. 즉, 신명기 24장은 음행 외의 이유로 인한 이혼은 허용하지 않습니다.

마태복음 5장 31-32절에서 예수님은 이 신명기 24장 1-4절의 가르침을 따르는 입장을 취하고 있습니다. 그러나 한편으로 바리새인들이 이 구절을 잘못 해석하고 적용하는 것에 대해 창세기 2장의 창조 원리를 강하게 제시하고 있습니다.

바울도 고린도전서 7장에서 이혼 문제를 언급합니다. 바울 역시 예수님의 가르침과 유사하게 하나님의 창조 질서를 강하게 내세우고 있습니다. 바울은 고린도전서 7장 15절에서 믿지 않는 배우자가 믿음을 이유로 갈라서기를 원하는 경우에 갈리게 하라고 말합니다. 이것은 결혼 후 부부 중 한 사람이 예수님을 믿고 신앙생활을 하게 되어, 믿지 않는 배우자가 갈라서자고 하는 경우를 말합니다. 이 경우에도 믿는 배우자는 믿지 않는 배우자가 하나님께 돌아오도록 끝까지 기도하며 믿는 자로서 최선의 노력을 다해야 합니다.

이처럼 하나님은 이혼을 허락지 않으시나 예외적인 경우가 있습니다. 그러나 기본적으로 하나님의 백성은 창조 질서와 섭리를 귀중하게 여기고 가정을 소중히 지켜 나가야 합니다.

신앙과 삶

신앙과 삶은 서로 별개가 아니라 일치해야 합니다. 항상 현실을 신앙의 잣대로 해석해야 하며, 신앙 양심에 거리끼는 것은 하지 않는 것이 좋습니다. 모든 것이 신앙에서 출발해야 하고, 문제가 있더라도 신앙적 방법으로 풀어 나가야 합니다. 이혼이 현실이 된 이상, 이제 이 모든 것을 신앙으로 해석하고, 바른 원리에 따라 정리하시기 바랍니다.

이혼에는 여러 가지 문제가 수반됩니다. 자녀 양육 문제나 재산 분할 문제 등 신중하게 상의하고 처리해야 할 것이 많습니다. 아울러 어쩌다 이런 상황에 이르렀는지 돌아보는 것도 필요합니다. 이제 맞닥뜨린 상황을 감정적으로 대처하기보다, 기도하며 하늘의 지혜를 구하십시오. 무엇보다 필요한 것은 신앙의 회복입니다. 하나님의 강권하시는 역사를 힘입어 옛 사람을 벗고 새 사람을 입으시길 바랍니다. 하나님께서 이 모든 상황을 선하게 인도해 주실 것입니다.

사별한 가정

사별, 그 아픔과 슬픔
_요 16:32

　사랑하는 배우자가 갑작스럽게 하나님의 부름을 받게 되면, 그것은 큰 아픔이며 충격입니다. 그 슬픔과 함께 더 사랑하지 못한 것에 대한 후회도 남습니다. 앞으로 혼자 살아야 한다는 걱정에 두려움도 생깁니다. 시간이 지나 괜찮아진 것 같다가도 혼자라는 생각이 불현듯 밀려와 다시 슬퍼지는 날도 있을 것입니다. 그런 날엔 막막함과 허망함이 마음을 뒤집어 놓을 것입니다.
　이 슬픔을 극복할 수 있는 길은 하나님의 자비하심에 맡기는 것뿐입니다. 이것이 가장 안심할 수 있는 방법입니다. 하나님은 "모든 위로의 하나님"(고후 1:3)이시기 때문에 어떤 슬픔도 극복하게 해주십니다. 그렇다면 사별의 슬픔을 구체적으로 어떻게 극복해 나가야 할까요?

슬픔을 표현하라
　첫째, 슬픔을 감추지 말고 나타내 보여야 합니다. 슬픔을 솔직하게 표현하는 일은 중요합니다. 예수님도 우셨습니다. 슬픔을 감추거나 부정하려는 태도는 일상생활로 돌아가는 것을 더욱 어렵게 만듭니다. 거짓으로 꾸며 낸 태도나 금욕적인 자세를 취해서는 안 됩니다. 감정을 자연스럽게 발산함으로써 정화를 경험할 수 있습니다. 사별의 슬픔은 매우 크고 깊습니다. 그래서 주변 사람들이 아무리 위로해도 쉽게 사라지지 않습니다. 이럴 때 슬픔을 숨기지 말고 소리 내어 우십시오. 가슴 밑바닥에 있는 슬픔의 찌꺼기를 다 쏟아 버리시기 바랍니다. 마음에 있는 슬픔을 내어 놓는 것이 매우 중요합니다.

더불어 지금 외로운 것은 사실이지만, 한편으로는 주님이 함께 계심을 기억해야 합니다. 오늘 본문에서 예수님은 이렇게 말씀하십니다. "보라 너희가 다 각각 제 곳으로 흩어지고 나를 혼자 둘 때가 오나니 벌써 왔도다 그러나 내가 혼자 있는 것이 아니라 아버지께서 나와 함께 계시느니라."

새로운 삶에 도전하라

둘째, 날마다 새로운 삶에 도전해야 합니다. '오늘도 하나님이 주신 새로운 날이다'라는 마음으로 하루를 맞이하시기 바랍니다.

영국의 유명한 소설가 다프네 뒤모리에(Daphne Du Maurier)는 "시간이 흐르면 모든 상처는 아물겠지만, 내부적으로 곪아 있지 않을 때만 그것이 가능하다"고 했습니다. 오랫동안 아프고 쓰라린 상태로 두면 상처는 더 깊어집니다. 슬픔에 사로잡혀 그것을 떨쳐 버리지 못할 수도 있습니다. 그렇게 되면 자신만 더욱 비참해질 뿐 아니라, 나아가 주변 사람들에게까지 영향을 미칩니다.

계속해서 뒤모리에는 이렇게 권합니다. "슬픔을 당한 사람들에게 내가 말하고 싶은 것은, 날마다 찾아오는 한 날을 하나의 도전으로 간주해 용기 있게 대처하라는 것이다. 고통은 파도처럼 변화무쌍하게 찾아온다. 가령 어느 날은 다른 날보다 아무 뚜렷한 이유 없이 더 괴롭기도 할 것이다. 하지만 고통을 수용해야 한다. 그러면 날마다 조금씩 새로운 힘과 소망을 얻게 될 것이다. 초기에는 회복되지 않을 것처럼 보였던 힘과 소망은 그 고통과 고독을 겪는 동안 자신도 모르게 생겨나게 된다."그의 말에 귀를 기울일 필요가 있습니다. 하루하루가 새로운 도전의 순간이라는 사실을 생각하면서 하나님이 주신 새로운 날을 귀하게 여기는 신앙적 결단이 필요합니다.

사역에 헌신하라

셋째, 새로운 사역에 헌신해야 합니다. 사랑하는 사람을 잃은 사람은 대부분 다른 사람들을 위한 일에 몰두할 때 더 빨리 그 슬픔을 잊습니다. 그러므로 새로운 사역을 찾아 헌신해야 합니다. 이왕이면 자신의 재능을 십분 활용할 수 있는 사역이면 더욱 좋을 것입니다.

아울러 슬픔과 고독을 건강하게 치유할 수 있는 방법은 사람들과 친밀하고 따뜻한 교제를 나누는 것입니다. 특히 같은 슬픔을 당한 사람들과 관계를 형성하는 것이 중요합니다. 그러면서 슬픔에 한없이 빠져들고 싶은 충동을 강력히 억제해야 합니다.

다시 한 번 하나님 아버지의 위로와 평강이 사별로 인한 아픔을 겪고 있는 그 마음에 충만히 임하기를 바랍니다. 무조건 참지만 말고 슬픔을 솔직하게 표현하고, 하루하루를 하나님이 주신 날로 귀하게 여겨 새롭게 도전하며, 다른 사람들을 섬기는 사역에 헌신함으로, 이 슬픔의 시간을 지혜롭게 극복해 나가기를 바랍니다.

가족 간에 불화가 있는 가정

가정의 주인
_시 133:1-3, 막 3:17

가정은 하나님께서 제정하신 최초의 혈연 공동체입니다. 이 가족 공동체 안에는 행복과 기쁨도 있지만, 때로는 갈등으로 인한 고통과 위험도 존재합니다. 사실 갈등이 없는 가정은 없습니다. 문제는 이 갈등을 어떻게 해결하느냐 하는 것입니다. 그에 따라 갈등이 심각한 문제가 될 수도 있고, 아무것도 아닌 일이 될 수도 있습니다.

가치관과 목표

갈등은 가족 간에 가치관과 목표가 다를수록 더욱 두드러지게 나타납니다. 그러므로 가족들이 가치관과 목표를 공유하는 것이 중요합니다. 그러면 갈등이 발생해도 얼마든지 화해와 극복이 가능합니다.

바울과 바나바도 2년 동안 같이 전도여행을 하면서 추위와 배고픔 등 온갖 고통을 함께 겪으며 가족처럼 동고동락했지만, 2차 전도여행을 앞두고 서로 다투었습니다. 1차 전도여행 당시 바나바와 바울, 마가 요한이 함께 출발했지만 마가 요한은 너무 힘들다며 중간에 포기하고 집으로 돌아갔습니다. 이제 2차 전도여행을 준비하면서 바나바는 다시 마가 요한을 데려가자고 했지만 바울이 반대해 갈등이 빚어졌습니다. 결국 바나바는 마가 요한과 함께, 바울은 실라와 디모데, 누가와 함께 떠났습니다. 그러나 바울이 로마 감옥에 갇혔을 때 디모데에게 마가 요한을 데리고 오라고 함으로 과거의 갈등을 털어 버리고 화해하는 모습을 보여 줍니다. 가치관과 목표가 같은 사람들은 이처럼 갈등이 생겨도 얼마든지 화해할 수 있습니다.

아름다운 형제 요한과 야고보

예수님의 열두 제자 중 요한과 야고보는, 형제가 합력하는 아름다움이 무엇인지를 우리에게 보여 줍니다. 특히 형제가 함께 예수님을 잘 섬기다 마지막에 두 사람 모두 순교의 면류관을 받는 모습은 매우 감동적입니다.

요한과 야고보는 갈릴리 호수에서 고기를 잡던 어부였습니다. 그런데 예수님의 부르심을 받고 제자가 되어 하나님나라 사역을 위해 전적으로 헌신하게 되었습니다. 요한과 야고보의 사역은 예수님의 공생애 기간에 아름답게 펼쳐졌습니다. 예수님께서 십자가에 못 박히실 때 어머니를 요한에게 부탁하실 정도로 이들은 예수님과 사랑의 관계를 유지하고 있었습니다(요 19:26-27).

그러나 이들에게도 약점이 있었습니다. 아마 예수님이 붙여 주신 '우레의 아들'이라는 이름과 관련이 있는지도 모릅니다. 예수님의 일행이 한 마을에 이르렀을 때 사마리아 사람들이 받아들이지 않자 야고보와 요한이 말합니다. "주여 우리가 불을 명하여 하늘로부터 내려 저들을 멸하라 하기를 원하시나이까"(눅 9:54). 그러자 예수님께서 그들을 질책하셨습니다. 또 요한과 야고보는 주의 나라에서 예수님의 좌우편에 앉고자 하는 야심을 가지고 있었기에 다른 제자들에게 미움을 받기도 했습니다 (막 10:35-41).

그럼에도 훗날 요한과 야고보 형제는 모두 순교의 제물이 되었습니다. 야고보는 헤롯대왕의 손자 헤롯 아그립바 1세에 의해 순교했고, 요한은 말년에 밧모섬에 유배당했다 결국 순교의 제물이 되었습니다.

가정의 주인

성도들의 가정을 방문하면 '이 가정의 주인은 그리스도십니다'라고 적힌 액자를 볼 때가 있습니다. 이것은 매우 중요한 신앙의 표현입니다. 그 가정의 가치관을 나타내며, 가정의 주인이신 주님의 역사를 강조하는 것입니다. 요한과 야고보의 부모는 그 가정에서 가장 귀한 아들들을 하나님의 종으로 드렸고, 그들은 모두 순교의 제물이 되었습니다. 최고의 것을 최고의 하나님께 드린 것입니다.

하나님의 백성은 하나님을 최고로 여기는 가치관과, 자신의 모든 것을 하나님께 드려 그분의 사역에 헌신하고자 하는 뚜렷한 목표를 가지고 있어야 합니다. 그리고 믿음의 가정이라면 가족이 이러한 가치관과 목표를 공유해야 합니다. 가족 간의 불화가 누군가의 세상적 가치관이나 목표 때문이라면, 다시 한 번 그리스도인의 가치관과 목표가 무엇인지 함께 생각해 보십시오. 가족이 하나님 중심의 가치관과 목표를 공유함으로 하나님이 주인 되시는 참된 믿음의 가정으로 회복되길 바랍니다.

실종자가 있는 가정
하나님의 주권
_욥 1:13-22

다시 만날 수 있다는 희망은 점점 희미해져 가고, 좌절과 죄책감은 날로 더해 가는 이 막막한 상황에서 얼마나 마음이 힘드십니까? 고통의 터널을 지나고 있는 이때, 그리스도인으로서 어떻게 이 시련을 견뎌 내야 하는지 욥을 통해 살펴보고자 합니다.

갑작스러운 시련

욥은 한순간에 누구보다 행복한 아버지에서 자녀를 모두 잃은 비참한 상태로 떨어지고 말았습니다. 본래 욥은 믿음이 좋은 사람이었습니다. 자녀 교육에도 철저했고, 경건생활에서도 모범적이었습니다. 도무지 흠잡을 것이 없는 사람이었습니다. 그리고 그는 큰 부자였고, 자녀들도 많았습니다. 한마디로 하나님께 큰 복을 받은 사람이었습니다.

그런데 왜 이런 욥이 갑자기 아무 이유 없이 감당하기 어려운 시련을 당하게 되었을까요? 때로 우리는 왜 자신에게만 이런 슬픔과 고통과 아픔이 있는지 의문을 갖습니다. 그런 우리에게 욥은 직접 삶으로 이렇게 말해 줍니다. "고난과 불행에도 낙심하지 않고 우리의 일거수일투족을 다 아시는 하나님을 온전히 의지하면, 그 모든 시련은 곧 연단이 되며, 그 연단의 과정을 통해 정금 곧 순금같이 됩니다."

욥의 불행

욥은 단 한 번의 불행이 아니라, 갈수록 더 힘든 불행이 강타해 오는 모진 시련의 시기를 맞았습니다. 첫 번째 불행은 소와 나귀와 종들을 하루아침에 잃은 것이었습니다(14-15절). 두 번째는 하나님의 불이 하늘에서 내려와 양과 종을 살라 버린 것이었습니다(16절). 세 번째는 욥의 가장 소중한 재산인 낙타가 다 죽임을 당한 것이었습니다(17절). 마지막 네 번째는 자녀들이 모조리 떼죽음을 당한 것이었습니다(18-19절).

주신 분도 거두신 분도

이런 불행의 밤이 오면 어떻게 살아가야 할까요? 욥은 겉옷을 찢고 땅에 엎드려 경배하며 하나님을 원망하지 않기로 결심했습니다(20-22절). 슬픔이 밀려왔지만 하나님을 원망하는 죄를 짓지 않기로 마음먹었습니다. 한 걸음 더 나아가 하나님을 예배했습니다. 자신이 피조물이라는 사실을 망각하고 있다면 이런 상황에서 하나님을 예배하기는 매우 어렵습니다. 그리고 욥은 이때도 하나님의 주권을 인정했습니다. "이르되 내가 모태에서 알몸으로 나왔사온즉 또한 알몸이 그리로 돌아가올지라 주신 이도 여호와시요 거두신 이도 여호와시오니 여호와의 이름이 찬송을 받으실지니이다 하고"(21절).

욥은 자신이 태어날 때 아무것도 가지고 오지 않았다고 말합니다. 그리고 비록 지금은 자녀들이 모두 죽은 참담한 상황에 처해 있지만, 주신 분도 하나님이시요 취하신 분도 하나님이시니, 하나님께서 찬송을 받으시는 것이 합당하다고 고백하고 있습니다. 이 영광스럽고 존엄한 신앙고백의 자리에까지 이르라는 것이 하나님께서 욥을 통해 우리에게 주시는 도전입니다. 지금의 이해할 수 없는 삶의 폭풍과 역경에도 하나님의 영광스러운 뜻과 계획이 있음을 믿고 감사할 수 있습니까? 욥처럼 하나님의 주권을 인정할 수 있습니까?

그러나 만의 하나 우리가 받아들여야 하는 것이 죽음이라면, 우리는 어떤 믿음을 가져야 합니까? 히브리서 9장 28절은 이렇게 말합니다. "이와 같이 그리스도도 많은 사람의 죄를 담당하시려고 단번에 드리신 바 되셨고 구원에 이르게 하기 위하여 죄와 상관없이 자기를 바라는 자들에게 두 번째 나타나시리라." 예수님은 죄에서 우리를 구원하시려고 죽으셨습니다. 그리고 죽음에서 우리를 건지시고자 부활하셨고, 장차 우리를 심판에서 구하시기 위해 다시 오실 것입니다. 그러므로 예수 그리스도를 믿었다면 이 지상에서의 마지막 숨이 천국에서는 '첫 호흡'이 된다는 것과 심판의 그날 예수님과 함께 다시 만나게 될 것을 믿음으로 위로 받으시길 바랍니다.

수감자가 있는 가정

용서하시는 하나님

_눅 15:11-24

    어떤 사람이 무서운 죄를 범했습니다. 남편 있는 여자와 간음해 그 가정을 파괴하고, 간접적으로 그 남편까지 살해한 것입니다. 하지만 그도 그 전까지는 평범한 것을 지나 매우 훌륭한 사람이었습니다. 자신에게 맡겨진 일에 성실했고, 음악에 상당한 조예가 있어 당시 훌륭한 연주가로도 알려졌습니다. 글 솜씨도 좋아 지금도 그의 시는 많은 사람에게 감동을 주고 있습니다. 그리고 후에는 유능한 정치인이 되기까지 했습니다. 그가 누구입니까? 다윗입니다. 그가 그렇게 큰 죄를 짓고도 아무 죄의식 없이 살고 있을 때, 나단 선지자가 찾아와 죄를 깨닫게 해주었습니다. 그러자 그는 즉시 겸허한 자세로 회개했습니다. 하나님은 그의 진심 어린 회개를 받아 주셨고, 이후 그는 이스라엘 역사상 가장 위대한 왕으로 이름을 남겼습니다.

    오늘날 많은 사람이 죄로 고민하며 살아갑니다. 자기 죄는 도저히 용서받지 못할 거라고 말하기도 합니다. 그러나 그렇지 않습니다. 하나님은 우리의 어떤 죄든 용서해 주고자 하십니다. 나아가 회개한 죄는 더는 기억하시지 않습니다.

돌아오라

예수님께서는 오늘 본문의 잃은 아들을 되찾은 아버지의 비유를 통해, 우리가 죄를 범했을 때 하나님께서 우리를 어떤 마음으로 대하시는지를 보여주십니다.

가진 재산을 다 탕진하고 빈털터리로 돌아온 이 아들은 아버지가 자신을 받아 주지 않을지도 모른다는 생각에 무겁게 발걸음을 옮겼을 것입니다. 하지만 아버지는 멀리서 그가 보이자마자 한걸음에 달려왔습니다. 아들이 한 발을 옮겨 놓았을 때 열 걸음을 옮겼을 아버지의 모습에서, 오늘 우리를 향해 다가오시는 하나님 아버지의 사랑을 발견할 수 있습니다.

하나님을 거절한 채 살아가고 있는 사람들을 향해 하나님은 어서 돌아오라고 초청하십니다. 이 하나님의 음성에 어떻게 응답해야 하겠습니까?

용서와 회복

아들이 아버지께 돌아오자 어떤 일이 벌어졌습니까? 새로운 미래에 대한 가능성을 보장받았습니다. 자신을 완전히 용서하신 아버지의 사랑을 체험함으로 비로소 과거를 떠날 수 있었습니다.

예수님은 죄인을 구하기 위해 이 세상에 오셨습니다. 죄인인 우리를 위해 죽으시고 부활하셨습니다. 그리고 이제 우리를 기다리십니다. 물론 주님께 돌아온다는 것이 부담스러울 수 있습니다. 주님을 따른다는 것이 쉬운 일은 아니기 때문입니다. 그러나 일단 돌아오면 성령께서 그리스도인답게 살아갈 수 있도록 도와주실 것입니다. 성령이 우리 안에서 역사하실 것입니다. 그러면 우리가 사는 것이 아니요, 그리스도께서 우리 안에 사시게 됩니다. 그래서 참 기쁨과 평안 그리고 만족함이 넘쳐나게 되는 것입니다. 주님께 나아오는 순간, 과거의 죄는 모두 깨끗이 용서받고 새로운 인생으로 변화될 수 있습니다. 하나님은 우리 하나하나를 영접하시며 예비하신 복으로 넘치게 채워 주실 것입니다.

기쁘게 맞아 주시는 하나님

아버지께 돌아오는 아들의 마음은 지금 수치심과 죄책감으로 가득 차 있습니다. 그렇다고 아버지가 냉담했습니까? 무관심했습니까? 아버지는 아들이 멀리서 오는 모습도 바로 알아챌 정도로 늘 지켜보며 기다리고 있었습니다. 그리고 아들을 발견하자 달려가 안고 입을 맞추며 기뻐했습니다. 좋은 옷을 꺼내 입히고, 반지를 끼워 주며, 신을 신겨 주었습니다. 또 살진 송아지를 잡아 잔치를 베풀고는, "내 아들은 죽었다가 다시 살아났으며 내가 잃었다가 다시 얻었노라"(24절)며 즐거워했습니다. 죄인 하나가 회개하고 돌아오면 온 하늘이 기뻐한다고 성경은 말합니다. 한 영혼의 가치가 이토록 소중합니다.

하나님 아버지께 돌아오면 그 사랑이 우리를 용납하십니다. 그리고 성령이 그 마음에 오셔서 그리스도인으로 살아가는 것을 도와주십니다. 그래서 참 기쁨과 평안 그리고 만족함이 넘쳐나게 됩니다. 주님께 나아와 과거의 모든 죄를 깨끗이 용서받고 변화된 새로운 인생을 누리시길 간절히 바랍니다.

화재를 당한 가정
하나님이 하시는 일
_시 44:6-19

혹시 지금까지 인생을 살아오면서 오늘 본문의 시편 기자처럼, "하나님, 그 일이 일어날 때 하나님은 어디에 계셨습니까? 하나님은 그 일을 막으실 수도 있었을 텐데 왜 그냥 놔두셨습니까?" 하고 하나님께 따지듯 질문했던 적이 있습니까? 비록 그리스도인일지라도 이유를 알 수 없는 역경을 경험할 수 있습니다. 그럴 때 우리는 그 역경을 어떻게 바라봐야 할까요?

고난의 이유

혹시 그런 상황을 통해 마치 하나님께서 자신이 하나님임을 증명할 수 있는 기회를 달라고 말씀하시는 것 같지 않습니까? 우리는 먼저 하나님과 하나님의 성품에 대해 정확하게 이해해야 합니다. 하나님은 우리가 어떤 상황에 있든 놀라지 않는 분이십니다. 잠언 19장 21절은, "사람의 마음에는 많은 계획이 있어도 오직 여호와의 뜻만이 완전히 서리라"라고 말합니다.

또는 고통과 고난은 항상 죄의 결과나 믿음이 부족한 결과라고 생각하지는 않습니까? 하지만 야고보서 1장 2-3절은 그렇지 않다고 말합니다. "내 형제들아 너희가 여러 가지 시험을 당하거든 온전히 기쁘게 여기라 이는 너희 믿음의 시련이 인내를 만들어 내는 줄 너희가 앎이라." 요한복음 9장을 보면, 제자들이 예수님께 질문을 합니다. "랍비여 이 사람이 맹인으로 난 것이 누구의 죄로 인함이니이까 자기니이까 그의 부모니이까"(2절). 예수님은 아주 간단하면서도 명확하게 말씀하십니다. "이 사람이나 그 부모의 죄로 인한 것이 아니라 그에게서 하나님이 하시는 일을 나타내고자 하심이라"(3절).

우리의 믿음을 세우기 위한 고난

많은 경우 고통은 죄와 전혀 상관이 없습니다. 오히려 하나님이 자신의 능력을 보여주시기 위함인 경우가 많습니다. 하나님이 우리의 믿음을 세우기 위해 허락하시는 것입니다.

성경에서 욥은 "온전하고 정직하여 하나님을 경외하며 악에서 떠난 자"(욥 1:1)로 표현됩니다. 하루는 사탄이 하나님께 말합니다. 욥이 주님을 섬기는 이유는, 하나님께서 그를 축복해 주시고 삶을 평탄하게 해주셨기 때문이라는 것입니다. 그러면서 만약 그에게 주신 것을 다 제해 버리시면 아마 그는 주님을 저주할 것이라고 말합니다.

그래서 하나님은 욥을 시험하고자 그가 가진 모든 것을 거두셨습니다. 재산이 전부 사라졌습니다. 종들이 모두 죽었습니다. 열 명의 자녀가 전부 몰사했습니다. 엎친 데 덮친 격으로 욥은 건강마저 잃게 됐습니다. 머리끝부터 발끝까지 악창이 났습니다.

친구들이 욥을 위로한답시고 찾아와 말합니다. "자네에게 뭔가 죄가 있기 때문에 이런 어려움을 겪는 것이라네." 욥은 더 비탄에 잠깁니다.

하늘에서는 오랫동안 아무 반응이 없습니다. 그러다 드디어 하나님이 침묵을 깨뜨리십니다. 요약하자면 이런 뜻입니다. "욥, 고생시켜 미안하지만 거기에는 목적이 있었단다. 나름대로 이유가 있었는데 시험을 잘 통과했구나. 나는 네가 자랑스럽다." 위로 같기도 하고, 칭찬 같기도 합니다. 그러나 이것이 하나님이 하시고자 한 말씀의 전부가 아닙니다.

하나님의 하나님 되심

욥기의 마지막 네 장에서 하나님은 자신이나 자신의 계획에 대해서 전혀 설명하시지 않습니다. 즉, 욥의 질문에 대해서는 하나도 대답하지 않으시고, 하나님의 능력과 위엄과 주권에 대해서만 이야기하십니다. 결국 말씀이 다 끝날 때쯤 욥이 고백합니다. "나는 깨닫지도 못한 일을 말하였고 스스로 알 수도 없고 헤아리기도 어려운 일을 말하였나이다"(욥 42:3). 하나님께서 하시고 싶은 말은 이것이었을 것입니다. "욥, 나는 하나님이다."

이유를 알 수 없는 고난으로 힘들어하고 있는 그 마음에 하나님의 위로하심이 있기를 바랍니다. 오늘의 고난이 어디에서 온 것인지 따지기보다, 분명 하나님께서 우리의 믿음을 더욱 굳건히 세워 가시는 과정의 하나일 것임을 믿음으로 고백하면서 하나님을 신뢰하십시오. 하나님은 단순히 우리를 고통의 상황에서 구원하시는 것이 아니라, 우리가 믿음으로 고통을 이겨 낼 수 있게 하실 것입니다.

오랫동안 임신을 기다려 온 가정

주의 여종의 고통을 돌보시고
_삼상 1:1-20

결혼 후 오랫동안 아이가 생기지 않는다는 것은 부부뿐 아니라 일가 친척 모두에게 큰 걱정거리가 아닐 수 없습니다. 하지만 너무 염려하지 마십시오. 성경에는 사라, 리브가, 라헬, 한나 등 잉태치 못하던 여자가 결국 하나님의 은혜로 자녀를 얻게 된 이야기가 여럿 있습니다. 오늘은 한나의 이야기를 통해 우리의 필요를 채우시는 하나님을 만나시길 원합니다.

한나의 아픔

한나는 엘가나의 두 명의 아내 중 하나였습니다. 다른 부인의 이름은 브닌나로, 그녀에게는 자녀들이 있었습니다. 그러나 한나는 남편의 사랑을 독차지하면서도 잉태치 못했습니다. 이로 인해 브닌나는 한나를 심히 격동하며 번민케 했습니다. 그것을 아는 남편 엘가나는 한나의 마음을 위로하려고, 하나님께 제사 드릴 때마다 제물의 분깃을 브닌나와 그 모든 자녀보다 그녀에게 갑절로 주었습니다. 엘가나의 이러한 행위는 브닌

5장 | 위로와 격려

나의 질투를 불러일으켰고, 결과적으로 한나는 더 번민하게 되었습니다. 한나는 늘 고통과 낙심 가운데 있었습니다. 지금 이 가정도 이와 비슷한 고통을 겪고 계신지도 모르겠습니다. 그렇다면 이렇게 삶의 문제로 낙심될 때 우리는 어떻게 해야 할까요?

하나님께 토로하라

첫째, 자신이 느끼는 감정을 수용하고 여호와 앞에 그 심정을 토로해야 합니다. 한나가 고통과 낙심이라는 감정을 어떻게 했습니까? "한나가 마음이 괴로워서 여호와께 기도하고 통곡하며 서원하여 이르되 만군의 여호와여 만일 주의 여종의 고통을 돌보시고 나를 기억하사"(10-11절). 한나는 자신의 감정을 수용했습니다. 그리고 여호와 앞에 자신의 원통함을 고했습니다. "나는 마음이 슬픈 여자라 포도주나 독주를 마신 것이 아니요 여호와 앞에 내 심정을 통한 것뿐이오니"(15절). 한나는 하나님 앞에서 자신의 감정을 솔직하게 표현했습니다.

한나가 하나님께 마음을 토로하면서 어떻게 기도했습니까? "만군의 여호와여 만일 주의 여종의 고통을 돌보시고 나를 기억하사 주의 여종을 잊지 아니하시고 주의 여종에게 아들을 주시면 내가 그의 평생에 그를 여호와께 드리고 삭도를 그의 머리에 대지 아니하겠나이다"(11절). 그녀는 이렇게 기도한 것입니다. "하나님께서 제게 새로운 삶을 주신다면, 저는 하나님께 제 삶을 드리겠습니다." 우리는 고통을 호소할 때도 한나처럼 하나님께 초점을 맞출 필요가 있습니다.

다른 사람과 고통을 나누라

두 번째, 자신의 고통을 다른 사람과 나눌 필요가 있습니다. 갈라디아서 6장 2절은 말합니다. "너희가 짐을 서로 지라 그리하여 그리스도의 법을 성취하라." 하나님은 우리가 다른 사람과 어려움이나 문제를 나누기를 원하십니다. 한나는 두 사람과 자신의 고통을 나누었습니다. 그 중 하나인 남편 엘가나는 이렇게 말했습니다. "한나여 어찌하여 울며 어찌하여 먹지 아니하며 어찌하여 그대의 마음이 슬프냐 내가 그대에게 열 아들보다 낫지 아니하냐 하니라"(8절). 엘가나의 말은 이런 뜻입니다. "언제까지 아이가 없다고 이렇게 슬퍼하기만 할 것입니까? 내가 열 명의 아들보다 못합니까? 나는 당신에게 아이가 있든 없든 사랑합니다."

한나가 자신의 고통을 나눈 또 한 사람은 성전에 있던 엘리 제사장이었습니다. 그는 "평안히 가라 이스라엘의 하나님이 네가 기도하여 구한 것을 허락하시기를 원하노라"(17절)라고 말해 줍니다. 즉, 엘리는 그녀를 격려했습니다. 그녀를 축복했고, 그녀의 아픔에 공감했으며, 그녀에게 자녀를 주시도록 하나님께 구했습니다.

우리가 낙심했을 때 필요한 것은 어떠한 상황에 있더라도 하나님께서 나를 도우실 것이라는 '믿음'을 갖는 것입니다. 그 믿음으로 하나님께 나아가 고통스럽고 낙심되는 마음을 솔직하게 토로하십시오. 필요하다면 주위의 믿을 만한 사람과 그 고통을 나눔으로 그를 통해 주시는 하나님의 위로와 격려를 받으십시오. 어떤 상황에서든 하나님을 신뢰하면, 하나님께서는 그 고통을 돌아보시고 필요를 채우실 것입니다.

이단에 미혹된 가족이 있는 가정

해로운 종교

_눅 12:1, 요일 4:1-3

　가족이 이단에 미혹되어 얼마나 마음이 아프십니까? 그래도 낙심하지 말고 다시 하나님 품으로 돌아오기를 기대하면서 끝까지 인내하며 기도하십시오. 더욱 더 사랑으로 안으십시오. 그리고 하나님의 말씀으로 계속 권면하십시오. 때가 되면 분명히 하나님께서 회복시켜 주실 것입니다.

악한 사람을 멀리하라
　잠언은 이 세상에 세 종류의 사람이 있다고 말합니다. 지혜로운 사람, 어리석은 사람, 악한 사람입니다. 이 중 특별히 악한 사람에 대해 시편 58편 4절은 이렇게 말합니다. "그들의 독은 뱀의 독 같으며 그들은 귀를 막은 귀머거리 독사 같으니." 성경은 악한 사람에 대해 피하고 멀리하라고 교훈합니다. 해를 끼치려 하는 사람을 곁에 두어서는 안 된다는 것입니다.
　성경은 여러 종류의 해로운 사람에 대해 이야기합니다. 그중 하나를 디모데후서 2장 16절은 이렇게 말합니다. "망령되고 헛된 말을 버리라 그들은 경건하지 아니함에 점점 나아가나니." 이런 사람들도 하나님에 대해 이야기합니다. 하나님을 찬양합니다. "아멘"이라고 말합니다. 그러나 실제로 그렇게 살지는 않습니다.

해로운 종교

예수님은 공생애 동안 늘 이런 사람들을 대하셔야 했습니다. 당시에는 해로운 종교 집단이 두 개 있었습니다. 하나는 사두개인들로 진보적인 사람들이었습니다. 이들은 부활, 천국, 영혼을 믿지 않았습니다. 요즘 시대로 하면 자유주의 신학을 따르는 사람들입니다. 다른 집단은 바리새인들입니다. 이들은 보수주의 신학을 따르는 사람들로, 사람들이 지킬 규칙과 규례를 만드는 율법주의자들이었습니다.

예수님은 마태복음 23장에서 이러한 해로운 종교 집단에 대해 통렬하게 비판하셨습니다. 심지어 바리새인들을 눈먼 안내자, 독사의 새끼, 회칠한 무덤이라고 말씀하셨습니다. 예수님은 그들에게 변화를 촉구하셨을 뿐 아니라, 다른 사람들에게는 이들을 멀리하라고 경고하셨습니다.

누가복음 12장 1절에서는 "바리새인들의 누룩 곧 외식을 주의하라"고 말씀하셨습니다. 성경에서 누룩은 종종 악을 상징합니다. 예수님은 적은 누룩이 빵 전체에 영향을 미치듯, 바리새인 몇 명이 그리스도인들의 삶에 독이 된다고 보신 것입니다. 오늘날로 말하면 우리의 인생, 태도, 우정, 결혼생활 등을 망칠 수 있다는 것입니다.

바리새인의 독성

바리새인의 삶에는 몇 가지 독성이 있습니다. 첫째, 율법주의적입니다. 율법주의자들은 사람들의 필요를 채우는 것보다 규례를 준수하는 데 더 많은 관심을 쏟습니다. 또 천국에 들어가는 길을 스스로 만들어야 한다고 말합니다. 그래서 항상 규칙, 제한, 규례, 방침에 관한 많은 목록을 지니고 다닙니다.

둘째, 위선적입니다. 위선은 믿는다고 말하는 것을 행하지 않는 것입니다. 즉, 교회 안과 밖에서 행하는 방식이 각각 다릅니다.

셋째, 다른 사람에게 죄의식 갖게 하기를 좋아합니다. 그들은 사람들을 나무라고, 비난하고, 고발해 죄의식을 갖도록 하는 일에 능숙합니다.

넷째, 늘 다른 사람에 대해 흠잡고 험담합니다. 다른 사람의 행동에 대해 비판적입니다. 말을 곡해하고, 늘 트집을 잡으려 합니다. 나아가 교회에 대해서도 험담을 합니다.

현대판 바리새인

오늘날 한국 교회는 이단과 사이비 종교의 홍수 시대를 맞이하고 있습니다. 특히 신천지 집단은 훈련된 추수꾼을 비밀리에 정통교회와 학원가 등 여러 곳에 침투시켜 공격적으로 포교활동을 하고 있습니다. 그들의 전략은 기존 성도들을 미혹해 신천지로 이동시키는 것입니다. 또 그들은 교회를 분열시키고, 소위 '산 옮기기 작전'으로 교회를 통째로 가로채려 합니다. 그래서 많은 교인이 미혹당하고 교회가 분열되고 있습니다.

이단에 미혹된 가족으로 인해 걱정이 많으실 것입니다. 이단에서 건강한 교회로 돌아오는 것이 쉽지는 않지만, 끝까지 기도하며 기다리시기 바랍니다. 변함없는 사랑으로 품고 진리의 말씀으로 권면하기를 포기하지 마십시오. 온 가족이 하나의 믿음으로 다시 하나님만 예배하는 날이 속히 오기를 진심으로 바랍니다.

부모와 자녀 간에 갈등이 있는 가정

오직 주의 교훈과 훈계로

_잠 24:3

이 세상에 완벽한 가정이란 없습니다. 가정은 불완전한 남녀가 만나 이루는 것이기 때문입니다. 하지만 '건강한' 가정을 이룰 수는 있습니다. 하나님은 가정을 자녀들의 인생을 교육하는 장소로 계획하셨습니다. 자녀들은 다른 곳에서는 배울 수 없는 것을 가정에서 배웁니다. 걷기, 말하기, 먹기 같은 기본적인 삶의 기술은 물론, 사회 질서와 규칙, 기본예절 등도 가정을 통해 배웁니다.

자녀 양육의 목표

예수님은 지혜와 키가 자라가며 하나님과 사람에게 더욱 사랑스러워 가셨습니다(눅 2:52). 자녀를 양육함에서 부모의 목표는 첫째, 지혜가 자라는 지적·정신적 성장입니다. 둘째, 육체적 성장입니다. 셋째, 하나님을 사랑하는 사람이 되는 영적 성장입니다. 넷째, 사람을 사랑하는 사람으로 자라는 사회적 성장입니다. 이 네 가지가 자녀 양육의 목표가 되어야 합니다. 부모는 자녀가 이 모든 면에서 균형 있게 성장할 수 있도록 도와야 할 책임이 있습니다. 아울러 자녀 양육에서 특히 다음 세 가지에 주의를 기울여야 합니다.

중점을 두어야 하는 것

첫째, 관계입니다. 인생에서 행복은 관계에 의해 많이 좌우됩니다. 만약 사람들과 관계 맺는 법을 모른다면 인생은 무척 초라해질 것입니다. 그래서 부모가 자녀에게 가르쳐야 하는 가장 중요한 기술 중 하나는 '관계 맺는 법'입니다. 좋은 관계란 저절로 생기는 것이 아닙니다. 시간이 걸리고, 노력도 필요합니다. 또 관계는 진실과 정직 위에 세워집니다. 대화도 필요합니다. 대화 없이 관계를 맺을 수는 없습니다. 신뢰도 필요합니다. 용서도 필요합니다. 우리는 상처를 받기도 하고, 주기도 하기 때문입니다. 또 부모로서 자녀에게 다툼이나 갈등이 생기면 어떻게 해결해야 하는지 그 과정을 직접 보여 줘야 합니다.

둘째, 성격입니다. 성격은 대부분 가정에서 형성됩니다. 어릴 때부터 자녀에게 좋은 습관을 들이게 하는 것이 좋은 성격을 심어 주는 가장 좋은 방법입니다. 또 삶으로 보여주는 것만큼 좋은 가르침이 없으므로, 부모 자신이 직접 모범이 되어야 합니다.

셋째, 가치관입니다. 인생에서 정말 중요한 것이 가치관입니다. 자녀들은 기본적인 가치관을 가정에서 배웁니다. 직장, 삶, 돈, 시간, 성, 타인, 세상, 미래, 하나님 등에 관한 가치관은 대개 부모를 통해 전달됩니다. 어떤 사람은 자녀에게 신앙적 가치관을 물려주지 않겠다고 말하기도 합니다. 자녀가 스스로 종교를 선택해야 된다고 말하는 사람도 있습니다. 그러나 하나님은 선택사항이 아닙니다. 자녀들이 부모와 함께 사는 동안에는 그들에게 특정한 기준을 제시할 수 있는 권리가 있습니다. 그들이 집을 떠나면 물론 그들 스스로 결정을 내려야 합니다. 그러나 그 전까지는 자녀들에게 신앙을 강권할 수 있어야 합니다. 그렇지 않으면 그들의 신앙적 가치관이 어디서 형성되겠습니까? 자녀에게 신앙적 가치관을 강요하지 않겠다는 것은 부모로서의 권위를 포기하는 것입니다.

이런 것들을 제대로 가르치지 않고 모범을 보여주지 않으면, 부모 자녀 간에 갈등이 커질 수밖에 없습니다.

안식처

살다 보면 인생에 거센 폭풍이 몰려올 때가 있습니다. 하나님은 이때 가정이 안식처가 되도록 계획하셨습니다. 그렇다면 어떻게 가정을 편안하고 안전한 안식처로 세울 수 있습니까? 부모로서 자녀의 말에 귀를 기울여 주십시오. 들어주는 것만으로도 이미 갈등은 사라지고 안정감을 느낄 것입니다. 사랑을 표현하십시오. 안아 주고, 토닥거려 주고, 쓰다듬어 주고, 보듬어 주십시오. 이 모든 것이 사랑한다고 말하는 것입니다. 무엇보다 하나님께로 인도하십시오. 에베소서 6장 4절은 말합니다. "또 아비들아 너희 자녀를 노엽게 하지 말고 오직 주의 교훈과 훈계로 양육하라." 하나님을 아는 것이 인생에서 가장 중요하기 때문입니다.

하나님은 가정을 자녀들의 인생을 교육하는 장소로 계획하셨습니다. 부모로서 자녀들이 지적·육체적·영적·사회적으로 균형 있게 자라도록 도와주십시오. 부모가 직접 모범이 되어 어떻게 사람들과 관계를 맺어야 하는지 보여주고, 좋은 성격과 올바른 가치관을 심어 주십시오. 이에 더해 오직 주의 교훈과 훈계로 양육해 하나님이 기뻐하시는 건강한 가정으로 회복되길 바랍니다.

자녀가 문제를 일으킨 경우
자녀 양육의 우선순위
_삼상 2:12-17

지금 자녀 문제로 얼마나 걱정이 크십니까? 세상에서 가장 마음대로 안 되는 게 자식 농사라는 말이 있듯이, 부모라면 누구나 한번쯤은 자녀로 인해 밤잠을 설쳐 보았을 것입니다. 답답한 마음이야 이루 말할 수 없겠지만, 이번 일을 계기로 성경적인 자녀 양육법을 회복해 하나님의 자녀로 잘 키워 나갈 수 있기를 바랍니다.

실패한 자녀 교육

성경에서 대표적인 자녀 교육의 실패 사례는 엘리 제사장의 가정입니다. 엘리 제사장의 아들들은 하나님 앞에 큰 죄를 지었습니다. 첫째, 하나님을 무시하고 말씀에 순종하지 않았습니다. "엘리의 아들들은 행실이 나빠 여호와를 알지 못하더라"(12절). 둘째, 제물을 횡령함으로 하나님께 드리는 제사를 멸시했습니다(13-17절). 엘리 제사장의 아들들은 하나님께 제사를 드리기도 전에 먼저 제물을 취했을 뿐 아니라, 제사 후에는 제물의 고기를 닥치는 대로 가지고 갔습니다. 셋째, 회막 문에서 수종 드는 여인과 동침함으로 간음했습니다(삼상 2:22). 하나님께서는 엘리 제사장 가정에 벌을 내려 그 아들들을 죽이기로 결정하셨습니다(삼상 2:25).

엘리의 죄악

이후 하나님의 사람이 엘리에게 와서 그의 죄악을 지적했습니다. 어떤 죄악이었습니까? 아들들을 하나님보다 더 중히 여긴 죄입니다(삼상 2:29). 엘리가 하나님보다 아들들을 더 사랑했음을 알 수 있습니다. 이는 곧 아들들이 성전 제물을 횡령한 죄에 엘리가 동참했음을 의미합니다. 그가 아들들의 음행에 대해서는 책망했으나(삼상 2:22-25), 성전 제물을 횡령한 죄에 대해서는 언급하지 않은 것으로 미루어 보아, 하나님께 제사 드리고 얻은 제물은 물론 그 외의 제물까지 탐낸 것으로 보입니다.

이러한 죄악으로 인해 하나님께서는 엘리 제사장과 그의 두 아들의 생명을 모두 거두어 가셨습니다. 엘리의 영적 타락은 그의 가정을 비극으로 이끌었습니다. 엘리가 제사장으로서 비록 신앙이나 실천에서 전통은 계승했을지라도, 하나님을 뜨겁게 사랑하는 신앙에 바로 서지 못했기 때문에, 자신은 물론 온 가족이 실패의 나락으로 떨어지고 말았습니다.

하나님 백성의 자녀 교육

자녀 교육은 모든 부모에게 어려운 숙제입니다. 그럼에도 부모라면 누구나 자녀 교육에 관심과 열정이 있습니다. 그래서 옛날에는 '북청 물장수'가 있었고, 오늘날에는 '기러기 아빠'가 있는 것 아니겠습니까? 그렇다면 하나님의 백성은 자녀를 어떻게 교육해야 할까요?

첫째, 하나님 중심의 교육을 해야 합니다. 우리는 '자녀 교육'이라고 하면, 자녀가 좋은 대학에 입학하고, 회사에서 높은 직위를 갖고, 돈을 많이 벌게 하는 것과 자연스럽게 연결합니다. 그러나 하나님의 백성은 자녀 교육에서 우선순위를 잘 정해야 합니다. 무엇보다 하나님 중심으로 교육해야 합니다. 자녀를 대할 때 '내 자녀'가 아니라 '하나님이 주신 자녀'라는 생각을 분명히 갖고 있어야 합니다. 하나님의 자녀이기 때문에 하나님의 영광을 드러내는 삶을 살게 하는 데 최선을 다해야 합니다.

둘째, 성경 중심의 교육을 해야 합니다. 이 땅에는 변하지 않는 원리와 기준이 있는데 그것이 바로 성경입니다. 이 성경은 하나님의 정확무오한 말씀이며, 우리의 신앙과 행위의 유일한 규범입니다. 그러므로 자녀가 이 영원한 진리인 하나님의 말씀을 삶의 근간으로 삼도록 가르쳐야 합니다.

셋째, 섬김의 삶을 교육해야 합니다. 자신의 유익만을 위한 이기적인 삶이 아니라, 다른 사람을 돌보고 사랑을 베풀며 살도록 가르쳐야 합니다. 섬김 받기 위해서가 아니라 섬기러 왔다고 하신 예수님의 길을 따라가도록 해야 합니다.

위기는 기회가 될 수 있다는 말이 있습니다. 비록 지금 자녀로 인해 문제가 생겼지만, 문제 자체에 침몰되지 말고 이번 기회를 통해 지금까지의 자녀 양육 방법을 돌아보십시오. 그래서 하나님과 그분의 말씀을 가장 중요하게 여기고, 예수님처럼 섬김의 삶을 사는 믿음의 자녀로 잘 양육해 나가기를 바랍니다.

가정폭력으로 어려움을 겪는 가정
진정한 회개와 용서
_창 2:20-24

우리가 살고 있는 사회가 폭력 없는 평화로운 곳이 되는 것은 우리 모두의 오랜 바람입니다. 그러나 폭력은 아직까지 사라지지 않고 있으며, 많은 사람이 지금도 폭력의 공포 속에서 살아가고 있습니다. 안타깝게도 이 가정도 그 피해를 겪고 있습니다. 가정폭력으로 멍든 이 가정에 하나님의 깊은 위로와 치유가 함께하길 바랍니다.

가정폭력의 실체

폭력 중에서도 특히 가정폭력은 개인적인 부분뿐 아니라, 사회문화적 요인과도 직결됩니다. 즉, 가정폭력이 결혼생활의 부적응이나 성격적 결함으로만 생기는 것이 아니라, 사회문화적 요인으로서 가부장제도 등도 하나의 원인이 되고 있다는 것입니다. 이는 남성이 부권(父權)을 유지하기 위해 신체적 폭력을 가해 여성을 통제하려 한다고 보는 것입니다. 또 스트레스나 음주도 가정폭력의 원인이 될 수 있습니다. 한편 아버지의 폭력을 보고 자란 자녀는 결혼해서 역시 폭력을 행사할 확률이 높습니다.

가정폭력의 유형은 신체적 학대, 성적 학대, 정신적 학대, 정서적 학대, 경제적 학대 등이 있습니다. 폭력 가해자들은 일반적으로 이런 특징이 있습니다. 대부분 질투나 의심이 많고 소유욕이 강합니다. 참을성이 없고 감정이 폭발할 때가 많습니다. 공포와 위협으로 배우자를 불안하게 만듭니다. 그러나 타인에게는 매력적이고 친절합니다. 배우자나 친밀한 상대에게 정서적으로 크게 의존합니다. 그러나 의존적인 자신의 성향, 즉 자신의 약함을 부정하기 위해 폭력을 행사합니다. 열등감이 심하고, 자존감이 낮습니다. 직업에 대한 불만이나 실직에 대한 두려움 등 스트레스가 많습니다.

용서보다 선행되어야 하는 것

일반적으로 교회는 폭력 피해자에게, "아버지 저들을 사하여 주옵소서 자기들이 하는 것을 알지 못함이니이다"(눅 23:34)라고 하셨던 예수님의 십자가상에서의 말씀을 언급하며 무조건 용서하라고 말합니다. 또 "일곱 번을 일흔 번"까지 용서하라고 하신(마 18:22) 예수님의 말씀을 실천하라고 합니다. 그러나 용서는 죄를 범한 자 편에서의 고백과 회개가 선행되어야 합니다. 상대의 잘못을 무조건 묵과하거나 면제해 주는 것은 용서가 아닙니다. 진정한 용서란 이제까지의 모든 과오에도 미래의 가능성에 대한 하나님의 선물을 수용하는 것입니다. 폭행하는 남편들은 대개 아내에게 입힌 손상이나 상처를 부인하거나 아무것도 아닌 것처럼 치부해 버리려는 경향이 있습니다. 그러나 진정으로 사과하고 회개하려면 먼저 자신의 폭행으로 결혼생활과 아내에게 나타난 결과가 무엇인지를 분명히 보고 인정할 필요가 있습니다. 회개는 잘못된 것을 올바르게 한다는 뜻이며, 그 후 행동의 변화를 수반하는 것입니다.

타락한 인간의 본성

우리 그리스도인은 가정폭력을 단순히 가부장제도나 성차별주의의 차원에서만 이해해서는 안 됩니다. 한 걸음 더 나아가 성경적 측면에서 생각해 볼 필요가 있습니다. 인류의 조상 아담이 타락함으로써 하나님과의 관계가 단절된 인간은 전적으로 부패하게 되었습니다. 타락한 인간은 지극히 선하고 아름다우신 하나님에게서 전혀 매력을 느끼지 못하고, 동료 인간에 대한 사랑도 실천할 수 없는 존재가 되었습니다. 범죄로 인해 죄의 종이 되었기 때문에 사랑을 할 수 없는 존재가 되었고, 도리어 다른 사람에 대해 폭력을 행사하게 된 것입니다.

가정폭력의 대처

가정폭력이 발생하려는 분위기가 조성되면 빨리 자리를 피하고 이웃이나 전문 상담기관 등에 도움을 청해야 합니다. 신체를 다쳤을 때는 반드시 의료기관에서 치료받고, 진단서나 치료 확인서를 사진으로 찍어 증거 자료를 확보하는 게 좋습니다. 또 항상 녹음기를 준비해 위협적인 말이나 언어폭력을 녹음해 두어야 합니다. 주민등록증이나 여분의 집 열쇠 등은 따로 준비해 두고, 옷가지도 가까운 친구나 이웃에게 미리 맡겨 놓는 것이 좋습니다.

기독교적인 관점에서 가정은 사회적 제도의 산물이 아니라, 하나님께서 직접 만드신 축복의 기관입니다. 최초의 가정을 만드신 하나님께서 이 가정도 친히 주관하셔서 가장의 폭력에서 자유하고, 사랑과 용서와 이해가 충만한 가정으로 회복되길 간절히 소망합니다.

부부 중 한쪽의 외도로 위태로운 가정
결혼을 향한 하나님의 계획
_마 19:4-6, 히 12:14-15

영국의 다이애나 공주와 찰스 왕자의 결혼은 수많은 말들과 마차의 행진으로 화려하게 시작되었습니다. 그리고 행복한 결혼생활을 위한 준비는 완벽했습니다. 그러나 잘 알다시피 그렇게 동화 속 이야기처럼 시작된 결혼은 끔찍한 이야기로 끝을 맺고 말았습니다. 행복하게 결혼한 많은 부부가 왜 그처럼 빨리 결혼생활에서 고통을 경험하고, 배우자 외의 다른 사람을 찾아 나서는 걸까요?

결혼생활에 찾아오는 위기

결혼 후 배우자가 다른 사람과 만난다는 사실을 받아들이는 것은 참으로 힘든 일입니다. 더 괴로운 것은 배우자가 지금 다른 누군가를 사랑하고 있다고 느끼는 것입니다. 육체적이든 정신적이든 간통이 오늘날에는 암암리에 성행하고 있다고는 하지만, 그래도 정작 자신의 배우자가 그런 것을 알면 결혼생활은 결국 파국을 맞게 됩니다. 이때는 한쪽의 일방적 잘못이라고만 생각하지 말고, 자신에게 문제는 없었는지 스스로를 한번쯤 돌아보는 것도 필요합니다. 물론 하나님께서는 부부에 관해 한 남자와 한 여자의 결합만을 명령하시고, 간통죄에 대해 엄하게 경고하셨습니다.

결혼생활에 대한 기대

부부는 결혼을 통해 모든 것에 만족을 느끼고 싶어 합니다. 거기에는 성적 욕구, 감정적 욕구, 일상적 욕구 등이 모두 포함됩니다. 하지만 상대방에 대한 지나친 기대는 부부 간에 불화만 일으킬 뿐입니다. 사실 어느 누구도 완벽하게 자신의 욕구나 이상, 환상 등을 충족시켜 줄 수 없기 때문입니다. 성관계도 마찬가지입니다. 만약 배우자를 통해 성적 욕구가 채워지지 않는다면 무슨 수를 써서라도 함께 해결하려고 노력해야 합니다.

지난 결혼생활을 한번 돌아보시길 바랍니다. 언제 부부 사이에 가장 활기가 넘쳤습니까? 부부라면 누구나 서로에 대해 한결같은 사랑의 열정을 갖기를 원합니다. 처음 만났을 때처럼 서로 사랑해 주기를 원합니다. 감정적으로는 물론 육체적, 영적, 지적으로도 서로 친밀하기를 원합니다.

우리는 하나님의 형상대로 창조되었습니다. 그리고 하나님은 우리에게 관계를 잘 만들어 갈 수 있는 지혜와 능력을 주셨습니다. 사랑을 마음껏 표현할 수 있는 재능도 주셨습니다. 창세기 2장 23절에서 아담은 하와에게 "이는 내 뼈 중의 뼈요 살 중의 살이라"라고 멋지게 표현합니다. 예수님은 마태복음 19장 4-6절에서 이 말씀의 의미를 설명해 주셨습니다. "그들을 남자와 여자로 지으시고 말씀하시기를 그러므로 사람이 그 부모를 떠나서 아내에게 합하여 그 둘이 한 몸이 될지니라 하신 것을 읽지 못하였느냐 그런즉 이제 둘이 아니요 한 몸이니 그러므로 하나님이 짝지어 주신 것을 사람이 나누지 못할지니라 하시니."

새로운 태도

결혼에 대한 하나님의 계획은 우리 자신을 완전하게 하는 것입니다. 결혼은 우리를 완전하게 할 뿐 아니라 더 훌륭하게 만듭니다. 삶을 강화합니다. 우리는 살아보니 자신과 맞지 않는 사람과 결혼한 것 같다고 말할 수 있습니다. 그러나 그렇지 않습니다. 우리에게 필요한 것은 새로운 배우자가 아닙니다. 새로운 태도입니다. 디모데전서 4장 4절은 말합니다. "하나님께서 지으신 모든 것이 선하매 감사함으로 받으면 버릴 것이 없나니." 하나님은 결혼을 선한 것으로 계획하셨습니다. 그러나 거기에는 헌신이 요구됩니다. 로마서 12장 10절은 이렇게 말합니다. "형제를 사랑하여 서로 우애하고 존경하기를 서로 먼저 하며." 배우자를 존경하는 방법 중 하나는 섬기는 것입니다. 그것도 평생 섬겨야 합니다.

부부가 함께 살아가다 보면 폭풍우를 겪는 것 같은 환경과 상황을 종종 마주하게 됩니다. 그러나 지푸라기 하나가 낙타의 등뼈를 부러뜨리듯, 실은 지극히 작은 일로 행복이 깨지고 가정이 무너집니다.

이제 어떤 문제라도 예수님을 주인으로 모시고 기도하면 얼마든지 회복되어 다시 기쁨과 행복을 누릴 수 있다는 것을 기억하시기 바랍니다. 이 위기를 잘 극복해 하나님의 영광을 나타내는 가정이 되길 주님의 이름으로 축원합니다.

노부모를 모시는 가정
하나님 아버지의 마음
_삼하 18:28-33

　부모님을 모시는 것은 정말 아름다운 일이지만 사실 힘든 일이기도 합니다. 하지만 부모님을 모시면서 아버지의 마음을 알고, 아버지의 마음을 통해 하나님 아버지의 마음을 알게 된다면 그야말로 축복입니다. 또 정성껏 부모님을 모시는 모습은 자신의 자녀들에게 말 없는 가르침이 되어 그들의 인생을 바른 길로 이끌어 줄 것입니다.

　대다수의 사람이 부모와의 관계에서 받은 상처 때문에 부모의 참된 모습을 발견하지 못한 채 살아갑니다. 어떤 사람은 육신의 아버지가 심어 준 잘못된 이미지 때문에, 아버지로서의 하나님의 마음을 제대로 알지 못하기도 합니다. 그러나 하나님은 성경 여러 본문을 통해 아버지의 마음과 사랑이 무엇인지 명백히 보여주셨습니다. 오늘 본문 사무엘하 18장도 그중 하나입니다.

아버지 다윗

　사무엘하 18장은 다윗 왕과 아들 압살롬의 이야기입니다. 이 가정의 불화는 다윗이 우리아의 아내 밧세바를 범하는 순간 시작되었습니다. 다윗 왕의 가정은 배다른 많은 자녀 사이에서 늘 경쟁과 시기, 질투가 떠나지 않았습니다. 그 대표적인 예가, 암논이 배다른 누이 다말을 범하자 그 사실을 알게 된 친오빠 압살롬이 암논을 죽인 사건입니다. 암논을 죽인 압살롬을 다윗이 좋게 보지는 않았을 것입니다. 그 결과 압살롬은 반역을 일으켜 아버지 다윗 왕을 왕궁에서 내쫓고 스스로 왕이 되었습니다. 그 후 다윗을 추종하던 요압 장군이 군대를 이끌고 압살롬과 싸우러 나가게 됩니다. 그때 다윗도 함께 싸우러 나가겠다고 했지만, 요압 장군이 만류하는 바람에 뜻을 이루지 못했습니다.

다윗이 전쟁터에 나가고자 했던 진짜 이유는 무엇이었을까요? 요압 장군의 군대에 의해 아들 압살롬이 죽임을 당할까 봐 걱정되었기 때문입니다. 요압의 만류로 전쟁터에 나가지 못하게 된 다윗은 그에게 압살롬을 선처해 달라고 부탁합니다. 사실 말이 안 되는 얘기 아닙니까? 지금 누구 때문에 자신이 이렇게 쫓겨 다니게 되었습니까? 아마 요압 장군은 '압살롬의 아버지'로서의 다윗의 마음을 이해할 수 없었을 것입니다.

내가 너를 대신하여 죽었더라면

전쟁의 결과는 어떻게 되었습니까? 다윗 군대의 승리였습니다. 압살롬은 어떻게 되었습니까? 도망가다 머리털이 상수리나무에 걸리고 말았고, 이를 본 요압의 부하가 우물쭈물하자 요압 장군이 나서 단칼에 목을 쳐 죽이고 말았습니다. 이렇게 해서 전쟁은 끝이 나고, 요압은 전령을 보내 다윗에게 승전보를 전했습니다. 전령을 보자마자 다윗은 전쟁의 결과보다 압살롬의 생사에 더 큰 관심을 보이며 그가 무사한지 물었습니다. 전령이 "왕을 대적하는 자들은 다 그 청년과 같이 되기를 원하나이다"(32절)라고 답하자, 다윗은 압살롬이 죽었다는 것을 알게 됩니다. 그리고는 "내 아들 압살롬아 내 아들 내 아들 압살롬아 차라리 내가 너를 대신하여 죽었더면, 압살롬 내 아들아 내 아들아"(33절) 하고 울면서 몹시 슬퍼했습니다.

빼앗긴 왕권을 회복하는 것은 왕으로서 가장 중요한 일일 것입니다. 악한 아들에게 쫓겨 도망가면서 실추된 명예를 되찾는 것도 결코 작은 일이 아닙니다. 그러나 다윗에게는 왕권과 명예를 회복하는 것보다 아들의 생명이 더 중요했습니다.

하나님의 아버지 마음

하늘 보좌를 버리고 이 땅에 오셔서 우리 대신 죽으신 아들 예수님을 보시던 하나님 아버지의 마음도 이와 같았을 것입니다. 하나님은 아들 예수님이 보좌 우편에서 왕권을 쥐고 있는 것보다, 우리를 대신해 죽고 부활함으로 우리에게 영원한 생명 주기를 더 기뻐하셨습니다. 이것이 우리를 향한 하나님의 사랑입니다.

그동안 미처 헤아리지 못했던 부모님의 깊은 사랑에 보답하는 마음으로 두 분을 잘 섬기시길 바랍니다. 나아가 부모님의 사랑을 통해 하나님 아버지의 마음도 더 깊이 깨닫게 되기를 바랍니다. 그래서 육신의 부모님은 물론 하늘의 아버지도 잘 섬기는 복된 가정이 되기를 축원합니다.

노부모와 불화한 가정

서로에게로 마음을 돌이켜
_말 4:6

　가정은 하나님이 직접 만드신 공동체로, 어느 곳보다 사랑과 행복을 경험할 수 있는 안식처입니다. 하지만 어떤 경우에는 가장 추하고 부정적인 감정을 경험하거나 이해관계로 복잡해지는 장소가 되기도 합니다. 노부모와 자녀가 재산 문제로 갈등을 겪는 경우가 그렇습니다. 연로한 부모를 모시는 문제로 형제 간에 불화가 일어나는 경우도 마찬가지입니다. 점점 삭막해져 가는 이런 사회적 풍토에서 그리스도인은 어떻게 살아야 할까요?

서로의 입장 이해하기
　시어머니를 모시고 사는 며느리 입장에서의 고통을 한번 생각해 봅시다. 결혼해서 아기를 갖고 엄마가 되었습니다. 엄마가 되기 전에는 자신이 원하는 대로 사는 이기적인 사람이었습니다. 그러나 아이가 생기면서 완전히 다른 사람이 됩니다. 엄마로서 모든 것을 희생하기 시작했습니다. 자신보다 남편이나 자녀를 먼저 챙기게 되었습니다. 이젠 자신만의 취미생활이나 휴식 등에 관심이 없어졌습니다. 그러다 남편이나 자녀가 알아주지 않으면서 그동안 희생하고 헌신한 자신이 싫어졌습니다. 인생 자체도 싫어졌습니다. 화가 나고 좌절감이 몰려옵니다. 이런 상황에서 노부모까지 모신다면 정말 견디기 힘들지 않겠습니까?

아들 입장에서의 고통도 한번 생각해 봅시다. 가정의 경제를 책임져야 한다는 의무감 때문에 자신의 꿈이나 적성보다는 안정된 직장을 찾아야 했습니다. 자신이 원하는 변화나 모험에 차마 도전하지 못하고 현실에 안주해 살아가면서 스트레스도 많이 받았습니다. 그러면서도 무능력한 가장이 되지 않으려 부단히 애썼습니다. 그런 상황에서도 '그래도 어쨌든 부모님인데'라는 생각에 모시고 있는데, 부모님과의 사이에 갈등이 있다면 얼마나 괴롭겠습니까?

노부모의 입장에서도 생각해 봅시다. 자신들도 젊었을 때 다 그렇게 살아왔고, 그럼에도 물심양면으로 자녀를 뒷바라지해 결혼까지 시켰습니다. 그런데 자녀가 부모를 몰라줍니다. 하나님은 그러한 부모의 고통을 아시기에 이렇게 말씀하셨습니다. "여호와께서 말씀하시기를 내가 자식을 양육하였거늘 그들이 나를 거역하였도다 소는 그 임자를 알고 나귀는 그 주인의 구유를 알건마는 이스라엘은 알지 못하고 나의 백성은 깨닫지 못하는도다 하셨도다"(사 1:2-3). 동물도 누가 자기의 주인인지 아는데 하나님의 백성 이스라엘은 깨닫지 못한다는 하나님의 책망의 말씀입니다.

예수님의 능력으로

믿음의 사람은 가족관계의 갈등도 하나님의 말씀으로 풀어 가야 합니다. 오늘 본문은 이렇게 말합니다. "그가 아버지의 마음을 자녀에게로 돌이키게 하고 자녀들의 마음을 그들의 아버지에게로 돌이키게 하리라 돌이키지 아니하면 두렵건대 내가 와서 저주로 그 땅을 칠까 하노라 하시니라." 구약의 마지막 선지자 말라기는 아비의 마음은 자녀들에게로, 자녀들의 마음은 아비에게로 '돌이켜야' 한다고 말합니다. 그러나 우리에게는 상처 나고 깨진 가족관계에서 서로에게 자발적으로 돌아갈 수 있는 능력이 없습니다. 따라서 말라기는 장차 올 선지자 엘리야가 이 일을 할 것이라고 예언합니다(4:5).

신약성경에서는 그 엘리야가 바로 세례 요한이라고 말합니다(눅 1:17). 그러나 정작 세례 요한은 자신이 아니라(요 1:21) 예수님이 그 엘리야, 곧 장차 올 그 선지자라고 증거합니다(요 1:29-30). 실제로 예수님은 어린이를 안고 축복하시고(막 10:16), 부모를 공경하라고 가르치실 뿐 아니라(마 15:4) 이를 몸소 실천하셨으며(눅 2:51) 마지막까지 어머니를 돌보셨습니다(요 19:27).

하나님은 가정을 세우시고 이끄시는 분입니다. 예수 그리스도는 십자가의 사랑으로 우리 죄를 씻으시고, 하나님의 식구로 우리를 회복시키시는 분입니다. 성령은 아비와 자식의 마음을 서로에게로 돌이키게 하시는 분입니다. 삼위 하나님의 도우심을 힘입어 부모와 자녀 간에 효도와 사랑으로 소통하는 화목한 가정을 만들어 가시길 바랍니다.

6장

일반 심방

Sermon for Visiting

교회에 새로 등록한 가정
예수님의 길을 따라가는 성도
_요 1:1-5

어떤 책을 더 깊이 이해하려면 그 책을 쓴 작가를 알아야 하듯, 올바른 교회 생활을 하려면 먼저 교회의 머리이신 예수님이 누구인지 알아야 합니다. 그 예수님을 가장 잘 소개하고 있는 성경이 요한복음입니다.

예수님은 누구신가

요한복음에는 크게 두 가지의 질문이 있습니다. 첫째는 예수 그리스도가 누구인가 하는 것입니다. 둘째는 누구인지 알았다면 어떻게 해야 하는가 하는 것입니다.

예수님은 자신이 누구인지 가르쳐 주시기 위해, '나는 … 이다'의 형식으로 모두 일곱 개의 자기 선언을 하셨습니다. '나는 생명의 떡이다' '나는 세상의 빛이다' '나는 양의 문이다' '나는 선한 목자다' '나는 부활이요 생명이다' '나는 길이요 진리요 생명이다' '나는 참 포도나무다'가 그것입니다.

믿으라

예수님이 어떤 분인지 알았다면, 이제 어떻게 해야 할까요? 성경은 그 예수님을 믿으라고 말합니다. 예수님은 일곱 개의 표적을 통해 이 일곱 선언을 입증하셨습니다. 첫 번째 표적으로 가나의 혼인 잔칫집에 포도주가 떨어졌을 때 물을 포도주로 만드셨습니다. 두 번째 표적으로 왕의 신하의 아들을 고치시고, 세 번째로는 삼십팔 년 된 병자를 고치셨습니다. 네 번째로 보리떡 다섯 개와 물고기 두 마리로 장정 오천 명을 먹이시고 열두 광주리나 남게 하셨습니다. 다섯 번째로 돌풍이 몰아치는 갈릴리 바다를 걸으시고, 여섯 번째로는 나면서부터 맹인 된 자의 눈을 뜨게 하셨습니다. 마지막 일곱 번째에서는 표적의 절정을 보여주셨는데, 죽은 지 나흘이나 된 나사로를 살리신 것입니다. 예수님이 직접 자신이 세상의 빛, 생명의 떡, 선한 목자, 양의 문, 부활과 생명, 길이요 진리요 생명, 참 포도나무인 것을 증명해 보이시고는 믿으라고 하신 것입니다.

예수님의 길

이런 표적을 보고 당시 많은 사람이 예수님을 따랐습니다. 하지만 죽은 나사로를 살리신 표적 뒤, 부활을 믿지 않는 자신들의 교리가 옹색해진 사두개인들이 예수님을 죽이려고 음모를 꾸몄습니다. 당시 사두개인들은 예루살렘에서 종교적 권한을 한손에 쥐고 있던 제사장들로, 로마에서 상당한 자치권을 부여받고 있었는데, 그 조건은 정치적 또는 종교적 반란이 일어나지 못하게 하는 것이었습니다. 그런데 사람들 사이에 큰 동요가 일어났으니 대제사장인 가야바는 예수님이 의인이든 죄인이든 무조건 죽이고자 했던 것입니다.

그런 상황에서 예수님은 수난을 통한 구속 사역을 완성할 때가 온 것을 아시고, 그 사역을 이루시기 위하여 예루살렘으로 입성하셨습니다. 그런데 이때 예수님이 병거나 말이 아니라 어린 나귀를 타셨다고 성경은 말합니다. 예수님이 나귀를 타신 것이 왜 중요할까요? 그것이 구약성경의 예언을 성취하시기 위함이었기 때문입니다. "보라 네 왕이 네게 임하나니 그는 공의로우시며 구원을 베푸시며 겸손하여서 나귀를 타시나니 나귀의 작은 것 곧 나귀 새끼니라"(슥 9:9). 또 예수님이 이 세상에 군림하기 위해서가 아니라, 도리어 자신을 대속물로 내어 줌으로 인류를 구원하기 위해 온 구세주요 평화의 왕임을 보여주는 것이기 때문입니다.

예수님은 "한 알의 밀이 땅에 떨어져 죽지 아니하면 한 알 그대로 있고 죽으면 많은 열매를 맺느니라"(요 12:24)라고 말씀하셨습니다. 고난 없이는 영광이 없고, 죽음 없이는 열매 맺는 생명이 없으며, 굴복 없이는 승리가 없다는 위대한 영적 진리를 설명하신 것입니다.

십자가를 지고

세상은 인생이 우리의 것이라고 말합니다. 무슨 수를 써서라도 자신의 유익을 쟁취하라고 외칩니다. 많이 가져야 행복하다고 속삭입니다. 그러나 우리가 가야 할 길은 십자가의 길, 밀알의 길입니다. 주님은 이렇게 말씀하셨습니다. "또 무리에게 이르시되 아무든지 나를 따라오려거든 자기를 부인하고 날마다 제 십자가를 지고 나를 따를 것이니라"(눅 9:23).

이제 우리 교회의 가족이 되었으니 예수님을 알고 그분이 가신 길로 가기 위해 힘쓰시기를 바랍니다. 그래서 예수님처럼 한 알의 밀알이 되어 많은 열매를 맺는 참된 성도가 되시길 바랍니다.

초신자 가정

우리의 행복을 위하여
_신 10:13

오늘날 많은 사람이 정말 바쁘게 살아가고 있습니다. 무엇 때문일까요? 행복하게 살기 위해서입니다. 사는 모습은 다 달라도 누구나 동일하게 바라는 것은 행복입니다. 그러나 정작 행복하다고 말하는 사람은 그리 많지 않습니다. 왜 그럴까요? 그 이유를 성경에서 찾아보고자 합니다.

보시기에 좋았더라

천지 창조에 대해 기록한 창세기 1장을 보면 "하나님이 보시기에 좋았더라"라는 표현이 일곱 번이나 등장합니다. '좋다'로 번역된 히브리어 단어는 '토브'인데, 원어의 의미에 따르면 이 말은 하나님께서 천지를 지으시고 행복해하셨다는 뜻입니다. 하나님이 만드신 창조의 세계를 그분의 자녀들이 누리며 살 것을 생각하니 행복하셨던 것입니다. 히브리어 인사말인 '샬롬'은 범죄하기 전 아담과 하와가 에덴동산에서 누린 이 행복의 상태를 가리킵니다.

인류의 타락

그런데 인류의 조상인 아담과 하와가 사탄의 유혹을 받아, 하나님이 금하신 선과 악을 알게 하는 나무의 열매를 따먹음으로, 행복이 무너지고 인류의 불행이 시작된 것입니다. 이로써 하나님과의 관계는 물론 인간과의 관계도 파괴되었습니다. 아담과 하와의 관계는 사랑의 관계가 아니라 책임을 떠넘기는 비방의 관계로 변질되었습니다. 모든 피조물에게는 하나님의 심판이 임하게 되었습니다. 하나님과의 관계인 샬롬이 무너져 내리고 말았던 것입니다. 의가 사라지면서 죄가 들어오고, 복이 사라지면서 저주가 들어왔습니다. 하와에게는 여자로서 해산의 고통이 따랐으며, 아담은 남자로서 먹고살기 위해 땀을 흘려야 했습니다. 땅도 저주를 받아 엉겅퀴와 가시를 내게 되었습니다. 무엇보다 아담의 죄로 인해 세상에 죄와 사망이 들어오게 되었고, 아담 이후 모든 후손은 이 흉악한 죄와 사망에 매여 종 노릇 할 수밖에 없는 처지가 되고 말았습니다.

구속의 역사

하나님께서는 이런 벌을 내리신 후 무척 괴롭고 고통스러우셨던 것 같습니다. 그래서 인간들을 직접 찾아 나서, 하나밖에 없는 아들을 여자의 후손으로 보내 잃어버린 행복을 회복시켜 주겠다고 약속하셨습니다(창 3:15).

구약의 이스라엘 역사는 모두 여자의 후손으로 오실 메시아를 보내시기 위한 구속사입니다. 하나님은 메시아가 오시는 순간까지 이스라엘을 붙들고 수천 년의 역사를 이끌어 오셨습니다. 드디어 때가 되어 하나님은 하나밖에 없는 아들을 세상에 보내셨습니다. 회복 곧 구속의 역사를 이루시기 위해 예수님이 오신 것입니다. 예수님은 "내가 온 것은 양으로 생명을 얻게 하고 더 풍성히 얻게 하려는 것이라"(요 10:10)라고 자신의 사명을 선포하셨습니다. 예수님은 하나님의 형상으로 지음 받은 인간에게 잃어버린 하나님의 나라, 즉 행복을 회복시켜 주시기 위해 이 땅에 오셔서 온갖 고초와 조롱을 당하시고, 끝내는 십자가에 달려 돌아가셨습니다.

성령의 사역

그러나 예수님은 삼 일 만에 부활하셨고, 승천하신 후에는 성령님을 보내셔서 예수님이 십자가를 통해 죗값을 치르심으로 회복해 놓으신 행복을, 예루살렘과 온 유대와 사마리아와 땅 끝까지 이르러 전하게 하셨습니다. 더 나아가 성령님은 자신의 사명을 효과적으로 수행하기 위해 사람을 통해 성경을 기록하게 하고, 교회를 세우고, 복음의 일꾼을 동역자로 세워 일하게 하셨습니다.

이 놀라운 구속사 앞에서 이제 우리는 어떻게 해야 할까요? 인간이 잃어버린 하나님의 나라, 즉 행복을 회복시켜 주시기 위해 이 땅에 오셔서 십자가를 지신 예수님을 확실히 알고 믿어야 합니다. 삶에서 하나님의 임재와 능력을 경험하고, 사랑으로 이웃을 섬기며 우리가 만난 예수님을 증거해, 믿는 사람이 많아지고 하나님의 나라가 확장되도록 해야 합니다. 잃어버린 행복을 회복시켜 주시기 위해 우리에게 찾아오신 주님께 감사하며 이제 그분을 위해 살아가는 복된 가정이 되시길 바랍니다.

이사 가는 가정(다른 교회로 옮김)
교회를 잘 선택하려면
_계 2:10

지금까지 우리 교회에서 함께 예배드리고 하나님의 일에 충성하셨는데 부득이하게 이사를 가시게 되어 무척 서운하고 아쉽습니다. 하지만 우리 그리스도인은 어디에 있든 그곳이 하늘나라니 새로운 곳에 가서도 변함없이 하나님과 동행하시길 바랍니다. 이제 이사를 가면 새롭게 섬길 교회를 정해야 할 텐데, 어떤 기준으로 선택해야 하는지 하나님의 말씀을 통해 살펴보고자 합니다.

교회 선택의 기준

교회를 선택할 때 어떤 사람은 목회자가 어떤지를 가장 먼저 살펴봅니다. 또 어떤 사람은 예배음악을 중요하게 여깁니다. 간혹 교회 건물을 보고 선택하는 경우도 있습니다. 또 어떤 사람은 교회가 성도를 어떻게 대하는지에 관심이 많습니다. 이렇듯 교회 선택의 기준은 사람마다 다른 것 같습니다.

그러나 교회를 잘 선택하려면 기본적으로 확인해야 하는 세 가지 요소가 있습니다. 첫 번째는 교회의 신학과 교리입니다. 이것은 굉장히 중요합니다. 두 번째는 교인들이 얼마나 서로를 돌아보는가 하는 것입니다. 세 번째는 설교의 질입니다. 이 세 가지를 가장 먼저 살펴봐야 합니다.

지역교회의 일원

교회의 기초를 세우신 분은 예수님이십니다. 따라서 교회의 주인은 예수님입니다. 신약시대에 공회는 예수님을 믿고 거듭난 사람으로 구성되어 있었습니다. 오늘날 예수님을 구세주로 받아들이고 그 말씀을 따르고자 하는 사람이라면, 역시 신자들의 모임인 지역교회의 일부가 되어야 하는 것입니다. 하나님은 우리가 지역교회의 일원이 되기를 원하십니다. 혹 어떤 이유로든 교회에 출석하지 않는 '가나안' 교인이 되면 안 됩니다.

요한계시록에는 일곱 교회가 등장합니다. 오늘날 어떤 교회는 그 일곱 교회 중 예수님에 대한 사랑을 잃어버린 에베소 교회와 같습니다. 또 어떤 교회는 차지도 뜨겁지도 않은 라오디게아 교회와 비슷합니다. 반면 어떤 교회는 하나님의 일에 죽도록 충성한 서머나 교회의 모습이 보이는 듯합니다. 수없이 다양한 교회가 있지만 하나님은 무엇보다 우리가 예수 그리스도를 구주로 고백하고 하나님께 전적으로 헌신한 신실한 사람들이 있는 교회를 섬기길 원하십니다.

구체적으로 살펴볼 것들

이 외에도 교회를 선택할 때 구체적으로 살펴봐야 할 세 가지가 있습니다. 첫째, 교회의 위치입니다. 사실 교회 위치는 매우 중요합니다. 편하다고 무조건 가까운 교회를 선택하지 마십시오. 너무 먼 교회에 다니는 것도 좋지 않습니다. 자주 가도 부담되지 않을 정도의 거리가 적당할 것입니다.

둘째, 교회의 목적입니다. 교회는 어두운 세상에 밝은 빛이 되어야 합니다. 성경은 말합니다. "너희가 이방인 중에서 행실을 선하게 가져 너희를 악행한다고 비방하는 자들로 하여금 너희 선한 일을 보고 오시는 날에 하나님께 영광을 돌리게 하려 함이라"(벧전 2:12). 교회는 착한 행실로 세상을 환하게 밝혀 하나님께 영광 돌릴 수 있어야 합니다. 또 세상에 진리의 빛이 되어야 합니다. 시편 기자는 말합니다. "주의 빛과 주의 진리를 보내시어 나를 인도하시고 주의 거룩한 산과 주께서 계시는 곳에 이르게 하소서"(시 43:3). "주의 말씀은 내 발에 등이요 내 길에 빛이니이다"(시 119:105). "주의 말씀을 열면 빛이 비치어 우둔한 사람들을 깨닫게 하나이다"(시 119:130). 교회는 하나님의 진리의 빛을 비추어야 합니다.

셋째, 교회의 사역입니다. 교회를 교회로 만드는 것은 예수님입니다. 교회를 선택하기 전에 먼저 이렇게 질문해 보십시오. '예수님이 이 교회에 계시는가?' '이 교회는 어느 영역에서 예수님이 드러나고 있는가?' 요한계시록 1장 18절에서 예수님은 이렇게 말씀하십니다. "곧 살아 있는 자라 내가 전에 죽었었노라 볼지어다 이제 세세토록 살아 있어 사망과 음부의 열쇠를 가졌노니." 예수님은 죽음에서 일어나셨고, 지금도 살아 계셔서 교회 안에서 일하고 계신다는 것입니다.

어디로 가든 꼭 교회를 정하고 계속해서 신앙생활을 잘 이어가시길 바랍니다. 교회를 선택할 때는 기도하면서 성경적인 기준으로 세심하게 살펴보십시오. 그리고 결정했다면 그곳에서도 충성스러운 일꾼으로 섬기십시오. 이 모든 과정에 하나님께서 함께하시길 바랍니다.

이사 온 가정(다른 교회에서 옴)

교회의 사명
_마 28:16-20

우리 교회에 오신 것을 진심으로 환영합니다. 이곳에서 우리와 함께 신앙생활하면서 영적으로 더욱 성장해 가시길 바랍니다. 이왕 새로운 교회에 오게 되셨으니 이번 기회에 교회가 무엇인지 다시 한 번 함께 생각해 보면서 교회생활을 시작하셨으면 합니다.

부르심 받은 사람들의 공동체

교회란 무엇입니까? 하나님의 부르심을 받은 사람들의 공동체입니다. 로마서 12장 4-5절은 이렇게 말합니다. "우리가 한 몸에 많은 지체를 가졌으나 모든 지체가 같은 기능을 가진 것이 아니니 이와 같이 우리 많은 사람이 그리스도 안에서 한 몸이 되어 서로 지체가 되었느니라." 보통 '교회에 간다' '교회를 건축한다'라고 말할 때의 교회란 건물을 의미합니다. 그러나 진정한 교회의 의미는 그런 건물이 아니라 사람입니다.

교회는 아브라함과 함께 시작되었습니다. "너는 너의 고향과 친척과 아버지의 집을 떠나 내가 네게 보여 줄 땅으로 가라 내가 너로 큰 민족을 이루고 네게 복을 주어 네 이름을 창대하게 하리니 너는 복이 될지라"(창 12:1-2). 교회는 모든 시대와 장소를 초월해 부르신 자들과 예수 그리스도에게 연합된 자들로 구성됩니다.

바울은 에베소서에서 교회의 일치에 대해 말합니다. "몸이 하나요 성령도 한 분이시니 이와 같이 너희가 부르심의 한 소망 안에서 부르심을 받았느니라 주도 한 분이시요 믿음도 하나요 세례도 하나요 하나님도 한 분이시니 곧 만유의 아버지시라 만유 위에 계시고 만유를 통일하시고 만유 가운데 계시도다"(4:4-6). 교회는 한 몸 공동체라는 것입니다.

복음 전도의 사명

교회의 주된 사명은 무엇입니까? 무엇 때문에 교회가 여기에 있어야 합니까? 교회의 사명은 복음 전도입니다. 즉, 예수님께서 십자가에서 죽으심으로 우리 죄를 대신 지셨고, 부활하심으로 영원한 생명을 약속하셨으므로, 누구든 회개하고 예수님을 구세주로 믿으면 하나님의 자녀가 되어 영생을 얻게 된다는 것을 전하는 것입니다.

예수님은 오늘 본문 18절에서 말씀하셨습니다. "하늘과 땅의 모든 권세를 내게 주셨으니." 예수님께서 모든 권세를 가지셨다는 것입니다. 그 모든 권세를 가지신 예수님이 교회를 세우셨습니다. "내가 이 반석 위에 내 교회를 세우리니 음부의 권세가 이기지 못하리라"(마 16:18). 그래서 교회의 주인은 예수님이십니다. 그리고 그 예수님이 이렇게 말씀하셨습니다. "너희는 온 천하에 다니며 만민에게 복음을 전파하라"(막 16:15). "오직 성령이 너희에게 임하시면 너희가 권능을 받고 예루살렘과 온 유대와 사마리아와 땅 끝까지 이르러 내 증인이 되리라 하시니라"(행 1:8).

삶을 책임져 주시는 하나님

온 천하에 다니면서 복음을 전파하고, 제자를 삼고, 예수 그리스도를 믿도록 설득하는 것이 교회의 가장 중요한 임무입니다. 그런데 이 임무를 잘 감당하면 우리가 염려하는 삶의 문제도 해결해 주겠다고 예수님께서 약속하셨습니다. "그러므로 염려하여 이르기를 무엇을 먹을까 무엇을 마실까 무엇을 입을까 하지 말라 이는 다 이방인들이 구하는 것이라 너희 하늘 아버지께서 이 모든 것이 너희에게 있어야 할 줄을 아시느니라 그런즉 너희는 먼저 그의 나라와 그의 의를 구하라 그리하면 이 모든 것을 너희에게 더하시리라"(마 6:31-33). 우리가 복음을 전하는 임무에 충실하면, 그 복음이 우리에게 행복하고 풍성한 삶을 가져다줄 것입니다.

"내가 복음을 부끄러워하지 아니하노니 이 복음은 모든 믿는 자에게 구원을 주시는 하나님의 능력이 됨이라 먼저는 유대인에게요 그리고 헬라인에게로다 복음에는 하나님의 의가 나타나서 믿음으로 믿음에 이르게 하나니 기록된바 오직 의인은 믿음으로 말미암아 살리라 함과 같으니라"(롬 1:16-17). 예수 그리스도의 복음이 자랑스럽지 않으십니까?

하나님은 그분의 거룩한 뜻을 이루어 가시기 위해 우리를 한 교회의 지체, 그리스도의 몸의 지체로 만나게 하셨습니다. 우리 교회에 보내신 하나님의 뜻을 발견하셔서, 자랑스러운 복음을 이웃에게 전하는 사명에 기쁘게 동참함으로 행복하게 신앙생활하시길 바랍니다.

불신자가 있는 가정

말씀을 전파하라
_딤후 4:1-2

구약성경을 한마디로 요약하면 '하나님을 경외하라'입니다. 신약성경은 '하나님을 믿으라'입니다. 구약성경은 예수님의 오심을 예언합니다. 신약성경은 구약의 예언대로 예수님이 이 세상의 구세주로 오셨다고 말합니다. 예수님도 '누가복음 19장 10절에서 "인자가 온 것은 잃어버린 자를 찾아 구원하려 함이니라"라고 말씀하셨습니다.

제자의 특권

예수님은 열두 제자를 불러 인류 구원의 사역에 동참하라고 명령하셨습니다(마 28:19-20; 행 1:8). 그리고 그들을 사람 낚는 어부가 되게 하겠다고 말씀하셨습니다. 예수님의 부르심을 따르는 길에 핍박과 환난이 있을 수 있지만, 그럼에도 복음을 모르는 자에게 구원의 소식을 전하는 것은 제자의 특권이라고 말씀하셨습니다.

삶의 필요에서 시작된 믿음

우리는 어떻게 예수님을 믿게 되었습니까? 대부분 천국과 지옥이 있다는 것을 알고 천국에 가고 싶어서 믿었을 것입니다. 지극히 개인적인 동기로 예수님을 믿었다고 할 수 있습니다. 사람 낚는 어부가 되기 위해서가 아니라, 단지 우리가 구원받고 잘되고 잘 살기 위해서 믿음을 갖게 되었다는 것입니다. 예수님의 치료와 도움, 기적적인 역사가 필요했던 것입니다. 우리가 드리는 기도를 한번 잘 살펴보십시오. '도와주십시오' '축복해 주십시오' '지켜 주십시오'를 빼면 아마 남는 게 별로 없을 것입니다. 정직하게 말해 우리는 삶의 필요 때문에 예수님을 믿게 되었습니다. 물론 그럼에도 주님은 그 필요를 채워 주셨습니다.

가장 귀한 섬김

그런데 왜 우리가 사람 낚는 어부가 되어야 합니까? 믿는 사람은 계속 믿고, 믿지 않는 사람은 그대로 그냥 두면 될 텐데, 왜 굳이 먼저 믿은 사람이 믿지 않는 사람에게 예수님을 전해야 합니까? 만약 전도하지 않아도 된다면 신앙생활이 정말 편할 것입니다. 그런데도 왜 전도를 해야 합니까? 왜 사람 낚는 어부가 되어야 합니까? 왜 베드로, 요한, 야고보, 바울은 생명까지 아끼지 않고 복음을 전했습니까?

누군가가 예수님과 복음을 전해 주지 않으면 들을 수 없고, 듣지 못하면 구원받을 수 없기 때문입니다. 우리가 구원받은 것도 누군가가 우리에게 전해 주었기 때문입니다. 예수님의 제자로서 우리가 세상 사람들에게 해줄 수 있는 가장 귀한 섬김은, 우리를 창조하시고 사랑하시며 우리를 향한 목적을 가지고 계시는 하나님을 소개하는 것입니다.

하나님을 경외함

"겸손과 여호와를 경외함의 보상은 재물과 영광과 생명이니라"(잠 22:4). "여호와를 경외하면 장수하느니라 그러나 악인의 수명은 짧아지느니라 의인의 소망은 즐거움을 이루어도 악인의 소망은 끊어지느니라"(잠 10:27-28). 성경은 우리가 하나님을 경외하면 온전한 만족을 얻고 부족함이 없을 것이라고 말합니다. 그 이유가 무엇일까요? 하나님이 우리가 필요로 하는 모든 것이 되시기 때문입니다.

하나님은 거룩하고 의로우며 완전한 분이시기에 인간의 죄를 견디지 못하셨습니다. 그래서 우리의 죄 문제를 해결하기 위해 자신의 아들을 이 땅에 보내 우리를 대신해 죽게 하셨습니다. 그 사실을 깨닫게 되면 왜 하나님을 경외함이 그분과의 관계에서 중요한지 이해할 수 있습니다.

솔로몬 왕은 말년에 하나님을 경외함에서 떠나면서 삶의 한 부분이 무너져 버렸습니다. 그로 인해 큰 대가를 치러야 했습니다. 그리고 전도서에서 그 쓰라린 경험을 글로 남겼습니다. 그는 마지막으로 이렇게 말합니다. "일의 결국을 다 들었으니 하나님을 경외하고 그의 명령들을 지킬지어다 이것이 모든 사람의 본분이니라"(12:13).

예수님이 십자가에서 흘리신 보혈로 우리는 죄 사함을 받았습니다. 그리고 예수님을 믿음으로 죽음에서 영생으로 옮겨졌습니다. 그러므로 이제는 개인적인 행복이나 유익, 안전만을 추구하는 삶에서 벗어나 예수님이 원하시는 증인의 삶을 살기 위해 힘쓰시길 바랍니다.

믿음에서 떠난 가족이 있는 가정
지금 돌아오십시오
_히 2:1

　우리 인간은 하나님과 교제하도록 창조되었습니다. 그래서 우리는 다른 사람들과의 관계처럼 하나님과의 관계도 계속 유지해야 합니다. 살다 보면 사람들과의 관계가 발전하기도 하고 악화되기도 하는 것처럼, 하나님과의 관계도 뜨거워지기도 하고 차가워지기도 합니다. 요한계시록에는 사도 요한이 차지도 뜨겁지도 않은 교회에 보내는 편지가 기록되어 있습니다. 예수님이 요한을 통해 그 교회에 하시고자 한 말씀은, 다시 믿음을 뜨겁게 하라는 것입니다. 만약 우리 자신이나 가족이 그 교회처럼 하나님과의 관계가 멀어졌다면 어떻게 해야 할까요?

믿음에서 떠난 이유

　믿음에서 떠나게 된 원인을 파악해야 합니다. 예수님의 제자 베드로도 예수님과 멀어진 적이 있습니다. 그의 경우를 살펴보면 왜 우리가 하나님에게서 멀어지게 되었는지 몇 가지 공통적인 원인을 알 수 있습니다.

　첫째, 자만하기 때문입니다. 십자가에서 돌아가시기 전날, 예수님은 열두 제자와 따로 시간을 가지셨습니다. 그리고 제자들을 보시며 말씀하셨습니다. "너희 중에 한 명이 나를 배신할 것이다." 베드로가 말합니다. "다른 사람은 몰라도 저는 결코 배신하지 않겠습니다." 하지만 바로 그날 저녁, 베드로는 예수님을 세 번 부인하고 맙니다. 흔히 자만심은 실족케 되는 첫 번째 단계입니다. 성경은 말합니다. "그런즉 선 줄로 생각하는 자는 넘어질까 조심하라"(고전 10:12). "교만은 패망의 선봉이요 거만한 마음은 넘어짐의 앞잡이니라"(잠 16:18). 이 자만심 때문에 하나님과의 관계가 멀어지는 경우가 있습니다.

둘째, 게으르기 때문입니다. 하나님과의 관계를 잘 유지하려면 성경 읽고, 기도하고, 봉사하는 것 등에 힘써야 합니다. 이런 일에 게을러지면 믿음에서 떠나기 쉽습니다. 우리는 슈퍼맨이 아닙니다. 재충전 없이는 표류할 수밖에 없습니다. 그러므로 성경 읽고, 기도하고, 봉사함을 통해 영적으로 계속 재충전해야 합니다. 마태복음 26장 41절에서 예수님은 "시험에 들지 않게 깨어 기도하라"고 말씀하셨습니다.

셋째, 다른 사람들이 비방하지 않을까 두려워하기 때문입니다. 예수님이 체포되신 다음 재판을 받기 위해 끌려가실 때 베드로는 멀찍이 따라갔습니다. 예수님의 제자인 것이 알려져 자신도 예수님처럼 사람들에게 조롱당하고 미움 받을까 봐 두려웠기 때문입니다. 잠언 29장 25절은 말합니다. "사람을 두려워하면 올무에 걸리게 되거니와 여호와를 의지하는 자는 안전하리라." 사람들의 시선과 말을 의식하고 두려워하는 마음은 예수님을 멀찍이 따라가게 만듭니다.

넷째, 즉각적인 만족을 구하기 때문입니다. 로마 군인들에게 붙잡혀 가는 예수님을 멀찍이 떨어져 따라가던 베드로는 예수님의 재판이 진행되는 동안 재판정 바깥뜰에 앉아 있었습니다. 거기서 몇몇 사람과 불을

쬐면서 몸을 녹였습니다. 예수님이 십자가 처형의 판결을 받고 있던 순간에 베드로는 몸을 녹이고 있었던 것입니다. 다시 말해, 일시적인 만족을 얻기 위해 예수님에게서 떨어져 나간 것입니다. 세상에는 순간적인 만족은 있을 수 있으나, 영원한 기쁨은 없습니다. 그럼에도 그 잠깐의 만족을 좇다 보면 결국 하나님과의 관계가 멀어지게 됩니다.

다섯째, 교인들과의 관계 때문입니다. 교회생활을 하다 보면 다른 교인들과의 관계에서 간혹 상처를 받을 때가 있습니다. 그런데 그 상처를 극복하지 못하면 교회를 떠나거나, 급기야는 믿음에서 떠나게 되기도 합니다. 교인들과의 관계로 인해 하나님에게서 멀어지게 되는 경우입니다.

기다리시는 하나님

이유가 무엇이든 하나님은 그분에게서 멀어진 사람들을 기다리십니다. "그러나 여호와께서 기다리시나니 이는 너희에게 은혜를 베풀려 하심이요 일어나시리니 이는 너희를 긍휼히 여기려 하심이라 대저 여호와는 정의의 하나님이심이라 그를 기다리는 자마다 복이 있도다"(사 30:18).

주님께 지금 당장 돌아오십시오. 왜 지체하십니까? 왜 망설이십니까? 얼마나 멀리 갔든 상관없습니다. 하나님께로 돌아오는 데 많은 것이 필요한 것도 아닙니다. 사실 한 가지만 기억하면 됩니다. '예수님이 나를 위해 자신의 생명을 버리셨다. 그리고 지금도 사랑한다고 말씀하신다.' 예레미야 15장 19절은 말합니다. "네가 만일 돌아오면 내가 너를 다시 이끌어 내 앞에 세울 것이며." 오늘 주님께로 돌아오십시오.

교회 출석률이 낮은 가정
주일성수, 하나님의 명령
_왕하 5:8-14

하나님의 백성으로서 복된 삶을 살려면 그분의 말씀에 온전히 순종해야 합니다. 그 말씀이 자신의 오랜 습관이나 생각과 충돌한다 해도 그렇습니다. 물론 쉽지 않은 일입니다. 그러나 순종하는 자는 오늘 본문의 나아만 장군처럼 하나님의 놀라운 역사를 경험하게 됩니다.

나아만의 병

나아만은 아람나라의 군대장관으로, 크고 존귀한 자였습니다. 그러나 불행하게도 나병(한센씨병)에 걸리고 말았습니다. 당시에는 불치병이자, 하나님의 저주로 일컬어지던 병이었습니다. 명의라는 사람은 다 찾아가 보았지만, 백약이 무효였습니다. 돈으로도 해결할 수 없고, 권세로도 풀 수 없었습니다.

고침 받기 위해

그러던 어느 날 전에 이스라엘과의 전쟁에서 사로잡아 온 한 여자아이가 그의 아내를 수종들다 이런 말을 합니다. "우리 주인이 사마리아에 계신 선지자 앞에 계셨으면 좋겠나이다 그가 그 나병을 고치리이다"(왕하 5:3). 그 이야기를 전해들은 나아만은 조금도 머뭇거림 없이 왕 앞에 나아가 그 사실을 아룁니다. 왕은 총애하는 부하 장군을 위해 주저 없이 친서를 써주고 선지자가 있는 이스라엘로 보냈습니다.

나아만은 은 십 달란트와 금 육천 개와 의복 열 벌을 가지고 떠났습니다. 선지자를 만나기 전에 먼저 이스라엘 왕을 알현해야 했기 때문입니다. 아람 왕의 친서를 받은 이스라엘 왕은 몹시 당황하며 화를 냈습니다. "내가 사람을 죽이고 살리는 하나님이냐 그가 어찌하여 사람을 내게로 보내 그의 나병을 고치라 하느냐 너희는 깊이 생각하고 저 왕이 틈을 타서 나와 더불어 시비하려 함인 줄 알라"(왕하 5:7). 아람 왕의 의도를 오해한 것입니다.

이 상황을 전해들은 하나님의 사람 엘리사가 왕에게 사람을 보냈습니다. "그 사람을 내게로 오게 하소서 그가 이스라엘 중에 선지자가 있는 줄을 알리이다"(8절). 국가적으로 해결할 수 없는 일을 하나님은 하실 수 있다는 것입니다. 그 말을 듣고 왕은 나아만을 엘리사에게 보냈습니다.

깨끗하게 되니라

그런데 나아만이 엘리사의 집 문에 이르자 엘리사는 나와 보지도 않고 그가 보낸 사자가 나오더니 이 말만 전해 주는 것이었습니다. "요단강에 몸을 일곱 번 씻으라 네 살이 회복되어 깨끗하리라"(10절). 나아만은 몹시 화가 나 그 즉시 발걸음을 돌렸습니다. 자기 생각에는 선지자가 직접 나와 하나님의 이름을 부르고 그의 손을 환부 위에 흔들며 나병을 고쳐 줄 줄 알았던 것입니다. 그런데 해결 처방이라고 주는 것이 고작 요단강에 가서 몸을 일곱 번 씻는 것이라니 화가 났던 것입니다. 그러자 곁에 있던 종들이 말합니다. "내 아버지여 선지자가 당신에게 큰 일을 행하라 말하였더면 행하지 아니하였으리이까 하물며 당신에게 이르기를 씻어 깨끗하게 하라 함이리이까"(13절). 이 말에 나아만이 화를 거두고 하나님의 사람의 말대로 했더니 어린아이의 살같이 깨끗하게 되었습니다.

예수님을 믿는다는 것

사람은 누구나 자신에게 편하고 익숙한 방식으로 살아가려 합니다. 그러나 예수님을 믿는다는 것은 그동안의 자기중심적이었던 생각과 행동방식을 바꾸는 것입니다. 우선순위와 가치관이 달라지는 것입니다. 고수하고 있던 옛 습관에서 떠나는 것입니다. 믿지 않던 이전의 습관을 따라 자신이 원하고 익숙한 대로 살아가는 것이 아닙니다. 만일 나아만 장군이 자신의 생각과 상식을 고집하며 엘리사의 말을 무시하고 요단강에 몸을 잠그시 않았다면 병을 치유받을 수 있었겠습니까?

주일성수는 거룩한 하나님의 백성에게 주신 하나님의 명령입니다. 자신의 몸과 마음의 상태에 따라 정하는 것이 아니라, 철저하게 지켜야 할 계명입니다. 하나님의 백성이라면 반드시 주일예배를 드려야 하는 것입니다. 아울러 예배 후에는 교회를 섬기고 봉사해야 합니다. 옛 습관과 생각에서 떠나 주일을 거룩히 지킴으로 하나님이 주시는 복과 은혜를 풍성히 누리시길 바랍니다.

주일성수가 힘든 가정

구별된 날
_출 20:8-11

그리스도인들은 거룩하게 구별된 땅을 '성지'(聖地)라고 합니다. 그리고 구별된 사람을 '성도'(聖徒)라고 부릅니다. 또 구별된 책은 '성경'(聖經), 구별된 옷은 '성의'(聖衣), 구별된 날은 '성일'(聖日)이라고 합니다. 그리고 주일은 바로 이 '성일'입니다. 누가 구별했습니까? 하나님이 하셨습니다. 그래서 우리는 성일을 지켜야 합니다. 그러나 오늘날 주 5일제 근무가 정착됨에 따라 교회보다는 가정, 영적인 일보다는 세상적인 즐거움을 중요시하는 현상이 나타나면서 주일성수가 무너져 가고 있습니다.

창조 명령

그렇다면 주일은 왜 지켜야 합니까? 하나님의 창조 명령이기 때문입니다. 오늘날의 주일성수는 구약의 안식일 성수에서 바뀌어 생긴 것입니다. 구약의 안식일은 하나님이 6일간의 창조 사역 후 쉬신 날로, 첫 창조 사역을 기념하는 날이었습니다. 그러나 신약의 주일은 예수님이 부활하신 날로 새 창조 사역을 기념하는 날입니다.

고장 난 세상

그러면 왜 신약시대를 사는 우리는 구약의 안식이 아닌 신약의 주일을 지키는 것입니까? 그 이유는 첫 창조에 대해 말하는 창세기 1장과 새 창조인 예수님의 부활을 기록한 요한복음 11장에서 찾을 수 있습니다.

창세기 1장에 의하면, 하나님께서는 이 세상을 엿새 동안 창조하셨는데 모든 것이 완전하고 아름다웠습니다. 그래서 더는 하실 일이 없어 쉬셨습니다. 따라서 안식일의 본래 의미는 하나님의 완전한 창조를 기념하는 것입니다.

그런데 사탄이 완전하고 아름다웠던 하나님의 창조 세계를 완전히 망가뜨렸습니다. 아담과 하와의 타락으로 그들뿐 아니라 하나님이 지으신 온 세계가 저주를 받았습니다. 더는 피조물이 완전하지 못하게 되었습니다. 땅은 가시덤불과 엉겅퀴를 내고, 아담은 땀을 흘려야 먹고살게 되었으며, 하와는 출산의 고통을 감당해야 했습니다. 고장 난 세상이 되어 버렸습니다. 아담과 하와는 이제 더는 안식할 수 없게 되었습니다. 그들에게만 할 일이 생긴 것이 아닙니다. 하나님도 더는 안식하지 못하시고 해야 할 일이 생겼습니다. 고장 난 세상과 인류를 고치는 일이었습니다. 아담의 타락 이후 본래 의미의 안식일이 없어졌기 때문입니다.

새 창조

그 일을 위해 구약의 예언대로 하나님의 아들 예수님이 이 땅에 오셨습니다. 그리고 말씀뿐 아니라 여러 기적으로 하나님의 일을 하셨습니다. 이 기적들은 예수님이 하나님께 보내심을 받은 자임을 나타내기에, 요한복음에서는 이를 '표적'이라고 말합니다. 요한복음에는, 물을 포도주로 만드심(2장), 고관의 아들을 고치심(4장), 삼십팔 년 된 병자를 고치심

(5장), 오천 명을 먹이심(6장), 물 위를 걸으심(6장), 맹인을 고치심(9장), 죽은 나사로를 살리심(11장) 등 일곱 개의 표적이 기록되어 있습니다.

예수님은 심지어 안식일에도 병자를 고치셨는데, 이를 본 유대인들이 안식일에 일을 한다며 시비를 걸었습니다. 그러자 예수님은 "내 아버지께서 이제까지 일하시니 나도 일한다"(요 5:17)라고 말씀하셨습니다. 예수님께서 새 창조 사역을 위해 오셨다는 것입니다. 예수님은 하나님의 나라를 선포하시고, 귀신을 쫓아내시고, 병자를 고치심으로 타락한 불완전한 세상을 회복시키는 새 창조의 역사를 위해 오신 것입니다. 그리고 십자가에 죽으시고 부활하심을 통해 새 창조 사역을 이루셨습니다. 주일은 바로 이 하나님의 새 창조 사역을 기념하는 날입니다. 그러므로 주일성수는 성도라면 반드시 준행해야 하는 하나님의 명령이자, 기쁘고 복된 일입니다.

프랑스의 나폴레옹이 유럽에 이어 세계를 정복하려다 워털루전쟁에서 참패해 세인트헬레나섬에서 쓸쓸히 유배생활을 하고 있던 때였습니다. 기자 하나가 취재하기 위해 나폴레옹을 찾아왔습니다. 그리고 평생 가장 행복했던 순간이 언제였는지 물었습니다. 나폴레옹은 잠시 눈을 감고 과거를 회상하는 듯하더니 이내 입을 열고 대답했습니다. "전쟁에서 전투가 치열하던 어느 주일 아침, 철모를 벗고 교회에 가서 하나님의 은혜에 감사하며 눈물 흘리며 예배드리던 때입니다."

주일을 잘 지키는 이에게는 하나님이 주시는 복이 임합니다. 오늘날 주 5일제 근무 등 주일성수를 어렵게 하는 일련의 환경적 요인이 점증하고 있지만, 그럼에도 주일성수가 성도에게는 얼마나 중요한 것인지 기억하고 힘써 준행하시기를 간절히 바랍니다.

교우 간에 문제가 있는 경우

사랑이 없으면 아무것도 아니니

_고전 13:13

세상은 인간의 행복과 성취감이 자신의 길을 가고, 자신이 원하는 것을 함에서 온다고 말합니다. 그래서 개인주의, 자기표현, 자기 성취, 독립 등을 매우 강조합니다. 그러나 사실 인생의 행복과 성취감은 그런 것보다 다른 사람과의 관계에서 얻을 때가 많습니다.

서로 교제하도록 창조된 인간

창세기 2장 18절에서 하나님은 "사람이 혼자 사는 것이 좋지 아니하니"라고 말씀하셨습니다. 인간은 처음부터 서로 교제하도록 만들어진 것입니다. 여기에는 독생자 예수 그리스도를 통한 하나님과의 수직적 관계가 전제되어 있습니다. 그리고 더 나아가 주변 사람들과의 수평적 관계를 말하는 것입니다. 성도로서 우리는 이 관계를 위해 정기적으로 교회에 모여야 하며, 대그룹 예배와 소그룹의 나눔과 섬김을 행해야 합니다. 성경은 말합니다. "날마다 마음을 같이하여 성전에 모이기를 힘쓰고 집에서 떡을 떼며 기쁨과 순전한 마음으로 음식을 먹고"(행 2:46). "우리가 한 몸에 많은 지체를 가졌으나 모든 지체가 같은 기능을 가진 것이 아니니 이와 같이 우리 많은 사람이 그리스도 안에서 한 몸이 되어 서로 지체가 되었느니라"(롬 12:4-5).

함께 기뻐하고 함께 울라

기독교인의 삶이란 그저 '혼자 믿는' 데서 그치는 것이 아닙니다. 교회의 지체로 주신 성도들과 서로 사랑하며 섬기는 데까지 나아가야 합니다. 우리는 함께 신앙생활하는 성도가 힘든 일을 혼자 헤쳐나가도록 방관해서는 안 됩니다. 성도가 이혼이나 자녀 문제 등으로 어둠의 골짜기를 걸어갈 때 결코 홀로 두지 마십시오. 물론 하나님께서 그 길을 함께 걸어 주실 것입니다. 그러나 한 교회의 지체로서 우리 역시 그들과 함께 걸어가기를 하나님은 원하십니다. 우리는 사람들이 기뻐할 때 함께 기뻐하고, 울 때 함께 울어야 합니다.

전도서 4장 10절은 말합니다. "혹시 그들이 넘어지면 하나가 그 동무를 붙들어 일으키려니와 홀로 있어 넘어지고 붙들어 일으킬 자가 없는 자에게는 화가 있으리라." 하나님은 우리가 인생을 홀로 살아가기를 원치 않으십니다. 사람은 누구나 넘어지기 마련이며, 우리가 넘어졌을 때 누군가 일으켜 줄 사람이 곁에 있어야 하고, 반대로 누군가 넘어지면 우리도 손을 내밀어 주어야 합니다. 베드로전서 3장 8절은 말합니다. "너희가 다 마음을 같이하여 동정하며 형제를 사랑하며 불쌍히 여기며 겸손하며."

그중의 제일은 사랑이라

오늘 본문은 "그런즉 믿음, 소망, 사랑, 이 세 가지는 항상 있을 것인데 그 중의 제일은 사랑이라"고 말합니다. 인생에서 가장 중요한 것이 사랑입니다. 그리고 그 사랑은 하나님과 이웃에 대한 것입니다. 여기서 실패하면 인생에서 가장 중요한 것을 놓치는 것입니다.

사랑은 말보다 중요합니다. 바울은 사랑이 없으면 모든 말은 소음에 지나지 않는다고 말합니다. "내가 사람의 방언과 천사의 말을 할지라도 사랑이 없으면 소리 나는 구리와 울리는 꽹과리가 되고"(고전 13:1).

계속해서 바울은 사랑은 지식이나 믿음보다도 중요하다고 말합니다. "내가 예언하는 능력이 있어 모든 비밀과 모든 지식을 알고 또 산을 옮길 만한 모든 믿음이 있을지라도 사랑이 없으면 내가 아무것도 아니요"(고전 13:2). 지금 같은 무한경쟁 시대에 교육과 지식은 너무나 중요합니다. 그러나 거기에 사랑이 없으면 아무 소용이 없습니다. 또 심지어 산을 옮길 만한 대단한 믿음이 있을지라도 사랑이 없으면 아무것도 아닙니다.

이처럼 교회에 사랑이 충만해야 함에도, 간혹 성도들 간에 균열이 생깁니다. 생각이나 믿음의 차이, 또는 오해 때문입니다. 그러나 마태복음 5장 23-24절 말씀을 기억하십시오. "그러므로 예물을 제단에 드리려다가 거기서 네 형제에게 원망 들을 만한 일이 있는 것이 생각나거든 예물을 제단 앞에 두고 먼저 가서 형제와 화목하고 그 후에 와서 예물을 드리라." 성도와의 관계에서 생긴 어려움을 사랑으로 잘 풀어 나가시길 바랍니다.

십일조 때문에 시험 든 가정
모든 것의 주인
_말 3:7-12

이스라엘이 바벨론 포로생활에서 돌아온 지 백 년 정도 지났을 때였습니다. 하나님께서 이스라엘 백성에게 몹시 진노하셨습니다. 그토록 사랑하는 이스라엘 백성이 하나님보다 돈을 더 사랑했기 때문입니다. 돈이 우상이 되어 십일조와 헌물을 드리지 않았기 때문입니다.

포로생활의 이유

이스라엘 백성은 가나안 땅에서 490년 동안 안식년을 지키지 않았습니다. 6년 동안 농사를 지은 다음 7년째는 안식년으로 지켜야 하는데 한 번도 지키지 않았습니다. 70년 치의 수확을 도둑질한 것입니다. 그래서 그들이 70년 동안 포로생활을 한 것입니다. 70년 후 고향으로 돌아왔을 때 그들은 이렇게 맹세했습니다. "해마다 우리 토지 소산의 맏물과 각종 과목의 첫 열매를 여호와의 전에 드리기로 하였고 … 또 우리 산물의 십일조를 레위 사람들에게 주리라"(느 10:35-37).

하지만 그들은 그 후 백 년이 지나도록 약속을 지키지 않았습니다.

느헤미야는 이스라엘 백성이 십일조의 의무를 이행하지 않아, 성전의 직무를 맡은 레위 사람들과 노래하는 자들이 자기 밭으로 일하러 가는 바람에 하나님의 전이 황폐해졌다고 그들을 책망했습니다(느 13:10-11).

십일조의 시작

어떤 사람은 십일조는 구약의 율법이기 때문에 신약시대인 지금은 의미가 없다고 말합니다. 하지만 십일조는 모세가 시내산에서 율법을 받기 약 2,500년 전인 아브라함 때부터 있었습니다(창 14장). 또 창세기 28장에 의하면, 야곱도 하란으로 가는 도중 꿈에 하나님의 천사들이 사닥다리를 오르락내리락하는 것을 보고 잠에서 깨어 하나님께 감사의 서원기도를 드리면서, "하나님께서 내게 주신 모든 것에서 십 분의 일을 내가 반드시 하나님께 드리겠나이다"(창 28:22)라고 신앙을 고백했습니다. 이와 같이 십일조는 율법 시대 이전부터 있었습니다.

율법을 받은 후에는, 거룩하게 구별되어 하나님의 일에 봉사하던 레위 지파를 위해 십일조를 드렸습니다(민 18장). 또 회식의 십일조를 드렸습니다. 이스라엘 백성은 명절이 되면 예루살렘 성전으로 올라와 성전 중심으로 공동생활을 했는데 이때의 비용을 충당하기 위해 소위 제2의 십일조를 한 것입니다. 거기다 구제의 십일조까지 드렸습니다. 가난한 사람들을 위한 십일조를 3년에 한 번씩 드렸습니다. 그러니까 수입의 23퍼센트를 십일조로 드린 것이나 다름없습니다.

신앙의 표현, 십일조

구약에서 하나님이 이스라엘 백성에게 십 분의 일을 드리도록 요구한 것은, 그것을 통해 모든 것이 하나님의 것이라는 하나님의 주권에 대한 인정과 승복을 나타내도록 하기 위함이었습니다. 즉, 십일조는 하나님의 백성으로서 신앙의 표현이었습니다. 그 원리는 신약시대에도 그대로 적용되어야 합니다. 십일조는 신약성경에서도 명백히 가르치고 있습니다. "너희가 박하와 회향과 근채의 십일조는 드리되 율법의 더 중한 바 정의와 긍휼과 믿음은 버렸도다 그러나 이것도 행하고 저것도 버리지 말아야 할지니라"(마 23:23).

율법 아래 있던 유대인들이 그리스도 안에서의 자유를 모르고서도 십일조를 드렸다면, 그리스도의 은혜를 입은 우리야말로 더욱 십일조를 드려야 하지 않겠습니까? 십일조는 하늘에 계신 위대하신 하나님께서 모든 것의 주인이심을 인정하는 신앙고백입니다.

하나님께서는 우리의 모든 생활 형편을 다 알고 계십니다. 다만 하나님은 우리에게 십일조를 드릴 만한 믿음이 있는지 보고자 하시는 것입니다. 온전한 십일조를 드림으로 자신이 가진 모든 것의 주인이 하나님이심을 고백하는 참된 믿음의 가정이 되시길 바랍니다.

인간관계로 시험 든 가정

화목함으로 얻는 평안

_마 22:34-40

우리는 누구나 행복과 안전, 평화 같은 것을 누리길 원합니다. 하지만 종종 사람과의 불편한 관계가 그런 것을 앗아갑니다. 불안하게 하고, 낙담시키며, 분노하게 만듭니다. 그러다 결국 상대방을 원망하고 미워하게 됩니다. 그러니 예수님은 구약의 모든 율법을 이렇게 요약하셨습니다. "하나님을 사랑하고 네 이웃을 네 몸과 같이 사랑하라."

교만 때문에

우리는 사람과의 관계에서 분노가 생기고 다툼이 일어나면 항상 상대방이 문제라고 생각합니다. 주로 남편, 아내, 형제, 동료, 상사가 문제입니다. 왜 공격합니까? 왜 거칠어집니까? 자존심이 상했기 때문입니다.

그런데 성경이 말하는 것은 정말 한결같습니다. "교만에서는 다툼만 일어날 뿐이라 권면을 듣는 자는 지혜가 있느니라"(잠 13:10). 교만에서 다툼이 일어난다는 것입니다. 문제는 상대방이 아니라 우리의 자존심, 자만입니다. 야고보서 4장 1절은, "너희 중에 싸움이 어디로부터 다툼이 어디로부터 나느냐 너희 지체 중에서 싸우는 정욕으로부터 나는 것이 아니냐"라고 말합니다.

잠잠함의 지혜

보통 분노에 사로잡히면 충동적으로 말하고 행동하게 됩니다. 그러다 생각보다 일이 커지는 경우가 생기기도 합니다. 그러나 잠언 17장 28절은 "미련한 자라도 잠잠하면 지혜로운 자로 여겨지고 그의 입술을 닫으면 슬기로운 자로 여겨지느니라"라고 조언합니다. 또 잠언 29장 11절은 이렇게 말합니다. "어리석은 자는 자기의 노를 다 드러내어도 지혜로운 자는 그것을 억제하느니라." 그러므로 상대에 대한 분노가 일어날 때는 일단 입을 닫고 신중히 생각해야 합니다.

평안을 누리고 싶다면

사람과의 불편한 관계를 해결하고 하나님께서 주시는 평안을 누리고 싶다면 우리가 해야 할 것이 있습니다.

첫째, 기도해야 합니다. 우리를 분노하게 한 상대가 아니라 하나님께 달려가야 합니다. 야고보서 1장 5절은 말합니다. "너희 중에 누구든지 지혜가 부족하거든 모든 사람에게 후히 주시고 꾸짖지 아니하시는 하나님께 구하라 그리하면 주시리라." 하나님께 기도하면 지혜를 주셔서 문제를 해결할 수 있게 하십니다.

둘째, 사과해야 합니다. "죄송합니다" "제가 잘못했습니다" "용서해 주세요" 등 사과를 표현하는 말은 많습니다. 무엇이든 사과는 강력한 힘이 있어 다툼으로 껄끄러워진 관계를 순식간에 바꿀 수 있습니다. 잠언 28장 13절은 말합니다. "자기의 죄를 숨기는 자는 형통하지 못하나 죄를 자복하고 버리는 자는 불쌍히 여김을 받으리라." 사실 자존심을 굽히고 사과하는 것이 쉽지는 않습니다. 하지만 그것이 화목을 위한 첫 단계입니다.

셋째, 직접 상대를 만나야 합니다. 마태복음 5장 23-24절에서 예수님이 말씀하셨습니다. "그러므로 예물을 제단에 드리려다가 거기서 네 형제에게 원망 들을 만한 일이 있는 것이 생각나거든 예물을 제단 앞에 두고 먼저 가서 형제와 화목하고 그 후에 와서 예물을 드리라." 예수님은 교회에 와 예배드리는 것보다 형제와의 불편한 관계를 회복하는 것이 더 중요하다고 말씀하셨습니다.

넷째, 용서해야 합니다. 사실 용서는 매우 힘든 일입니다. 때론 불가능한 것처럼 보이기도 합니다. 너무 깊은 상처를 받았기 때문입니다. 그러나 골로새서 3장 13절은 말합니다. "누가 누구에게 불만이 있거든 서로 용납하여 피차 용서하되 주께서 너희를 용서하신 것같이 너희도 그리하고." 우리가 하나님께 모든 죄를 용서받았다면, 우리 역시 피차 용서해야 합니다.

사람과의 관계에서 평안이 깨졌다면 먼저 하나님의 지혜를 구하며 기도하십시오. 그리고 자존심을 버리고 먼저 손을 내밀어야 합니다. 직접 상대를 만나는 것도 중요합니다. 그리고 상대를 진심으로 용서하십시오. 사람들과 화목함으로 하나님이 주시는 참된 평안을 누리시길 축원합니다.

교회 문제로 시험 든 가정
교회를 사랑해야 하는 이유
_마 16:13-19

교회가 무엇인지 바로 아는 것은 신앙인들에게 매우 중요합니다. 그래야 하나님이 기뻐하시는 올바른 신앙생활을 할 수 있기 때문입니다. 그런데 대부분의 사람이 교회를 조직화된 종교 기관 정도로 생각합니다. 건물이 교회의 전부인 줄 압니다. 이것이 오늘날 교회에 대한 가장 잘못된 인식 중 하나입니다. 사실 이것은 예수 그리스도의 인격과 사역에 대해 무지하다는 증거이기도 합니다. 그러다 보니 교회생활에 문제가 많습니다. 교회는 결코 단순히 조직이나 건물이 아닙니다.

교회는 한 몸이다
성경은 교회를 가리켜 '그리스도의 신부' '그리스도의 몸' '그리스도의 회중'이라고 합니다. 또 '하나님의 교회' '하나님의 가족' '하나님의 집' '하나님의 거처'라고도 합니다. '신령한 집' '새 예루살렘' '어린양의 신부'도 교회의 다른 이름입니다.

이 모든 의미를 한 문장으로 정리하면, 교회란 하나님께서 예수 그리스도의 이름으로 부르셔서, 그분의 피로 죄를 씻어 정결하게 하심으로, 성령 안에서 그리스도의 생명과 연결된 자들이 모인 곳입니다. 이처럼 교회가 거룩한 그리스도의 생명에 연결되어 있는 한 몸 공동체이기 때문에, 지체 간에 교제가 가능하고 서로 사랑할 수 있는 것입니다. 또 한 몸이기에 교회는 결코 분열될 수 없습니다. 교회의 갈라짐은 곧 그리스도를 나누는 것과 같습니다.

교회를 사랑하는 이유

참된 그리스도인은 교회를 사랑합니다. 여기에는 몇 가지 성경적인 이유가 있습니다.

첫째, 교회의 창시자가 예수님이시기 때문입니다. 예수님이 교회를 처음으로 세우셨습니다. 예수님은 마태복음 16장 18절에서 "이 반석 위에 내 교회를 세우리니"라고 말씀하셨습니다. 그리고 자신이 교회의 모퉁잇돌, 즉 토대가 될 것이라고 말씀하셨습니다(마 21:42). 사도 베드로도 이렇게 고백했습니다. "그러므로 믿는 너희에게는 보배이나 믿지 아니하는 자에게는 건축자들이 버린 그 돌이 모퉁이의 머릿돌이 되고"(벧전 2:7).

둘째, 교회가 하나님의 영원한 계획에 의해 만들어졌기 때문입니다(롬 8:29-30). 교회는 언제부터 있었을까요? 아담과 하와 때부터입니다. 처음교회는 가정교회였습니다. 하나님은 모든 것을 창조하시기 전부터 구원 계획을 세우시고 이것을 완성하기로 하셨습니다. 즉, 교회는 하나님의 영원한 계획에 의해 이루어졌다는 것입니다. 교회는 예수 그리스도의 몸으로서 그 영원한 계획, 구원의 역사를 위해 일합니다.

셋째, 교회는 이 땅에서 가장 보배롭기 때문입니다(행 20:28; 벧전

1:18-19). 교회를 교회로 만드는 것은 예수님입니다. 그리스도께서 하늘의 영광을 버리심으로 교회가 그 영광에 참여할 수 있게 되었다는 말입니다. 이로써 교회는 이 땅에서 가장 보배로운 존재가 되었습니다.

예수님은 2천 년 전에 죽으셨습니다. 그러나 지금도 그리고 영원토록 살아계십니다. 그분은 오늘도 교회에 오셔서 일하고 계십니다. 믿음이 연약한 자를 말씀으로 붙드십니다. 마음이 상한 사람을 위로하십니다. 젊은이들을 불러 하나님나라를 위해 헌신하게 하십니다. 이 모든 것이 예수님이 교회를 통해 하시는 일입니다. 교회가 어떤 곳인지 다시 한 번 말씀을 따라 생각해 봄으로, 교회를 진정으로 사랑하고 마음 다해 섬길 수 있기를 바랍니다.

귀국한 가정

함께하시는 하나님
_창 31:1-3

    살다 보면 하나님께서 우리의 거처를 옮기심으로 환경을 바꾸실 때가 있습니다. 안락한 삶에 안주해 있는 우리를 일으켜 세우시기 위해 일상의 삶을 깨시고 필요한 환경을 조성하시는 것입니다. 이스라엘 백성에게도 여러 번에 걸쳐 어렵고 힘든 환경을 허락하셨는데, 이 모든 것은 그들로 하여금 새로운 삶으로 나아가도록 하기 위함이었습니다.
    안락한 생활이 나쁜 것은 아닙니다. 그러나 거기에 익숙해지면 심지어 꼭 필요할 때도 움직이려 하지 않습니다. 하나님께서는 우리가 일어나 끊임없이 전진하기를 원하십니다. 그래서 때로 상황과 환경을 통해 우리를 움직이게 하시는 것입니다.

환경을 통해 말씀하시는 하나님
    야곱은 밧단아람 지방에서 상당한 재산을 소유하고 있었고, 매우 만족스러울 만큼 삶이 풍요로웠습니다. 그래서 그곳을 떠날 생각이 없었습니다. 그러나 하나님께서는 야곱이 고향으로 돌아가기를 원하셨기 때문에, 평안히 안주해 있는 그에게 여러 가지 환경을 만드셔서 움직이도록 하셨습니다. 야곱의 두 부인은 질투로 서로 다투면서 그의 심기를 불편하게 했고, 삼촌 라반은 그를 전과 같이 대해 주지 않았습니다. 마침내 야곱은 고향으로 돌아갈 때가 되었다고 판단했고, 그제서야 비로소 하나님의 음성에 귀를 기울이게 되었습니다. 편안할 때는 전혀 듣지 못했던 하나님의 음성을 어려운 처지에 놓이자 들을 수 있게 된 것입니다.

명령과 약속

하나님은 야곱에게 고향으로 돌아가라고 명하시면서 그와 함께하겠다고 약속하셨습니다. "여호와께서 야곱에게 이르시되 네 조상의 땅 네 족속에게로 돌아가라 내가 너와 함께 있으리라 하신지라"(3절). 이처럼 하나님께서는 모험에 앞서 약속의 말씀을 주십니다. 약속의 말씀이 있다면 믿음으로 걸음을 내디딜 수 있어야 합니다. 자신의 감정이 아닌 하나님의 말씀을 믿고 나아가는 것입니다. 야곱은 고향으로 돌아가라는 명령과 더불어 늘 함께하겠다는 하나님의 약속을 받았습니다. 그래서 야곱은 이 하나님의 명령과 약속을 가지고 고향으로 돌아가게 됩니다.

어려움을 통해 배우는 삶의 지혜

야곱의 부는 전적으로 하나님의 은혜였습니다. 인생은 그 사람이 어떻게 사는지에 따라 선의 무대가 되기도 하고, 악의 무대가 되기도 합니다. 소크라테스가 말했듯이, 참다운 인생을 살기 위해서는 자신이 선택하고 결정하고 행동했던 모든 크고 작은 행위를 음미해 보는 습관이 매우 중요합니다. 라반과 그의 아들들의 실패는, 소유에 대한 집착이 얼마나 인생의 참다운 태도와 목표를 상실하게 하는지를 보여 줍니다. 하지만 야곱은 라반에게 몇 번이나 속으면서 진실이 얼마나 소중한지를 배웠습니다. 그에게는 거부가 된 것에 대한 공로를 자신에게 돌리는 교만함이 없었습니다. 오히려 그는 하나님의 인도하심을 철저하게 고백했습니다. "그대들의 아버지가 나를 속여 품삯을 열 번이나 변경하였느니라 그러나 하나님이 그를 막으사 나를 해치지 못하게 하셨으며 그가 이르기를 점 있는 것이 네 삯이 되리라 하면 온 양 떼가 낳은 것이 점 있는 것이요 또 얼룩무늬 있는 것이 네 삯이 되리라 하면 온 양 떼가 낳은 것이 얼룩무늬 있는 것이니 하나님이 이같이 그대들의 아버지의 가축을 빼앗아 내게 주셨느니라"(창 31:7-9).

새로운 출발

이제 하나님께서는 야곱이 당한 위기를 통해 새로운 출발을 말씀하십니다. "여호와께서 야곱에게 이르시되 네 조상의 땅 네 족속에게로 돌아가라"(3절). 하나님께서는 이십 년 전 벧엘에서 야곱에게 하신 약속을 지키려 하시는 것입니다(창 31:13). 결국 야곱은 하나님의 명령을 따라 밧단아람을 떠나게 됩니다(창 31:17-18).

큰 환경의 변화를 겪으면서 지금 어떤 하나님을 경험하고 있습니까? 새로운 환경으로 이끄시는 하나님의 선한 뜻을 신뢰하고 있습니까? 어떤 상황에서도 함께하시는 하나님을 굳게 붙잡고 있습니까? 어디를 가든 늘 함께하겠다는 하나님의 약속을 굳게 붙잡고, 그 인도하심을 신뢰하며 담대하게 나아가길 소망합니다.

이민 가는 가정
믿음과 순종으로
_창 12:1

자신이 살던 곳, 자신에게 익숙한 곳을 떠난다는 것은 그리 쉬운 일이 아닙니다. 더구나 고향을 떠나 언어와 문화가 전혀 다른 곳, 다른 민족이 사는 곳으로 가야 한다면 더욱 그렇습니다. 본문의 아브라함도 마치 이민을 가는 것처럼 자신의 민족과 고향 갈대아 우르를 떠나게 되었습니다. 하나님께서 떠나라고 명령하셨기 때문입니다.

순종의 학교
남아프리카공화국 출신의 신학자 앤드류 머레이(Andrew Murray)는 "우리는 주를 믿는 동시에 모두 순종의 학교에 입학한다"고 말했습니다. 믿음은 곧 순종입니다. 인류를 축복하기 위한 계획을 이루시기 위해 하나님께서는 세상에서 한 나라를 일으켜 하나님에 대한 믿음을 보존하시고자 하셨습니다. 이를 위해 택하신 사람이 아브라함이었던 것입니다. 그리고 그가 하나님의 부르심에 순종했기 때문에 오늘날 우리가 복음의 은혜를 누리고 있는 것입니다.

아브라함의 실패

그러나 아브라함에게도 실패가 있었습니다. 첫 번째 실패는 가족에 대한 인간적인 정 때문에 겪게 되었습니다. 하나님의 명령은 이것이었습니다. "너는 너의 고향과 친척과 아버지의 집을 떠나." 하지만 그는 아버지 데라와 조카 롯을 동행시켰습니다. 그것은 부분적인 순종이었습니다. 그의 순종이 불완전했기 때문에 믿음의 역사는 데라가 죽을 때까지 중단되었습니다.

두 번째 실패는 기근 때문에 애굽으로 내려가는 바람에 하마터면 아내를 빼앗길 뻔했던 일입니다. 애굽 왕이 아름다운 그의 아내를 탐내 자기 목숨을 해칠까 두려웠던 아브라함은 아내를 누이라고 속였습니다.

세 번째 실패는 아내를 누이라 속인 애굽에서의 실수를 반복한 것입니다(창 20:11).

네 번째 실패는 사라를 통해 아들을 주시겠다는 하나님의 약속의 성취가 지연되자 여종 하갈을 통해 이스마엘을 낳은 것입니다. 신령한 목적을 이루기 위해 육신적인 방법을 쓰는 것, 즉 하나님이 아닌 우리 손으로 일을 이루고자 하는 것은 위험합니다.

믿음의 선택

하지만 그는 놀라울 만큼 큰 부자가 되었습니다(창 13:5-6). 불어난 소유로 땅이 좁아져 조카 롯의 일행과 함께 지내기 어렵게 되자, 그는 롯에게 눈앞의 땅 중에서 먼저 선택할 수 있는 권한을 주었습니다. 연장자로서 아브라함은 자신이 비옥한 곳을 택하고, 조카에게는 거친 땅으로 가라고 할 권리가 있었습니다. 그러나 아브라함은 하나님께서 그에게 좋은 기업을 주실 것을 믿고 이 시험을 슬기롭게 통과했습니다. 이로써 롯은 물이 넉넉한 동쪽 요단 지역을 선택했고, 아브라함은 반대 방향의 불모지 가나안에 정착하게 되었습니다.

온전한 순종의 결과

아브라함의 믿음의 절정은 이삭을 번제로 바치라는 하나님의 명령에 순종한 것이었습니다. 어렵게 얻은 독자 이삭을 제물로 바치라는 하나님의 명령을 듣고 굳건한 믿음으로 순종하리라 결심했으면서도, 그는 사환에게 자신과 아들이 제사를 드린 뒤 함께 돌아올 것이라고 분명히 말했습니다(창 22:5). 이러한 확신은 어디서 왔을까요? 히브리서 11장 19절에서 답을 찾을 수 있습니다. "하나님이 능히 이삭을 죽은 자 가운데서 다시 살리실 줄로 생각한지라." 비록 누가 죽었다 다시 살아났다는 얘기를 들어본 적은 없지만, 그는 하나님께서 언약을 이행하시기 위해 일찍이 없었던 기적을 행하실 것이라고 믿었습니다.

아브라함이 최후의 시험에 합격하자 하나님의 음성이 들려왔습니다. "사자가 이르시되 그 아이에게 네 손을 대지 말라 그에게 아무 일도 하지 말라 네가 네 아들 네 독자까지도 내게 아끼지 아니하였으니 내가 이제야 네가 하나님을 경외하는 줄을 아노라"(창 22:12). 순종의 승리입니다.

이제 이민을 가면 모든 것이 낯설고 불편하고 불확실할 것입니다. 새로운 땅이 희망이 아니라 한 치 앞도 보이지 않는 불안으로 다가올 수도 있습니다. 그러나 두려워하거나 염려하지 말고 믿음으로 하나하나 헤쳐 나가십시오. 어떤 상황에서도 아브라함처럼 하나님의 인도하심에 대한 철저한 신뢰와 말씀에 대한 온전한 순종으로 담대하게 걸어가십시오. 그곳에서도 하나님은 반드시 함께하실 것입니다.

입대할 자녀가 있는 가정

두려움을 이기는 방법
_삼하 23:20-21

입대를 앞두면 본인은 물론이고 부모까지 걱정이 앞서게 됩니다. 군대에서 사고가 많이 일어나는 것도 그 이유 중 하나일 것입니다. 종종 그런 사건·사고 소식을 접하다 보니 두려움을 가질 수밖에 없습니다.

그러나 디모데후서 1장 7절은, 하나님께서 우리에게 주신 것은 두려워하는 마음이 아니라고 말합니다. 오직 능력과 사랑과 절제하는 마음을 주셨다고 합니다. 하나님은 우리의 두려워하는 마음을 능력과 사랑과 절제하는 마음으로 바꾸어 주길 원하십니다.

사자를 이기는 방법

다윗 왕 때 브나야라는 시위대 장관이 있었습니다. 오늘날로 하면 군사령관입니다. 그는 매우 담대하고 용감한 사람이었습니다. 눈이 올 때 구덩이에 내려가 사자를 죽일 정도였습니다. 보통 사람이라면 사자와 눈만 마주쳐도 무서워했을 것입니다.

세상에는 이 무서운 사자처럼 우리를 두렵게 하는 것이 많이 있습니다. 군대에 가는 것도 아마 그런 종류일 것입니다. 그렇다면 이런 무서운 사자를 어떻게 이길 수 있을까요?

하나님을 믿는 사람으로서 사자를 내쫓아야 합니다. 안전지대에만 머무르려는 사람은 하나님의 놀라운 능력을 경험할 수 없습니다. 현상 유지에 만족하면 아무 일도 생기지 않습니다. 매너리즘에 빠져 '종교' 생활만 하게 될 뿐입니다. 믿음이 성장하는 길은, 그 믿음을 사용해 두려움을 이겨내는 것입니다. 그때 하나님의 신실하심을 볼 수 있습니다. 하나님의 인도와 놀라운 역사를 경험하게 됩니다.

또 믿음의 눈으로 사자가 아닌 하나님을 바라봐야 합니다. 하나님을 바라보면 아무리 무서운 사자라도 작게 보입니다. 반대로 하나님이 아닌 사자에 시선을 고정하면 사자가 더 크게 보입니다. 인생을 살다 어디로 가야 할지, 어떻게 해야 할지 혼란스러워지는 순간 역시 우리가 사자를 만난 때입니다. 그때 사자에 주목하면 그것은 대단히 크게 보일 것입니다. 그러나 시선을 옮겨 하나님을 바라보면 너무나 작아진 사자를 발견하게 될 것입니다.

하나님을 바라볼 때

다니엘은 이 원리를 깨닫고 실천해 승리한 구약의 대표적 인물입니다. 다니엘이 바벨론 다리오 왕의 세 명의 총리 가운데 한 사람으로 있을 때였습니다. 다리오 왕이 다니엘을 시기하는 사람들의 모사에 넘어가 이와 같은 금령을 내렸습니다. "누구든지 왕 외의 어떤 신이나 사람에게 무엇을 구하면 사자 굴에 던져 넣으라." 그러나 다니엘은 전에 행하던 그대로 예루살렘을 향해 하루 세 번 기도했습니다. 그가 이처럼 대담할 수 있었던 것은, 생명을 위협하는 두려운 상황이 아니라 그 모든 것보다 크신 하나님을 바라봤기 때문입니다. 결국 왕의 금령을 어긴 죄로 다니엘은 사자 굴에 던져졌습니다. 그러나 하나님은 그의 담대한 믿음에 응답하셨고, 그는 털끝 하나 상하지 않고 사자 굴에서 살아나올 수 있었습니다.

사자가 아닌 하나님을 바라볼 때 우리의 두려움은 사라집니다. 문제가 아닌 하나님을 바라볼 때 하나님은 구세주가 되십니다. 믿음의 눈으로 상황이 아닌 하나님을 바라보십시오. 육신의 눈에 보이는 것을 기준으로 살아서는 안 됩니다. "이는 우리가 믿음으로 행하고 보는 것으로 행하지 아니함이로라"(고후 5:7). 입대에 대한 두려움도 하나님을 바라봄으로 능히 이겨내길 바랍니다.

7장

직장 심방

Sermon for Visiting

회사원
예수님처럼 섬기십시오
_수 1:8

　사람은 누구나 성공에 관심이 많습니다. 모두 다 성공하고 싶어 합니다. 하나님께서도 오늘 본문에서 성공에 대해 말씀하십니다. "이 율법책을 네 입에서 떠나지 말게 하며 주야로 그것을 묵상하여 그 안에 기록된 대로 다 지켜 행하라 그리하면 네 길이 평탄하게 될 것이며 네가 형통하리라." '형통'을 성공의 의미로 볼 수 있다면, 하나님도 우리가 성공하기를 원하십니다. 물론 하나님이 보시는 성공은 세상이 보는 것과 많이 다릅니다. 세상의 성공은 겉으로 드러나는 것입니다. 그러나 성경이 말하는 성공은 방향감각 또는 목적의식입니다.

무슨 일을 하든 주께 하듯 하라
　예수님이 생애 마지막에 하신 말씀은 "다 이루었다"(요 19:30)입니다. 이것이 바로 방향감각 또는 목적의식입니다. 신자에게 직장은 단순히 일만 하는 곳이 아니라, 일종의 사역 장소입니다. 사람들에게 예수님의 사랑을 보여 줄 수 있는 곳이라는 것입니다. 우리는 그 일을 바로 지금 할 수 있습니다. 어떻게 할 수 있습니까? 골로새서 3장 23절은 말합니다. "무슨 일을 하든지 마음을 다하여 주께 하듯 하고 사람에게 하듯 하지 말라." 무엇을 하든 사람이 아니라 하나님을 위해 하는 것처럼 온 마음을 다하면 됩니다. 우리의 직업은 하나님과 관련이 있는 것입니다.

섬김의 사역

그리스도인에게는 직업의 또 다른 목적이 있습니다. 선한 일을 하는 것입니다. 하나님께서는 그리스도를 통해 우리에게 새 삶을 주셨으며, 우리가 다른 사람을 돕는 데 그 삶을 사용하도록 오래전에 계획하셨습니다. 그것을 사역이라고 부릅니다. 우리는 다른 사람을 섬기기 위해 구원받았습니다. 사역을 위해 부름 받았습니다. 기독교의 가장 기본적인 진리 중 하나는, 신자는 다른 사람을 섬김으로써 하나님을 섬긴다는 것입니다.

일반적인 직장인이라면 매주 약 40시간 이상을 온갖 상처와 문제, 독특한 습관을 가진 다양한 사람들과 함께 보내야 합니다. 그중에는 무례한 사람, 까다로운 사람, 자만심이 강한 사람, 부도덕한 사람, 화를 잘 내는 사람, 게으른 사람 등 온갖 종류의 사람이 다 있습니다. 하나님께서는 우리가 그들을 받아 주기를 원하십니다. 하나님께서 우리를 받아 주셨듯이, 우리도 그들을 받아 주라는 것입니다. 그것이 직장에서 그리스도인이 해야 하는 일입니다. 로마서 15장 7절은 이렇게 말합니다. "그러므로 그리스도께서 우리를 받아 하나님께 영광을 돌리심과 같이 너희도 서로 받으라." 우리가 어떤 사람을 받아 줄 때 하나님께서 영광을 받으신다고 성경은 말합니다.

인간은 아무도 완전하지 못하기 때문에 서로 받아 줌이 필요합니다. 만약 우리가 사람들에게서 완전함을 기대한다면 곧 절망하게 될 것입니다

다. 어떤 사람이 우리에게 상처를 주는 이유는 사실 그 사람에게 이미 상처가 있기 때문입니다. 가장 사랑할 수 없는 사람이 실제로는 가장 사랑이 필요한 사람인 것입니다. 우리가 직장에서 그리스도와 같이 되기를 원한다면 조건 없이 그런 사람을 받아 주어야 합니다.

죄인까지도

예수님은 죄인인 우리를 사랑하심으로 직접 그 본을 보여주셨습니다. 어느 날 종교 지도자들이 간음 중에 잡힌 여인 하나를 예수님께 끌고 왔습니다. 그들은 예수님이 즉시 그녀를 심판해 줄 것을 기대했습니다. 하지만 예수님은 그렇게 하지 않으셨습니다. 비록 잘못을 했을지라도 그녀의 인격은 존중해 주셨습니다. 주님의 첫 마디는 "죄 없는 자가 먼저 돌로 치라"(요 8:7)였습니다. 이 말씀을 듣고 양심의 가책을 느낀 사람들이 한 사람씩 도망쳤습니다. 군중이 모두 사라진 후, 예수님이 그 여자에게 말씀하셨습니다. "너를 고발하던 그들이 어디 있느냐 너를 정죄한 자가 없느냐 … 나도 너를 정죄하지 아니하노니 가서 다시는 죄를 범하지 말라"(요 8:10-11). 예수님은, 비록 죄인이지만 그녀의 인격을 존중해 주셨습니다.

우리는 사명을 위해 창조되었습니다. 불신자들에 대한 우리의 사명은 섬김입니다. 그 섬김은 상처받고 삶에 지친 각양각색의 사람들을 조건 없이 받아 줌으로 실천할 수 있습니다. 그렇게 사랑을 행함으로 예수님의 지상명령인 복음을 전하는 것이 직장에서 우리가 할 수 있는 가장 위대한 일입니다. 직장을 사역지로 생각하고 사명을 잘 감당해 이곳에 보내신 하나님의 뜻을 이루어 드리는 직장생활이 되시길 바랍니다.

교사
구원의 길의 안내자
_마 18:14

하나님은 우리 각 사람의 삶에 목적을 갖고 계십니다. 그리고 그 목적대로 우리를 사용하기 원하십니다. 바울은 이것을 이해하고 있었습니다. 그래서 사도행전 20장 24절에서 이렇게 말합니다. "내가 달려갈 길과 주 예수께 받은 사명 곧 하나님의 은혜의 복음을 증언하는 일을 마치려 함에는 나의 생명조차 조금도 귀한 것으로 여기지 아니하노라." 바울은 하나님께서 자신에게 주신 사명은 사람들에게 복음을 전하는 것이라고 말하고 있습니다. 그렇다면 우리의 사명은 무엇입니까? 예수님께서는 사도행전 1장 8절에서 그 답을 주십니다. "내 증인이 되리라."

믿는 자에게 주시는 임무
우리가 예수님을 영접하면 하나님께서는 임무를 주십니다. 다른 사람에게 우리가 아는 그 놀라운 사실을 증거하는 것입니다. 우리도 다른 사람이 복음을 전해 주지 않았다면 그리스도인이 될 수 없었을 것입니다. 이제 우리가 그리스도인이 되었다면 다른 사람에게 전할 의무가 있는 것입니다. 로마서 1장 17절은 "복음에는 하나님의 의가 나타나서 믿음으로 믿음에 이르게 하나니 기록된바 오직 의인은 믿음으로 말미암아 살리라 함과 같으니라"라고 말합니다. 이것이 우리가 전해야 하는 가장 놀라운 소식입니다. 하나님께서는 이 땅의 죽어가는 사람들에게 이 복음을 전하는 사명을 우리에게 주셨습니다. 교사로서 일터에서도 이 사명을 감당할 수 있다는 것은 큰 특권입니다.

사역

성경은 하나님께서 우리가 태어나기도 전에 이미 우리의 삶을 계획하셨다고 말합니다. "우리는 그가 만드신 바라 그리스도 예수 안에서 선한 일을 위하여 지으심을 받은 자니 이 일은 하나님이 전에 예비하사 우리로 그 가운데서 행하게 하려 하심이니라"(엡 2:10). 하나님은 우리가 이 세상에서 특별한 일을 하기 원하십니다. 그 일을 선한 일, 곧 사역이라고 할 수 있습니다. 사역은 목사님만 하는 것이 아닙니다. 우리도 해야 하는 것입니다.

복음전파의 사명

교사라는 직업은 그 일을 감당하기에 너무나 좋은 도구입니다. 작은 고기들이 모여 있는 어장을 가지고 있는 것과 같다고 할 수 있습니다. 많은 어린 영혼에게 쉽게 다가갈 수 있기 때문입니다. 그런 의미에서 이 일터가 얼마나 소중하고 중요한지 알 수 있을 것입니다.

교육이란 인간을 변화시키려는 계획적인 과정이므로, 어떤 교육이든 거기에는 목적이 있기 마련입니다. 일반 학교 교육에서는 영적인 교육이 그 목적에서 완전히 배제된 실정이지만, 그럼에도 기독 교사는 하나님의 사람으로서 그곳에서도 복음전파의 사명을 감당해야 함을 기억해야 합니다. 기독 교사의 사명은 학교에서도 어린 영혼들을 예수님의 제자로 삼는 것입니다. 그리스도의 일꾼은 언제 어디서든 사람들에게 복음을 전하는 사역을 감당해야 합니다.

도움을 바라는 손

지금 아이의 손은 초콜릿 아이스크림이 묻거나 강아지를 만져 더러울지도 모릅니다. 그러나 그 아이의 손이 중요한 이유는, 그 손이 미래의 어느 날 성경을 쥐고 있을 수도 있지만, 연발 권총을 쥐고 있을 수도 있기 때문입니다. 그 손으로 피아노를 칠 수도 있지만, 도박판의 레버를 돌릴 수도 있습니다. 전염병을 치료해 줄 수도 있지만, 알코올 중독으로 벌벌 떨 수도 있습니다. 그 손이 바로 지금 교사의 손에 있습니다. 그리고 그 작은 손은 지금 도움과 안내를 바라고 있습니다. 어린이보다 복음을 쉽게 받아들이는 사람은 없음을 기억하십시오.

이런 말이 있습니다. "어른 한 명을 구원받게 하십시오. 그러면 한 사람을 구원한 것입니다. 어린이 한 명을 구원받게 하십시오. 그러면 곱으로 사람을 구원하는 것이 됩니다." 예수님께서는 오늘 본문에서 이렇게 말씀하셨습니다. "이와 같이 이 작은 자 중의 하나라도 잃는 것은 하늘에 계신 너희 아버지의 뜻이 아니니라." 어린 영혼을 마음껏 전도할 수 있는 좋은 직장을 주신 하나님께 감사하면서 이곳에서도 복음전파의 사명을 충성스럽게 감당하는 사역자가 되시길 소망합니다.

언론·출판인

깨어 있는 선지자
_암 3:7

오늘 본문은 말합니다. "주 여호와께서는 자기의 비밀을 그 종 선지자들에게 보이지 아니하시고는 결코 행하심이 없으시리라." 하나님이 선지자들에게 비밀을 털어 놓지 않고는 아무 일도 하시지 않는 이유는, 그분의 백성을 사랑하시기 때문입니다. 그렇다면 선지자란 무엇입니까?

선지자가 하는 일

제사장이 백성의 죄를 하나님 앞에 가져가 용서받게 하는 사람이라면, 선지자는 하나님의 말씀을 받아 백성에게 전해 주는 사람입니다. 예수님은 마태복음 5장 17절에서 "내가 율법이나 선지자를 폐하러 온 줄로 생각하지 말라"라고 말씀하시면서 선지자를 제사장과 균형을 이루는 사람으로 언급하셨습니다. 오늘날은 이 모든 일을 목회자가 감당하고 있는데, 이 중 제사장의 기능은 확대된 반면 선지자의 기능은 축소되다 못해 없어진 듯합니다.

또 선지자는 대변자이자 다른 사람보다 어떤 사실을 먼저 아는 사람을 말합니다. 하나님은 일을 행하실 때 이 선지자를 통해 백성에게 말씀하셨습니다.

사무엘이 아직 아이였을 때 여호와의 말씀이 희귀해 이상이 흔히 보이지 않았습니다(삼상 3:1). 엘리 제사장도 하나님과의 관계가 끊어져 이전 같지 않았습니다. 그때 아이였던 사무엘을 통해 하나님의 말씀이 전달되었고, 사무엘은 선지자의 사명을 감당하게 되었습니다. 제사장은 많은데 선지자가 없던 시기에 하나님은 사무엘을 사용하신 것입니다.

또 선지자는 앞일을 예언하는 사람입니다. "이 모든 일이 된 것은 주께서 선지자로 하신 말씀을 이루려 하심이니 이르시되 보라 처녀가 잉태하여 아들을 낳을 것이요 그의 이름은 임마누엘이라 하리라 하셨으니 이를 번역한즉 하나님이 우리와 함께 계시다 함이라"(마 1:22-23). 하나님은 이미 칠백 년 전에 선지자를 통해 메시아가 올 것을 알려 주셨습니다. 이처럼 하나님은 선지자에게 앞일을 미리 알려 주시고 선포하게 하셨습니다.

참과 거짓

그러나 선지자도 참 선지자와 거짓 선지자로 구별됩니다. 미가 선지자는 거짓 선지자가 어떤 일을 하며, 그 결과가 무엇인지에 대해 이렇게 말합니다. "내 백성을 유혹하는 선지자들은 이에 물 것이 있으면 평강을 외치나 그 입에 무엇을 채워 주지 아니하는 자에게는 전쟁을 준비하는도다 이런 선지자에 대하여 여호와께서 이르시되 그러므로 너희가 밤을 만나리니 이상을 보지 못할 것이요 어둠을 만나리니 점치지 못하리라 하셨나니 이 선지자 위에는 해가 져서 낮이 캄캄할 것이라"(3:5-6). 그러나 참 선지자는 늘 하나님 앞에서 기도하며 그분의 음성을 듣습니다.

선지자로 부르심

언론인과 출판인은 세상에서 일종의 선지자 역할을 하도록 부름 받은 사람입니다. 그러므로 자신의 목소리보다 사실과 진리를 드러내고 알려야 합니다. 좌로나 우로나 치우치지 말고 균형 있고 정직하게 전달해야 합니다. 또 늘 깨어 기도하며 하나님의 음성을 듣고 통찰력과 분별력을 얻어야 합니다. 그래서 정확한 안목으로 세상만사를 들여다보고 분별할 수 있어야 합니다. 그리고 담대하게 세상에 외칠 수 있어야 합니다.

이사야 선지자는 이렇게 고백합니다. "주 여호와께서 학자들의 혀를 내게 주사 나로 곤고한 자를 말로 어떻게 도와줄 줄을 알게 하시고 아침마다 깨우치시되 나의 귀를 깨우치사 학자들같이 알아듣게 하시도다"(50:4). 언론인과 출판인도 학자의 혀와 귀를 주셔서 하늘의 뜻을 깨우치고 땅에 그 뜻을 전달하는 징검다리 역할을 잘 감당할 수 있도록 하나님께 구해야 합니다.

링컨 대통령이 암살당하던 날 그의 호주머니에서 발견된 유품 세 가지가 미국 워싱턴의 스미소니언박물관에 전시되어 있습니다. 링컨의 이름이 수놓인 손수건 한 장과 어느 시골 소녀가 보내 준 주머니칼, 그리고 그를 칭찬하는 기사가 실린 낡은 신문 조각입니다. 신문에는 이런 글귀가 쓰여 있습니다. "아브라함 링컨은 역대 최고의 정치인이다." 링컨같이 위대한 사람도 자신을 격려해 주는 신문 기사 하나가 큰 힘이 되었던 모양입니다.

언론인과 출판인으로서 세상의 선지자 역할을 잘 감당함으로, 그 말과 글이 세상에 사실과 진리를 드러내고, 누군가에게 꿈과 희망을 심어 줄 수 있길 바랍니다.

자영업자

모든 계획을 하나님께 맡기라
_잠 16:3

사람은 누구나 잘 살기를 바랍니다. 헐벗고 굶주리던 시대에는 돈 많이 벌어 배불리 먹고 좋은 집에서 사는 것이 잘 사는 것이라고 생각했습니다. 한마디로 양적으로 풍족하면 잘 사는 것이었습니다. 그렇다면 성경은 어떤 삶을 잘 사는 것이라고 말할까요?

하나님께 맡기는 삶
오늘 본문은 잘 사는 데 반드시 필요한 지혜를 다음과 같이 알려 주고 있습니다. "너의 행사를 여호와께 맡기라." 여기서 '행사'는 '계획'을 의미합니다. 또 '행사를 여호와께 맡긴다'는 것은 모든 일을 주님과 함께 한다는 뜻입니다. 즉, 하는 일마다 하나님께 보고하고, 하나님의 뜻을 물어보고, 어떻게 해야 할지 하나님의 음성을 듣는 것입니다.

걸음을 인도하시는 이
왜 모든 일의 주도권을 하나님께 맡겨야 합니까? 성경은 이렇게 설명합니다. "마음의 경영은 사람에게 있어도 말의 응답은 여호와께로부터 나오느니라"(잠 16:1). "사람이 마음으로 자기의 길을 계획할지라도 그의 걸음을 인도하시는 이는 여호와시니라"(잠 16:9). 즉, 우리가 모든 일을 하나님께 맡겨야 하는 것은, 우리의 모든 생각과 계획을 이루시는 분이 하나님이시기 때문입니다. 아무리 훌륭한 계획이 있다 해도, 그 계획이 이루어지려면 반드시 하나님의 도우심이 있어야 합니다.

사울과 다윗의 삶을 비교해 보면 이 의미는 더욱 분명해집니다. 사울 왕은 자신보다 다윗이 백성의 칭송을 더 많이 받게 되자, 그를 죽이기 위해 여러 가지 계책을 꾸몄습니다. 하지만 번번이 실패했고, 결국에는 초조해지는 마음을 다잡지 못하고 큰 잘못을 저지르게 됩니다. 바로 신접한 여인을 찾아간 것입니다. 이는 그가 하나님께 인생을 온전히 맡기지 못했음을 의미합니다.

반면 다윗은 블레셋 장수 골리앗과 싸울 때도 전적으로 하나님만 믿고 나아갔습니다. 사울 왕에게 쫓기면서도 결코 초조해하지 않았습니다. 오히려 하나님의 때를 기다리며 자신을 죽이려는 사울 왕을 선대했습니다. 끊임없이 하나님께 질문했고, 모든 일을 하나님과 나눴습니다. 결국 다윗은 하나님의 때에 이스라엘의 왕이 됩니다.

모든 선택의 기준

성도는 하나님의 말씀에 근거해 모든 일을 결정해야 합니다. 그 문제에 관해 하나님은 무엇이라고 말씀하시는지 귀를 기울여야 합니다. "주의 말씀은 내 발에 등이요 내 길에 빛이니이다"(시 119:105)라는 시편 기자의 고백처럼, 주님의 말씀은 우리의 인생길에서 등과 빛이 되시기 때문입니다.

하나님의 뜻을 물어보라

과거 한국유리 회장으로 스스로를 '사랑에 빚진 자'라고 말하던 고 최태섭 장로는, 젊은 시절 만주에서 콩을 사서 되파는 무역업을 했습니다. 어느 날 엄청나게 많은 콩을 사 되팔기로 계약을 맺었는데, 갑자기 되팔기 바로 전에 콩값이 천정부지로 올랐습니다.

계약대로 싼값에 주기에는 너무 아까운 상황이라, 다른 무역상들은 이미 계약한 사람에게 위약금을 물어준 다음, 다른 사람에게 더 비싸게 팔아 엄청난 부를 얻었습니다. 최 장로는 고민에 빠졌습니다. 위약금으로 계약금의 두 배를 물어주고 되팔면 20만 원 이상의 수익을 얻을 수 있었습니다. 당시 쌀 한 가마가 5원이었다고 하니, 20만 원이면 쌀 4만 가마니로 회사를 몇 개나 세울 수 있는 어마어마한 돈이었습니다.

그러나 최 장로는 기도 끝에 원래 계약한 대로 중국 상인에게 넘겼습니다. 그러자 도리어 중국 상인이 미안해하며 그것을 되팔아 얻은 금액의 절반을 돌려주려 했지만, 그마저도 거절했습니다. 그 일로 신뢰를 중요하게 여기는 중국 상인들에게 좋은 소문이 나 신임을 얻게 되었고, 결국에는 엄청난 이익을 얻었다고 합니다.

하나님께서 주신 이 일이 형통하기를 원한다면, 모든 행사를 주님께 맡기십시오. 스스로 모든 것을 계획하고 결정하려 하지 말고, 먼저 하나님의 뜻을 물어보시기 바랍니다. 그리고 주님의 말씀이 인도해 주시는 길로 순종하며 나아가시기 바랍니다. 그러면 분명 어느 순간 자신도 모르는 사이에 성경이 말하는 '잘 사는 사람'이 되어 있을 것입니다.

기업경영인

지혜로운 청지기

_눅 16:1-13

기업경영인은 대부분 많은 재산을 가지고 있습니다. 그래서 누구보다 교만해지기 쉽습니다. 하나님이 무엇보다 싫어하시는 이 교만을 이기려면, 이 모든 것은 스스로가 이룬 것이 아니라, 하나님께서 잠시 맡겨 주신 것이라는 청지기 정신이 필요합니다. 청지기란 '주인의 소유를 맡아 쓰는 자'라는 뜻입니다. 그러므로 이 청지기 정신으로 재물을 하나님의 뜻대로 사용해야 교만하지 않은 참된 기독 경영인이 될 수 있습니다.

칭찬받은 불의한 청지기

오늘 본문에 등장하는 청지기는 주인의 재산을 바르게 사용하지 못해 책망받고 그 자리에서 물러나게 되었습니다. "네가 보던 일을 셈하라 청지기 직무를 계속하지 못하리라"(2절). 청지기는 이 말을 듣고 고민에 빠졌습니다. "주인이 내 직분을 빼앗으니 내가 무엇을 할까 땅을 파자니 힘이 없고 빌어 먹자니 부끄럽구나"(3절). 그러다 이런 방법을 생각해 냈습니다. '청지기 직분을 빼앗길 날이 멀지 않았으니, 청지기로 있을 동안에 인심이나 써두자. 그러면 그 사람들이 내가 이 청지기를 그만둘 때 나를 봐주고 영접해 주겠지.' 그래서 이 청지기는 주인에게 빚진 자를 전부 불러 기름 백 말 빚진 자는 오십 말로, 밀 백 석 빚진 자는 팔십 석으로 탕감해 주면서 인심을 베풀고 자신의 미래를 대비해 두었습니다. 그런데 주인이 이 옳지 않은 청지기가 한 것을 보고 칭찬했습니다.

예수님은 이 비유를 마무리하시면서 말씀하셨습니다. "이 세대의 아들들이 자기 시대에 있어서는 빛의 아들들보다 더 지혜로움이니라 내가 너희에게 말하노니 불의의 재물로 친구를 사귀라 그리하면 그 재물이 없어질 때에 그들이 너희를 영주할 처소로 영접하리라"(8-9절). 주인의 재물을 잘못 사용한 청지기를 지혜롭다고 칭찬하시다니 도대체 이게 무슨 말씀입니까?

하나님의 청지기

먼저 예수님의 비유의 말씀은 도덕적인 기준으로만 생각하면 그 뜻을 잘 이해할 수 없다는 점을 기억해야 합니다. 이 비유는 우리에게 중대한 교훈을 주고 있는데, 그것은 우리 모두는 온 세상 만물의 창조자시며 주인이신 하나님의 청지기라는 사실입니다. 이는 우리가 가진 모든 재물이 우리 것이 아니라 하나님의 것이며, 그분이 잠시 우리에게 맡겨 주신 것임을 의미합니다. 그러므로 청지기는 재물을 자기 마음대로가 아니라 주인의 뜻대로 써야 합니다.

청지기 정신으로 경영하기

신명기 기자는 이렇게 말합니다. "또 네 소와 양이 번성하며 네 은금이 증식되며 네 소유가 다 풍부하게 될 때에 네 마음이 교만하여 네 하나님 여호와를 잊어버릴까 염려하노라"(8:13-14). "그러나 네가 마음에 이르기를 내 능력과 내 손의 힘으로 내가 이 재물을 얻었다 말할 것이라 네 하나님 여호와를 기억하라 그가 네게 재물 얻을 능력을 주셨음이라"(8:17-18). 그러므로 우리가 번 돈이라고 해서 우리 것이 아닙니다. 하나님이 벌게 해주시고 맡겨 주신 것이며, 우리는 단지 청지기일 뿐입니다. 이 청지기 정신이 있어야 하나님께서 원하실 때 무엇이든 기꺼이 드릴 수 있습니다. 반면 자신이 청지기라는 사실을 깨닫지 못하면, 물질을 하나님의 뜻대로 쓸 수가 없습니다. 또 이런 청지기 정신이 있을 때 비로소 재물이 있어도 없는 것같이, 또 없어도 있는 것같이 살 수 있는 것입니다.

기업을 경영하다 보면 마음에 불안과 공포, 근심과 걱정이 찾아올 때가 있습니다. 그럼에도 이 기업의 주인이 하나님이심을 끝까지 믿고 섬기면, 주님이 주인 되셔서 경영하시기 때문에 평안함이 회복됩니다. 우리가 가지고 있는 것은 하나님의 것이지 우리 것이 아닙니다. 하나님이 잠시 우리에게 맡겨 주신 것임을 철저히 깨닫고, 우리가 마음대로 할 수 있을 때 미래와 하나님나라를 위해 사용하는 지혜로운 청지기가 되어야 합니다.

어떤 경영인이 될 것인가

미국의 거부 하워드 휴스는 젊은 시절 할리우드에서 영화 제작자로 성공을 거둔 뒤, 휴스항공사를 설립하고 TWA항공사와 ABC방송사도 운영하던 세계적인 부자였습니다. 한마디로 세상 부러울 것 없는 사람이었습니다. 그런데 그는 생애 마지막 십 년을 누구보다 외롭고 고독하게 지냈습니다. 외부인을 전혀 만나지 않았고, 직원 중에도 그의 얼굴을 보지 못한 사람이 많았습니다. 누군가 자신을 해칠까 봐 불안하고 의심스러웠기 때문입니다. 심지어 음식에 누가 독을 넣었을까 봐 마음대로 먹지도 못했습니다. 그러다 외롭게 비행기 안에서 죽음을 맞이했습니다. 결국 많은 재산이 그를 불행하게 만들고 말았던 것입니다.

반면 또 다른 부자 록펠러 1세는 미국 최초의 대규모 석유회사를 설립해 재벌이 된 사람입니다. 그 과정에서 독점금지법을 위반하는 등 잘못을 저질렀으나, 그리스도인으로서 훗날 자신의 잘못을 회개하고 자선사업에 전념하며 98세까지 살았습니다. 그 역시 많은 재산을 가지고 있었지만 재물의 노예가 되지는 않았습니다. 오히려 재물의 청지기가 되어 사회사업뿐 아니라, 록펠러 재단이나 록펠러 의학연구소 설립 등에 사용함으로 전 인류에 기여했습니다.

우리가 제아무리 대단한 기업을 경영하고 수많은 재산을 가지고 있다 해도 우리는 그저 하나님의 청지기일 뿐입니다. 우리가 가진 모든 것은 하나님의 것으로 잠시 우리에게 맡겨 주신 것임을 반드시 기억하십시오. 그래서 재물의 노예가 아니라 지혜로운 청지기로 하나님을 영화롭게 하는 경영인이 되시길 바랍니다.

농어업·목축인

여호와는 나의 목자시니
_시 23:1-6

시편 23편은 다윗이 이스라엘의 왕이 되기 전까지 양을 치는 목자로 살면서 경험한 것을 바탕으로 쓴 시입니다. 그는 인생의 주인이요 인도자 되시는 하나님과 그분을 따르는 자신 간의 절대적 신뢰와 보호 관계에서 얻는 복을 목자와 양의 관계에 비유해 노래합니다.

목자 하나님

다윗은 하나님을 자신의 목자라고 말합니다. 그리고 목자이신 하나님이 양인 자신을 푸른 초장에 누이시고, 쉴 만한 물가로 인도하시며, 영혼을 소생시키고, 의의 길로 인도하신다고 노래합니다. 목자는 양에게 절대적 존재로, 양은 그의 인도함 없이는 스스로 살아갈 수 없습니다.

우리 인생의 목자도 하나님이십니다. 특히 농업이나 어업, 목축업의 모든 과정은 하나님의 인도하심이 절대적입니다. 비가 조금만 많이 오거나 적게 와도 일 년 농사가 헛수고가 되어 버립니다. 생각지도 못한 병충해가 찾아오면 순식간에 가축들이 쓰러져 나갑니다. 이상기온 등으로 바다 환경에 변화가 생기면 배는 텅텅 비고 맙니다. 이때 우리가 할 수 있는 건 아무것도 없습니다. 목자 되신 주님이 인도해 주시지 않으면, 우리는 삶의 터전을 지킬 수 없습니다.

부족함이 없으리로다

다윗 왕이 경험한 목자 되시는 하나님은 부족함을 채워 주시는 분이었습니다. "여호와는 나의 목자시니 내게 부족함이 없으리로다"(1절). 과거에 목동 생활을 해봤던 다윗은 양들이 목자의 인도와 돌봄으로 부족함 없이 평화롭게 사는 게 무엇인지 너무나 잘 알고 있었습니다.

우리는 부족함이 많은 인생입니다. 그러나 하나님은 자녀들의 삶의 부족함을 채워 주십니다. 요한복음 2장에 의하면, 가나 혼인 잔칫집에 포도주가 떨어졌을 때 예수님은 물로 포도주를 만드셔서 부족한 포도주를 채워 주셨습니다. 사도행전 4장에서도, 사도들이 큰 권능으로 주 예수의 부활을 증언하니 무리가 큰 은혜를 받아 그중에 가난한 사람이 없게 되었다고 말합니다. 우리는 가뭄이나 홍수, 병충해 등 어떤 어려움이 닥쳐와도, 여호와를 경외하는 자는 부족함이 없고, 여호와를 찾는 자는 모든 좋은 것에 부족함이 없을 것이라는 하나님의 약속을 믿어야 합니다(시 34:9-10).

영혼을 소생시키시고

계속해서 다윗은 3절에서 말합니다. "내 영혼을 소생시키시고 자기 이름을 위하여 의의 길로 인도하시는도다." 예수님은 양을 위해 기꺼이 목숨을 버리시는 목자이십니다. "나는 선한 목자라 선한 목자는 양들을 위하여 목숨을 버리거니와"(요 10:11). 예수님은 대속의 죽음으로 우리의 영혼을 소생시켜 주셨습니다. "인자가 온 것은 섬김을 받으려 함이 아니라 도리어 섬기려 하고 자기 목숨을 많은 사람의 대속물로 주려 함이니라"(마 20:28).

상을 차려 주시고

다윗은 또 고백합니다. "주께서 내 원수의 목전에서 내게 상을 차려 주시고 기름을 내 머리에 부으셨으니 내 잔이 넘치나이다"(5절). 이 말은 하나님께서 다윗에게 승리의 축제를 누리게 하셨는데, 그것이 다윗을 대적하며 괴롭혔던 원수들의 눈앞에서 베풀어졌음을 의미합니다. 이는 다윗뿐 아니라 하나님을 목자로 삼고 살아가는 모든 하나님의 백성이 누릴 복이기도 합니다. 여호와를 목자로 삼고 살아가는 성도는, 사방을 둘러싸고 생명을 위협하는 대적도, 거세게 몰아치는 어려움도 하나님께서 넉넉히 이겨내게 해주실 것입니다.

우리가 하는 일은 다른 일보다 더 큰 책임감과 부지런함을 필요로 합니다. 주어진 환경이 밭이든 바다든 들판이든, 목숨을 걸고 성실하게 일구어 나가십시오. 우리 일에 최선을 다하며 하나님만 의지할 때, 삶의 부족함을 채워 주시는 목자, 양을 위해 목숨을 버리시는 목자, 모든 대적 앞에서 승리를 주시는 목자이신 하나님께서 우리를 먹이시고, 입히시며, 부족함 없이 채워 주실 것입니다. 선한 목자 되신 하나님의 인도하심을 따라 살아가는 복된 인생이 되시길 바랍니다.

정치인
하나님만 의지하는 정치
_느 1:5-11

하나님은 사람을 쓰실 때 먼저 그를 훈련시키십니다. 그리고 그 훈련에는 다양한 방법이 사용됩니다. 오늘 본문에서는 느헤미야를 사용하시기 위해 먼저 그의 마음을 깨뜨리시고 슬프게 만드셨습니다.

나라를 위한 눈물과 애통
"내가 이 말을 듣고 앉아서 울고 수일 동안 슬퍼하며 하늘의 하나님 앞에 금식하며 기도하여"(느 1:4). 하나님은 느헤미야를 쓰시기 전에 먼저 그 영혼을 상하게 하시고 부서뜨리셨습니다. 지금 느헤미야의 심령이 상한 것은, 개인적인 문제 때문이 아니라 예루살렘성이 훼파되었다는 조국에 대한 안타까운 소식을 들었기 때문입니다. 그는 마음이 무너져 내려 애통하는 마음으로 금식하며 기도했습니다.

정치가는 나라와 민족을 위한 이런 눈물과 애통이 있어야 합니다. 이순신 장군이 지은 「한산도가」에 이런 구절이 있습니다. "한산섬 달 밝은 밤에 수루에 홀로 앉아 큰 칼 옆에 차고 깊은 시름 하는 차에, 어디서 들려오는 피리 소리는 남의 애를 끓나니." 임진왜란 당시 수루에 앉아 나라의 운명을 걱정하던 이순신 장군의 깊은 시름이 느껴지는 대목입니다. 하나님이 기뻐하시는 정치가는 이처럼 나라를 생각하며 애통할 줄 아는 사람입니다. 하나님은 한 나라를 위해 사람을 세우실 때, 느헤미야처럼 그 심령을 깨뜨려 나라를 위해 울고 애통하게 만드십니다.

부족함을 인정하고 겸손하게

또 하나님은 사람을 쓰실 때 그가 자신의 능력을 자랑하기보다 자신의 무능함을 하나님 앞에서 발견하도록 하십니다. 느헤미야가 주저앉아 수일 동안 울고 금식하며 기도했던 것은, 예루살렘 성벽이 무너졌는데 정작 자신이 할 수 있는 일이 아무것도 없었기 때문입니다. 자신이 얼마나 무능하고 무가치한 존재인지를 깨달았기에 주저앉아 울었던 것입니다.

하나님께서 크게 쓰시는 사람들에게 공통점이 있습니다. 자신을 대단한 존재가 아니라 언제나 부족한 사람으로 생각한다는 것입니다. 누구보다 열심히 기도하고, 말씀을 연구하고, 전도하고, 헌신하면서도 늘 자신이 부족하다고 생각하며 겸손하다는 것입니다. 사람은 자신의 능력만 의지하면 실패할 수밖에 없습니다. 그러나 하나님 앞에 자신의 무능함을 고백하면, 그때부터 하나님의 능력이 함께하셔서 성공의 길로 나아가게 되는 것입니다. 자신의 무능함과 연약함을 진정으로 깨달은 사람은 모든 일에 하나님을 의지합니다.

기도의 능력으로

도무지 자신의 힘만으로는 감당하기 힘든 것이 정치입니다. 오해와 모략과 술수가 난무하는 상황이 하루에도 몇 번씩 벌어지기 때문입니다.

거기서 잘 견디고 이겨내려면 오로지 하나님만 의지해야 합니다. 그 방편이 바로 기도입니다.

하나님은 느헤미야를 기도로 준비시키셨습니다. 느헤미야는 총 아홉 번의 기도를 드렸는데, 그중 오늘 본문 느헤미야 1장이 가장 긴 기도입니다. 느헤미야는 이 기도를 무려 넉 달 동안이나 했습니다. 그리고 이 겸손함으로 무장한 간절한 기도의 시간을 통해, 불가능할 것 같았던 상황을 바꿔 주시는 하나님의 능력을 경험했습니다. 기도로 하나님의 능력을 의지해야 그 힘든 정치인의 자리도 잘 지켜 나갈 수 있습니다.

바다 가장 깊은 곳에 사는 물고기는, 해저 8천 미터에 사는 마리아나 스네일피쉬(Mariana Snailfish)입니다. 2014년에 처음 발견된 이 물고기는 현존하는 최첨단 유인 잠수함도 이겨내지 못할 정도로 수압이 강한 저지대에서 살고 있는 것입니다. 뉴캐슬대학의 토머스 린레이 교수는 이 물고기에 관해 이렇게 말합니다. "스네일피쉬는 다른 물고기보다 더 깊은 해저에서도 살 수 있게 적응됐습니다. 해저 깊은 곳은 포식자에게서 안전하고, 해구에는 무척추생물을 포함한 먹이가 많습니다. 스네일피쉬가 그 세계에서는 가장 상위 포식자입니다. 스네일피쉬는 그런 곳에서도 움직임이 굉장히 활발하고, 몸체도 포동포동합니다."

하나님을 믿는 기독 정치인으로서 스네일피쉬처럼 어떤 상황과 압력도 잘 버티고 견뎌 내시길 바랍니다. 물론 그 목적은 나라와 민족을 위한 섬김의 사명을 다하기 위해서입니다. 기도로 하나님의 능력을 힘입어 중책을 잘 감당해 내시길 바랍니다.

법조인

거룩한 법을 세우는 법조인
_잠 6:23

　1948년 7월 17일 헌법이 공포된 이후 대한민국은 법치국가가 되었습니다. 대한민국에 헌법을 주신 분은 하나님이십니다. 대한민국 헌법은 기도로 시작된 제헌국회에서 만들어졌습니다. 헌법은 대한민국의 정체성입니다. 대한민국 국민의 주권과 인권입니다. 헌법이 있기에 대한민국이 있습니다. 헌법을 지켰기에 자유민주주의와 평화를 지킬 수 있었습니다. 우리는 앞으로도 계속 이 헌법을 지켜야 합니다. 더구나 법조인은 헌법 정신이 잘 지켜지는 대한민국을 만들어야 합니다. 그리고 법을 수호하고 질서를 지키는 데 더욱 앞장서야 합니다.
　예수님도 율법과 로마법을 지키셨습니다. 그뿐 아니라 "새 계명을 너희에게 주노니 서로 사랑하라 내가 너희를 사랑한 것같이 너희도 서로 사랑하라"(요 13:34)는 하나님나라의 새로운 법도 주셨습니다. 그러므로 기독 법조인은 이 땅의 법을 수호할 뿐 아니라, 하나님의 법도 함께 세워가는 거룩한 사명을 감당해야 합니다.

하나님나라의 법

최초의 입법자는 하나님이십니다. 하나님은 최초의 사람 아담과 하와에게 법을 주셨습니다. 생육하고 번성하며 다스리라는 법입니다(창 1:28). 선악과를 먹지 말라는 법도 주셨습니다(창 2:17). 부모를 떠나 부부가 한 몸을 이루라는 법도 있습니다(창 2:24). 출애굽 이후에는 십계명과 율법도 주셨습니다. 한편 예수님은 율법을 완전케 하러 오셨습니다. "내가 율법이나 선지자를 폐하러 온 줄로 생각하지 말라 폐하러 온 것이 아니요 완전하게 하려 함이라"(마 5:17).

이처럼 하나님나라는 법이 있는 나라입니다. 하나님나라의 법은 성경이며, 이는 곧 빛이요 생명입니다. 오늘 본문에서 잠언 기자는 "대저 명령은 등불이요 법은 빛이요 훈계의 책망은 곧 생명의 길이라"라고 선포합니다.

형통의 길

하나님의 사람이라면 이 하나님나라의 법을 사랑하고 존중해야 합니다. 더구나 그가 법조인이라면 더욱 먼저 모범이 되어 그 법을 지켜야 합니다. 그 법을 따라 순종하며 살아갈 때 개인과 가정, 교회, 나라가 살아납니다. 하나님은 "너희는 내 규례와 법도를 지키라 사람이 이를 행하면 그로 말미암아 살리라 나는 여호와이니라"(레 18:5)라고 약속하십니다. 또 인생에 참된 자유와 평화가 찾아옵니다(롬 8:1-2).

하나님나라의 법을 지키고 따르면 그것이 형통입니다. 성경은 "네 하나님 여호와의 명령을 지켜 그 길로 행하여 그 법률과 계명과 율례와 증거를 모세의 율법에 기록된 대로 지키라 그리하면 네가 무엇을 하든지 어디로 가든지 형통할지라"(왕상 2:3)라고 약속합니다.

기독 법조인으로서

법을 수호하고 지키는 법조인으로서 우리는 온전한 판단을 할 수 있도록 자신의 마음을 지켜야 합니다. 불의한 일을 당하는 사람이 없도록 솔로몬의 지혜와 명철을 구해야 합니다. 연약한 우리를 도우시는 보혜사 성령처럼, 슬픈 자를 위로하고 어려움에 빠진 자를 도와주는 사람이 되어야 합니다. 하나님 앞에서 우리의 대언자가 되어 주신 예수님을 따라, 힘없고 억울한 사람들을 대변해 주어야 합니다. 매일 십자가 앞에 엎드려 자신의 어리석음을 내려놓고, 하나님께서 말씀하신 빛 된 삶, 생명의 길을 분별해 그 길로 나아가야 합니다. 헌법으로 대한민국의 가치와 정체성을 세워 가는 것처럼, 하나님의 법으로 거룩한 하나님의 나라도 함께 세워 가는 기독 법조인이 되어야 합니다.

유명한 설교자 찰스 스펄전 목사의 책에 이런 내용이 있습니다. 사슴 한 마리가 숲에서 놀고 있는데 사람들이 다가와도 도망가지를 않습니다. 그 사슴의 목에 이런 패가 걸려 있었기 때문입니다. "나를 건드리지 마시오. 나는 황제의 소유입니다." 황제의 소유기 때문에 사냥꾼들이 손을 대지 못합니다. 그러니 사슴이 사람들을 두려워하지 않았던 것입니다.

우리는 고작 이런 사슴과는 비교도 할 수 없는, 이 세상에서 가장 귀한 하나님의 소유입니다. 그래서 우리는 어디서 무엇을 하든 안전합니다. 특히 이 땅의 법을 수호하고 하나님나라의 법도 함께 세워 가는 하나님의 종이라면 더욱 그렇습니다. 하나님의 보호와 인도하심을 믿고 담대하게 기독 법조인으로서의 사명을 잘 감당하기를 주님의 이름으로 축원합니다.

의료인(의사, 간호사, 약사)

나를 살피소서
_시 139:23-24

오늘 본문에서 다윗은 하나님의 전지전능하심과 무소부재하심을 아름답게 표현하는 동시에, 자신의 신앙을 하나님께 구체적으로 고백합니다. "주께서 내가 앉고 일어섬을 아시고 멀리서도 나의 생각을 밝히 아시오며"(시 139:2). 하나님이 자신을 너무나 잘 아시기에 다윗은 신앙생활을 적당히 할 수가 없었습니다. 그래서 본문에서처럼 "하나님이여 나를 살피사 내 마음을 아시며 나를 시험하사 내 뜻을 아옵소서 내게 무슨 악한 행위가 있나 보시고 나를 영원한 길로 인도하소서"라고 적극적으로 하나님께 간구합니다.

살피고 알고 시험해야

의료인의 사명은 환자가 잘 치료받고 건강하게 집으로 돌아가게 하는 것입니다. 이를 위한 첫 작업으로 먼저 환자의 상태를 정확히 파악하고 진단을 내려야 합니다. 그러기 위해서는 오늘 본문의 다윗의 표현처럼, 환자의 상태를 꼼꼼히 살피고, 알고, 시험해야 합니다.

먼저 환자의 신체적 상태를 바르게 점검해야 정확하게 진단할 수 있습니다. 세심하게 병증을 들어보고 문제의 원인을 잘 파악해야 합니다.

또 정신적인 문제는 없는지도 확인해야 합니다. 우울증 증상은 없더라도 혹시 감정적 문제는 없는지, 스트레스 받는 문제는 무엇인지 잘 살피고, 여러 가지 검사를 통해 정신적인 원인을 바로 발견해야 합니다.

부지중의 잘못

사람이 병에 걸려 약하고 불안해지면, 의료진의 말 한마디에도 예민해집니다. 반면 의료진과 병원 관계자들의 친절한 배려와 설명은 그들의 신뢰를 높여 치료도 수월해집니다. 사실 의료인으로서 수없이 많은 환자와 보호자를 대하다 보면 피곤하고 지쳐, 자신도 모르는 사이에 실수를 할 수 있습니다. 그러므로 인간의 연약함을 직시하고 있던 다윗이, "내게 무슨 악한 행위가 있나 보시고 나를 영원한 길로 인도하소서"(24절)라고 기도했던 것처럼, 하나님께 자신이 부지중에라도 잘못한 것은 없는지 깨닫게 해주시도록 간구해야 합니다.

영혼의 의사이신 주님께

기독 의료인으로서 환자와 가족들이 질병으로 낙심하고 있을 때 특별히 따뜻하게 대해 주는 것은 매우 중요합니다. 복음을 받아들이기가 더욱 쉽기 때문입니다. 직접적인 복음 제시는 할 수 없어도 친절하게 섬김을 베풀면, 그들은 질병으로 심신이 약해져 있어 복음을 향해 더 쉽게 마음을 열게 됩니다. 하나님께서 우리를 특별히 이 자리에 세우신 만큼, 영혼 구원에 대한 마음을 놓쳐서는 안 됩니다. 의사나 간호사로서 따뜻한 미소와 온화한 말투로 전해 준 복음의 메시지가 어느 날 문득 환자에게 생각나 영혼의 의사이신 주님께로 인도할 수 있는 것입니다.

하나님의 능력으로

다윗은 하나님의 거룩하심과 공의로우심 등을 묵상하고 자신의 생활과 생각을 반추한 뒤, 자신이 옳은 길로 가게 해달라고 기원합니다. "내게 무슨 악한 행위가 있나 보시고 나를 영원한 길로 인도하소서"(24절). 다윗은 하나님께서 늘 자신을 감찰하고 계심을 알고 있었습니다. 환자들 역시 자신의 질병의 원인이 된 잘못된 습관이나 가족병력 등에 대한 바른 안내가 절대적으로 필요합니다. 그래서 환자 스스로 자신을 살피고 알고 시험함을 통해 점검하는 것이 무엇보다 중요합니다.

또 아무리 훌륭한 의료인이라도 실수할 때가 있고, 그 결과로 환자의 상태가 더 악화되거나 심지어 목숨을 잃게 될 때도 있습니다. 그러므로 다윗의 절절한 기도처럼 자신을 철저히 하나님 앞에서 점검하고, 그분의 능력으로 치료해 주시길 소망하는 겸손함을 잊어서는 안 됩니다. "하나님이여 나를 살피사 내 마음을 아시며 나를 시험하사 내 뜻을 아옵소서"(23절). 매일 진료를 시작하고 환자를 돌볼 때마다 이 고백으로 하나님 앞에 서도록 노력해야 합니다.

모든 환자를 가족처럼 살피며 돌보는 신실한 의료인이 되시길 바랍니다. 가뜩이나 힘든 시기를 보내고 있는 환자나 가족들에게 또 다른 상처를 주지 않도록 늘 자신의 말과 행동을 살피는 지혜도 필요합니다. 나아가 기독 의료인으로서 친절한 섬김을 통해 복음의 메시지가 전해지도록 노력하십시오. 이로써 환자와 가족들의 영혼까지 치유되는 놀라운 역사가 있기를 바랍니다.

음악가
다윗의 '활 노래'
_삼하 1:17-27

본문에서 다윗은 죽은 사울과 요나단을 그리워하며 한 편의 시를 노래로 만들어 모든 이스라엘 백성에게 부르게 합니다. 원수가 죽었는데 눈물을 흘리고 금식하며 조가를 부르고 있는 것입니다. 사울과 요나단이 활에 맞아 죽었다고 해서 이 노래의 제목은 '활 노래'였습니다.

음악적 영감

음악을 연주하거나 만드는 사람들은 오늘 본문의 다윗처럼 특별한 영감을 얻을 때가 있습니다. 그들은 다른 사람들보다 예민한 감성과 감각을 가지고 있기에, 주변에서 일어나는 일들을 주의 깊게 살피고 관찰해 영감을 얻으면 음악으로 승화시킵니다.

그러나 무엇보다 기독 음악인이 만드는 음악에는 하나님의 사랑과 말씀이 담겨 있어야 합니다. 복음을 직접적으로 드러내는 교회음악이나 CCM 장르가 아닌 대중음악이나 클래식, 재즈라 하더라도 하나님께서 기뻐하시는 마음을 담아야 합니다.

하나님의 입장에서

"이스라엘아 네 영광이 산 위에서 죽임을 당하였도다"(19절). 다윗은 지금 '활 노래'를 지어 부르면서 자신의 입장이 아닌 하나님의 관점에서 사울과 요나단을 바라보고 있습니다. 즉, 자신의 입장에서는 사울 왕이 원수지만, 하나님께는 친히 기름 부으신 이스라엘의 영광이었다고 높여 부르고 있습니다. 다윗은 13년간 자신을 죽이려고 쫓아다니던 사람이 죽었음에도, 자신과의 관계를 떠나 하나님과 관계에서 그의 죽음을 볼 수 있는 영적 통찰이 있었기에 이토록 안타까워하며 슬퍼하는 것입니다.

사랑받을 만한 신앙

성경에서 다윗만큼 하나님의 사랑을 많이 받은 사람은 없는 것 같습니다. 어떻게 그럴 수 있었을까요? 사실 그에게는 그럴 만한 신앙이 있었습니다. 다윗이 가장 가까이 지냈던 이 두 사람과의 관계를 정리해 보면 그의 신앙이 나타납니다.

먼저 사울과의 관계에서 다윗은 그를 여호와의 기름 부은 종으로 마지막까지 섬겼습니다. 또 요나단과의 관계에서도 다윗은 생명을 주고받을 정도의 우정을 나눴던 그에게 약속한 대로, 그의 후손을 영원히 왕궁에서 살게 했습니다.

기독 음악인은 다윗처럼 먼저 하나님께 사랑받을 만한 신앙을 가져야 합니다. 그래야 그 신앙이 담긴 아름다운 음악을 할 수 있습니다. 우리는 지금 어떤 음악을 만들며 연주하고 있습니까? 기독 음악인으로서 그 음악에는 하나님에 대한 신앙이 반영되어 있어야 합니다. 하나님은 다윗의 신앙이 담겨 있는 '활 노래'를 들으시고 이때부터 다윗의 말년까지 이스라엘 역사상 가장 찬란한 시기를 주셨습니다. 그뿐 아니라 다윗을 미

위하고 사울을 흠모했던 백성들까지 이 노래를 통해 다윗을 사랑하고 따르게 되었습니다.

기독 음악인이라면 무엇보다 하나님의 사랑을 음악에 담도록 노력해야 합니다. 그러기 위해서는 먼저 다윗처럼 하나님께 사랑받을 만한 신앙을 가져야 합니다. 그 신앙에 기초해 세상과 자연, 사람을 보면서 얻는 영감으로 하나님을 기쁘시게 하고 사람들에게 감동을 주는 음악을 만들고 연주하시길 바랍니다.

건축업자
지혜로운 건축자
_마 7:24-27

오늘 본문은 마태복음 5장에서 7장까지 이어지는 예수님의 산상수훈 중 마지막 결론 부분입니다. 예수님은 말씀을 잘 듣고 행하는 사람과 그렇지 못한 사람을 건축자에 비유해 설명하고 있습니다.

가장 중요한 집의 기초

팔레스타인 지방은 여름이 되면 대부분의 강이 완전히 말라 물기 없는 모래사장을 만들어 냅니다. 그러다 겨울이 되면 9월부터 내리기 시작하는 집중호우 때문에 강마다 급류가 넘쳐나게 됩니다. 이 같은 환경에서 쉽게 집을 지으려는 사람들은 여름철에 모래사장 위에 지어 버립니다. 물이 말라 지천에 널려 있는 것이 사막이기 때문에 집터는 찾기가 쉽습니다. 모래사장은 집을 짓는 데도 큰 수고가 필요하지 않습니다. 그러나 이 경우 겨울이 되어 비가 내리고 창수가 나며 바람이 불면 쉽게 무너지고 맙니다. 모래 위에 집을 지었기 때문에 당연한 결과입니다. 참으로 어리석은 일입니다.

지혜로운 사람은 여름철에 강물이 말라 제아무리 넓은 모래사장을 만들어 놓는다 해도 거기에 미혹되지 않습니다. 물론 사방이 모래로 되어 있는 곳에서 반석을 찾는 것은 무척이나 힘든 일입니다. 그러나 장차 겨울에 겪을 물난리를 생각하며 기어코 반석을 찾아내 그 위에 집을 짓습니다. 이 사람의 수고는 겨울이 되면 결실을 맺습니다. 아무리 세찬 물결이 부딪혀도 집이 쉽게 무너지지 않습니다. 반석 위에 지었기 때문입니다.

예수님께서 산상수훈을 마치시면서 이 건축자의 비유로 결론을 맺으신 이유가 무엇일까요? 지금까지 예수님이 가르쳐 주신 말씀을 잘 듣고 행하는 사람은 지혜로운 건축자와 같지만, 반면 말씀을 듣되 실행에 옮기지 않는 사람은 마치 어리석은 건축자와 같음을 강조하고자 하신 것입니다.

오늘날의 건축

오늘날도 어떤 집은 설계도가 정확하고 충실할 뿐 아니라, 지진이 나도 쉽게 흔들리지 않을 반석 위에 세워집니다. 거기다 재료도 튼튼한 것만 골라 쓰고, 시간이 좀 걸리더라도 모든 공정에 꼼꼼히 최선을 다합니다. 이런 집은 틀림없이 안전한 집이 될 것입니다.

반면 날림공사로 지어진 집도 있습니다. 이런 집은 일단 설계도부터 그저 형식만 갖췄을 뿐 정확하지가 않습니다. 게다가 지반도 굳건하지 않고 매우 약합니다. 또 믿을 수 없는 재료를 쓰고, 짧은 기간에 대충 완성합니다. 이런 집은 아무래도 오래갈 수가 없습니다. 과거에 와우아파트나 삼풍백화점, 성수대교가 무너진 것도 다 이런 이유 때문이 아니겠습니까?

두 건축자의 차이

그러면 지혜로운 건축자와 어리석은 건축자는 구체적으로 어떻게 다릅니까? 집의 기초를 어떻게 놓는지가 다릅니다. 수고를 많이 하는지, 적게 하는지가 다릅니다. 반석 위에 집을 지은 사람과 모래 위에 집을 지은 사람의 차이는 노력에 있습니다. 건축가로서 우리는 수고하지 않고 쉽게 집을 지으려는 어리석은 사람이 되지 말아야 합니다. 조금 힘들고 시간과 물질을 더 투자하더라도 견고한 반석 위에 집을 짓는 지혜로운 건축가가 되어야 합니다.

또 먼 장래를 내다보는지, 아니면 당장 눈앞에 닥친 현실만 보는지도 다릅니다. 지금 당장 눈앞의 편리와 이익만 생각해 큰 노력 들이지 않고 쉽게 집을 짓는 사람이 있습니다. 이런 사람은 어리석은 사람입니다. 반면 당장은 고생스럽고 많은 시간과 노력을 투자해야 하지만, 멀리 장래를 내다보면서 굳건한 반석을 찾아 집을 짓는 사람이 있습니다. 이런 사람은 지혜로운 사람입니다.

신앙인도 예수님의 말씀에 어떻게 반응하는지에 따라 어리석은 건축자와 지혜로운 건축자로 나뉩니다. 예수님의 말씀을 듣되 행하지 않는 사람은 모래 위에 집을 짓는 어리석은 건축자와 같습니다. 그런 사람은 인생에 모진 비바람이 몰아치면 금세 무너져 버리고 맙니다. 반면 예수님의 말씀을 듣고 행하는 사람은 굳건한 반석 위에 집을 짓는 지혜로운 건축자와 같습니다. 인생에서 어떤 고난과 시련이 닥쳐와도 결코 흔들림이 없습니다.

지혜로운 건축자

일본 도쿄의 임페리얼 호텔을 건축한 사람은 미국 건축가 프랭크 로 이드 라이트입니다. 그가 호텔 건축을 맡은 뒤 기초 공사에만 2년이나 걸리고 비용도 엄청나게 들어갔기 때문에, 당시 일본 건축가들은 하나같이 낭비라고 그를 비난했습니다. 그런데 준공 후 5년이 되었을 때 도쿄에 대지진이 일어났습니다. 모든 건물이 무너져 내렸고, 많은 사람이 지진으로 매몰되어 죽었습니다. 그러나 임페리얼 호텔만은 견고하게 그대로 서 있었습니다. 이후 일본 건축계에서 라이트의 건축공법은 표준이 되었으며, 라이트는 일본 건축학의 아버지로 존경받게 되었습니다.

건축가로서 건물의 기초가 중요하다는 사실은 누구보다도 잘 아실 것입니다. 앞으로도 건축의 기초는 물론 마무리까지 정직하고 책임감 있게 공정해 튼튼하고 안전한 건축물을 만드시길 바랍니다. 아울러 그리스도인으로서 하나님의 말씀을 듣는 데서 그치지 말고 행함으로까지 나아가, 인생의 집도 굳건하게 세워 가는 지혜로운 건축자가 되시길 바랍니다.

군인
파수꾼의 사명
_겔 33:1-7

우리나라는 수없이 많은 전쟁과 나라를 빼앗긴 경험을 가지고 있습니다. 그중에서도 6·25 전쟁은 가장 비참한 동족상잔의 상처를 안겨 주고 분단체제를 고착시킨 고통스런 역사로 남아 있습니다. 그리고 우리는 아직도 같은 민족이 서로 총부리를 겨누고 있는 실정입니다.

파수꾼의 역할
파수꾼은 오늘날로 말하면 보초 혹은 경계병입니다. 적들의 동태를 살피다 침공의 조짐이 보이면 즉시 사람들에게 알려 방어하게 하는 것이 파수꾼의 역할입니다.

하나님이 에스겔을 이스라엘의 파수꾼으로 삼았다는 것은, 그가 임박한 하나님의 심판을 백성에게 알려 회개하고 돌이키게 하는 책임을 맡은 사람이 되었다는 뜻입니다.

과거 북한 군인이 삼중 철책을 넘어 우리나라 최전방 내무반을 찾아와 친절하게 노크까지 하고 귀순 의사를 밝혔던 일이 있었습니다. 북한의 목선이 아무런 제재도 받지 않고 삼척항으로 들어오는 일도 있었습니다. 군인이 보초를 제대로 서지 못하면 이런 일이 일어나는 것입니다. 그러므로 낮이든 밤이든 파수하는 장소에서 자신의 역할을 다하는 책임감 있는 군인이 되어야 합니다. 군인들이 이 파수꾼의 사명을 철저히 감당할 때 국민이 평안하게 살 수 있습니다.

영적 파수꾼

우리는 기독 군인으로서 복음의 파수꾼이기도 합니다. 우리가 속한 부대에서 영적 파수꾼으로 선교적 사명을 감당할 책임이 우리에게 있습니다.

집을 떠나 낯선 이들과 엄격한 통제와 규칙 아래 살다 보면, 사회에서 경험해 보지 못했던 두려움과 불안감이 찾아올 수 있습니다. 그리고 그렇게 마음이 가난해져 있을 때 복음이 더 크게 들릴 수 있습니다. 그래서 군대를 복음의 황금어장이라고 하던 시기도 있었습니다. 그만큼 지금은 청년들이 복음에 마음을 비교적 쉽게 열 수 있는 때이기에, 기도와 말씀으로 무장한 영적 파수꾼이 절대적으로 필요합니다.

"그러나 칼이 임함을 파수꾼이 보고도 나팔을 불지 아니하여 백성에게 경고하지 아니하므로 그중의 한 사람이 그 임하는 칼에 제거당하면 그는 자기 죄악으로 말미암아 제거되려니와 그 죄는 내가 파수꾼의 손에서 찾으리라"(6절). 파수꾼이 적군이 다가오는 것을 보고도 나팔을 불지 않으면 그 결과에 대한 책임이 그에게 있는 것처럼, 이곳에서의 시간을 낭비하거나 기회를 놓쳐 누군가에게 복음을 전하지 못해 생긴 결과에 대해 하나님은 우리에게 그 책임을 물으실 수 있습니다.

그러므로 영적 파수꾼으로서의 사명은, 늘 깨어 다가오는 심판을 경고하고, 사람들의 죄를 깨우쳐 하나님 앞에 바로 서게 하는 것입니다.

사명감을 가지고

6·25 전쟁의 영웅 더글러스 맥아더 장군은, "작전에 실패한 지휘관은 용서받을 수 있어도, 경계에 실패한 지휘관은 용서받을 수 없다"고 했습니다. 전쟁의 승패는 경계에 의해 좌우됨을 강조한 말이라고 할 수 있습니다. 영적 전쟁도 마찬가지입니다. 하나님은 파수꾼의 비유를 통해 에스겔의 선지자적 사명과 책임을 밝혀 주셨습니다. 에스겔이 유다 왕국 말기에 민족의 파수꾼으로 세움 받은 것처럼, 모든 그리스도인은 각각의 시대와 장소에서 영적 파수꾼으로 임명 받은 것이라 할 수 있습니다. 그러므로 군 복무를 하고 있는 우리는 나라를 지키는 파수꾼의 사명을 목숨 걸고 감당하는 것은 물론이고, 함께 복무하는 동료들의 영혼을 깨우는 영적 파수꾼의 역할도 충성스럽게 감당해야 합니다.

군인으로서 나라와 민족의 안전을 지키는 파수꾼의 역할을 잘 감당하시길 바랍니다. 그러려면 한순간도 나태하거나 해이해짐 없이 늘 깨어 긴장하고 경계해야 합니다. 더불어 예수 그리스도의 군사로서 영적 파수꾼의 역할도 충실히 해내야 합니다. 우리가 지금 나팔을 불지 않으면 누군가가 하나님의 구원을 놓칠 수도 있다는 절박함을 가지고 복음의 나팔을 높이 들어 영적 파수꾼의 사명도 잘 감당하시길 바랍니다.

체육인
러너스 하이(runners high)
_고전 9:24-27

스포츠에는 반드시 존재하는 것이 몇 가지 있습니다. 경기장과 선수, 경기 규칙, 우승자가 받는 메달과 보상 등입니다. 오늘 본문에서 사도 바울은 운동경기의 이런 요소들을 비유로 들어 영적 경주에 대해 상세하게 설명하고 있습니다.

운동선수라면

사도 바울은 운동선수가 명심해야 할 몇 가지에 대해 말합니다. 먼저 여러 사람이 경기에 출전하지만 정작 상을 받는 자는 적다는 것입니다. 운동장에서 다 열심히 달릴지라도 상 얻는 자는 오직 한 명입니다(24절). 개인종목 운동은 다 그렇습니다. 그래서 승리하려면 힘써 노력해야 합니다(25절). 특히 모든 일에 절제해야 합니다. 엄격한 훈련은 물론 심지어 식사나 수면, 오락까지 통제하고 절제해야 합니다. 선수로서 잘 견디고 참는 것은 필수 조건입니다.

또 운동선수는 오직 앞만 향해 달려가야 합니다. 달리기 선수가 앞만 보지 않고 옆이나 뒤를 돌아보면 승리할 수 없습니다. 신앙의 경주도 마찬가지입니다. 사도 바울은 빌립보서 3장 13-14절에서, "형제들아 … 뒤에 있는 것은 잊어버리고 앞에 있는 것을 잡으려고 푯대를 향하여 … 부름의 상을 위하여 달려가노라"라고 말했습니다. 우리 그리스도인은 뒤에 있는 것은 잊어버리고 앞만 바라보고 달려가야 합니다. 사도 바울은 우리의 푯대(목표)는 예수 그리스도라고 말합니다. 예수님을 향해 달려가고 예수님을 위해 모든 것을 해로 여기며 사는 것이 그리스도인의 삶입니다.

운동선수는 또 상을 얻기 위해 달려가야 합니다. 취미로 운동하는 사람들과 달리 전문적인 운동선수들은 무조건 메달이나 벨트를 따기 위해 노력합니다. 이처럼 목표가 분명해야 원하는 결과에 더 가까이 갈 수 있습니다. "운동장에서 달음질하는 자들이 다 달릴지라도 오직 상을 받는 사람은 한 사람인 줄을 너희가 알지 못하느냐 너희도 상을 받도록 이와 같이 달음질하라"(24절). 믿음의 경주에서도 상을 얻도록 달려가야 합니다. 히브리서 11장 6절은 말합니다. "하나님께 나아가는 자는 반드시 그가 계신 것과 또한 그가 자기를 찾는 자들에게 상 주시는 이심을 믿어야 할지니라."

운동선수는 힘들어도 끝까지 인내하면서 자신의 길을 포기하지 말아야 합니다. 지금의 어려움을 잘 참는 자에게 승리가 있는 것입니다. 하고 싶은 일 다 하고서 승리를 기대할 수는 없습니다. 위기와 슬럼프가 찾아와도 잘 견디고 넘겨야 합니다. 운동선수가 경기에서 승리하기 위해 모든 것을 인내하고 절제하듯, 신앙의 경주를 하는 우리도 승리의 삶에 유혹이나 방해가 되는 것을 제거하고 끝까지 견뎌야 합니다. 누가복음 21장 19절은 이렇게 말합니다. "너희의 인내로 너희 영혼을 얻으리라."

작은 보상

마라톤 선수들은 30분 이상 달리면 몸이 가벼워지고 머리가 맑아지면서 쾌감이 느껴진다고 합니다. 이를 '러너스 하이'(runners high) 혹은 '러닝 하이'(running high)라고 부릅니다. 이때는 오래 달려도 전혀 지치지 않을 것 같고, 계속 달리고 싶은 마음이 든다고 합니다. 짧게는 4분, 길면 30분 이상 지속되는 러너스 하이 증상은 수영, 사이클, 야구, 럭비, 축구, 스키 등 장시간 지속되는 운동에서 나타나는 특징이 있습니다.

뮌헨공과대학(TUM) 핵의학 분야 헤닝 뵈커 교수팀은 운동 중 생성되는 엔돌핀의 존재를 처음으로 증명했습니다. 달리기를 한 뒤 행복감과 만족감이 높아지는 것 역시 엔돌핀과 관련되어 있다는 것을 의미합니다. 또 장거리 달리기가 우울증을 감소시킨다는 증거를 찾은 과학자들도 있습니다. 운동선수에게는 이런 보상이 존재한다는 것에 작은 위로를 받으시기 바랍니다.

우리가 잘 아는 류현진, 손흥민, 김연경 등 세계 최고의 선수들이 해외에서 성공적인 경기를 마치고 귀국할 때면, 공항에 엄청나게 많은 인파가 몰립니다. 특히 그들이 고향이나 모교라도 방문하게 되면 그곳의 환영 분위기는 정말 대단합니다. 이런 경우를 가리켜 '금의환향'(錦衣還鄕)이라고 말합니다. 비단 옷을 입고 고향으로 돌아온다는 뜻입니다.

운동선수로서 목표하는 결과를 얻어 이 땅에서 이 같은 영광을 반드시 누릴 수 있기를 바랍니다. 그뿐 아니라 믿음의 경주에서도 최선을 다해 천국에서는 더 빛난 영광을 누릴 수 있길 소망합니다.

문인·예술인

창조 세계를 보며
_시 8:1-9

1962년은 미국과 당시 소련이 우주 경쟁을 치열하게 벌이던 때였습니다. 소련이 미국보다 한 발 앞서 2월 20일에 가가린 소령을 태운 유인 우주선을 발사했습니다. "지구는 푸르다!" 인류 최초의 우주인 가가린이 우주에서 돌아왔을 때 한 유명한 말입니다. 그리고 가가린은 공산당원답게 한마디 덧붙였습니다. "우주 어디에도 하나님은 없었다!" 그러나 5개월 후 7월 10일 미국 최초 우주인 글렌 중령은 우주 여행 뒤에 매우 대조적인 말을 했습니다. "우주에 하나님의 영광이 가득했다!"

같은 우주를 봤는데, 한 사람은 하나님이 없다고 하고, 한 사람은 하나님의 영광이 가득했다고 말했습니다. 왜 이런 차이가 생겼을까요? 간단합니다. 한 사람은 영적인 눈이 어둡고, 한 사람은 건강했기 때문입니다. 한 사람은 하나님의 은혜를 모르고, 한 사람은 그 은혜를 깊이 체험했기 때문입니다. 우리도 영적인 눈을 떠야 합니다. 그래야 온 땅에 주의 이름이 가득하고, 하늘에 주의 영광이 가득한 것을 볼 수 있습니다.

아름다운 창조물

이 시편은 처음과 마지막 절이 같습니다. "여호와 우리 주여 주의 이름이 온 땅에 어찌 그리 아름다운지요." 이 시의 저자 다윗은 지금 온 땅과 하늘을 보며 하나님을 생각하고 있습니다. 세상은 정말 아름답습니다. 이 모든 것을 지으신 하나님 역시 아름다운 분이십니다. 세상이 이토록 아름답다면 이것들을 만드신 하나님은 아름다움 그 자체가 아니겠습니까? 세상이 하나님의 창조물이라면, 이 세상의 아름다움은 하나님의 영광을 나타내 주고 있는 것입니다. 그런데 이런 세상의 아름다움을 글이나 예술 작품으로 표현할 수 있다면 그 또한 얼마나 멋지고 귀한 일입니까? 우리가 바로 이런 특권을 가지고 있는 사람입니다.

"주의 손가락으로 만드신 주의 하늘과 주께서 베풀어 두신 달과 별들을 내가 보오니"(3절). 다윗은 하나님이 창조하신 땅과 밤하늘의 별을 보며 외쳤습니다. "어찌 그리 아름다운지요!"

인간의 아름다움

다윗이 발견한 하나님의 아름다움은 또 무엇입니까? 하나님께서는 인간들에게 삶의 의미를 주심으로 그들을 아름답게 하셨습니다. 에덴동산에서 인간을 창조하신 하나님은 모든 피조물을 잘 관리하라는 아름다운 직책을 주셨습니다. 이것을 본문 5절에서는 이렇게 표현했습니다. "그를 하나님보다 조금 못하게 하시고 영화와 존귀로 관을 씌우셨나이다." 하나님께서는 인간에게 그분의 손으로 만드신 것을 다스리게 하시고 만물을 그 발 아래 두셨습니다(6절). 인간에게 아름다운 직분을 주심으로 존귀하게 살게 하신 것입니다. 왕이 되어 많은 사람을 다스리고 있는 다윗에게는 모든 삶이 아름답고 의미 있게 보였습니다. 그리고 그는 그 모든 것이 하나님의 마음에서 나온 귀한 것임을 알았습니다. 이처럼 다윗은 하나님이 만드신 만물과 사람에 대한 바른 이해가 있었습니다.

아름다움 너머의 무엇

글을 쓰거나 예술을 하는 사람은 다윗의 감성과 통찰력을 배워야 합니다. 무엇보다 기독 문인과 예술인은 모든 자연 만물에서 하나님을 볼 수 있는 안목이 있어야 합니다. 본문을 자세히 살펴보면 다윗은 자연의 아름다움 그 너머의 무엇인가를 보고 감탄한 것입니다. 즉, 그는 '주의 이름'과 '주의 영광'을 봤습니다(1절). 그 찬란한 아름다움에서 하나님의 솜씨와 흔적을 봤습니다. 하나님께서 창조를 마치시고 남기신 사인을 보았다는 것입니다.

시인 류시화와 박노해가 함께 지은 이야기 시 가운데 「사람이 꽃보다 아름다워」라는 것이 있습니다. 인간은 정말 아름답습니다. 아무리 꽃이 아름답다 해도 인간보다 더 아름다울 수는 없습니다. 다윗은 이러한 인간의 아름다움을 볼 수 있었습니다. 한 생명보다 더 귀하고 소중한 것은 없다는 것을 볼 수 있었습니다.

그리스도인으로서 글을 쓰거나 예술을 하는 사람은 하나님의 눈으로 이 세상이나 사람을 바라봐야 합니다. 그러면 너무나 많은 작품의 소재가 하나님이 지으신 창조 세계를 통해 보일 것이기 때문입니다. 하나님이 만드신 아름다운 것들을 발견하는 영적인 눈으로 사람들의 어두운 눈을 밝혀 주는 귀한 작품을 많이 만들 수 있기를 바랍니다.

프리랜서
착하고 충성된 종
_마 25:14-30

만약 우리가 건물 7층에서 샌드위치를 판매해야 한다면 어떻게 소비자의 마음을 끌 수 있을까요? 어쩔 수 없이 7층에서 가게를 내야 하고, 자신 있는 메뉴가 샌드위치밖에 없다면, 손님들의 마음을 어떻게 사로잡을 수 있을까요? 상식적으로는 부정적인 결론에 이를 수밖에 없을 것입니다. 그러나 호주 멜버른의 한 건물 7층에 위치한 샌드위치 가게 '재플 슈츠'는, 손님들이 앱을 통해 주문한 샌드위치를 정한 시간에 낙하산에 매달아 아래로 떨어뜨림으로 이 문제를 긍정적으로 극복했습니다. 7층에서 낙하하는 샌드위치는 화살표로 표시된 낙하 예상 지점에서 대기하고 있는 손님들에게 받는 재미를 더해 주었습니다. 사람들은 높은 곳에서 낙하산으로 내려오는 이 샌드위치를 먹기 위해 줄을 서게 되었고, 이 집은 대박이 났습니다.

주님이 주신 것

프리랜서는 일반 직장인과는 다르게 좀더 자유로운 공간과 시간적

환경에서 일합니다. 그러므로 재플슈츠 가게의 창업주들처럼 좀더 창조적으로 일한다면 더 좋은 결과를 낼 수 있습니다. 특별히 우리 신앙인에게는 하나님이 주시는 지혜와 창의력이라는 훌륭한 도구가 있습니다.

오늘 본문의 착한 종은 주인이 나누어 준 달란트가 자신의 것이 아니라 주인의 소유임을 분명히 알았습니다(14절). 주인이 자신의 소유를 일정 기간 맡겨 둔 것일 뿐이었습니다. 청지기 정신을 가진 종이라면, 자신의 손에 있는 것이 자신이 아니라 주인의 것임을 알아야 합니다. 당연히 주인의 것을 자기 것인 양 마음대로 사용해서도 안 됩니다. 지금 우리가 가지고 있는 것도 모두 주님이 우리에게 일정 기간 맡겨 주신 것입니다. 시간, 물질, 재능, 직위 등 모든 것이 그렇습니다. 어느 하나 우리 것은 없습니다.

적극성과 결단력

프리랜서로 일하다 보면 자유로운 근무조건으로 인해 자칫 안일해지기 쉽습니다. 그러므로 때에 따라 누구보다 빠른 판단력과 결단력 있는 선택이 필요합니다. 본문에서 한 달란트 받은 자는 가서 땅을 파고 그 주인의 돈을 감춘(18절) 반면 다섯 달란트, 두 달란트 받은 자는 바로 가서 장사를 했습니다(16-17절). 이는 적극적인 자세와 결단력 있는 행동을 말합니다. 성실함을 말합니다. 재정적으로 독립해 혼자 일하다 보면 어떤 결정이든 거기엔 자신이 고스란히 감당해야 하는 모험이 따릅니다. 그러나 그 모험을 주저해서는 안 됩니다. 우유부단하면 안 됩니다. 적극적으로 결단하고 행동해야 합니다.

결산의 날

한 달란트 받은 자는 자신의 소극적인 행동에 대해 두려움 때문이었다고 변명했습니다(25절). 혹시 장사하다 본전마저 잃게 되면 어쩌나 두려웠던 것입니다. 그러나 실패를 두려워하면 아무것도 할 수 없습니다. 믿음으로 결단해야 합니다. 인생의 자랑은 한 번도 실패하지 않았다는 데 있는 것이 아닙니다. 실패했어도 그것을 경험 삼아 다시 일어서는 게 더 중요합니다. 불안하고 두려워 도전하지 않은 한 달란트 받은 자는, 그것을 땅에 감추어 두었기에 그대로 한 달란트밖에 남은 게 없었습니다. 그러나 다섯 달란트, 두 달란트 받은 자는 갑절을 남겼습니다. 풍성한 열매를 맺은 것입니다. 충성된 종은 얼마 후에 주인이 돌아와 결산한다는 사실, 즉 마지막을 알고 일을 합니다(29절). 언젠가 주인과 결산할 날을 생각하며 그에 대비해 준비하고 충성하는 것입니다.

우리의 삶은 하루하루 결산 보고서를 준비하는 것과 같습니다. 언젠가 그 결산서를 주님 앞에 제출할 날이 올 것입니다. 그때 "네 주인의 즐거움에 참여할지어다"(21절)라는 칭찬을 받을지, "바깥 어두운 데로 내쫓으라"(30절)라는 심판을 받을지는 지금 우리 자신에게 달려 있습니다. 프리랜서로서 하나님이 주신 창의력과 재능, 지혜를 최대한 사용하고, 적극적인 자세와 결단력 있는 행동으로 과감하게 삶을 헤쳐나가 풍성한 열매를 거둘 수 있길 바랍니다. 그래서 인생 결산의 날 하나님께 착하고 충성된 종이라 칭찬받을 수 있길 소망합니다.

8장

불신자 심방

Sermon for Visiting

나중에 믿겠다는 사람
어느 부자의 착각
_눅 12:16-21

제주도에 가면 도깨비 도로가 있습니다. 실제로는 경사가 낮은 내리막길인데 영락없이 오르막길처럼 보입니다. 그래서 자동차 시동을 끄고 있으면 실제로는 내려가는데 마치 올라가는 것처럼 느껴집니다. 주변 환경 때문에 착각을 일으키는 착시 현상입니다.

부자의 인생관

오늘 본문에는 큰 착각으로 인생에서 실패한 사람의 이야기가 등장합니다. 그는 큰 부자였습니다. 겉보기에는 성공한 것처럼 보였습니다. 그러나 사실은 인생을 잘못 산 어리석은 사람입니다. 그래서 이 이야기를 흔히 '어리석은 부자의 비유'라고 부르기도 합니다. 이 부자는 자신이 착각에 빠져 있는 줄도 모르고, 세속적 성공만을 위해 정신없이 살았습니다. 그리고 그렇게 계속 엉뚱한 방향으로 나아가다 어느 날 문득 한 번 건너면 영영 돌아오지 못하는 다리 앞에 서게 되었습니다.

본문의 부자는 아마 모든 사람의 선망의 대상이었을 것입니다. 그는 대지주로 광활한 농토를 소유하고 있었고, 거기서 소출이 많이 나왔습니다. 얼마나 많았던지 쌓아 둘 데가 모자랄 정도였습니다. 그래서 창고를 확장해 다시 가득 채웠습니다. 그리고 이제는 한가롭게 인생을 즐길 계획을 짜놓고 있었습니다.

착각으로 실패한 인생

모든 것이 완벽해 보이는데 왜 그 부자를 실패한 인생이라고 말하는 것입니까? 그의 착각 때문입니다. 그 부자는 인생이 다 자기 계획대로 되는 줄로 착각했습니다. 본문에서 가장 많이 나오는 단어가 있습니다. '나'라는 단어입니다. NIV에 의하면, '내가'(I)와 '내'(my)라는 단어가 각각 다섯 번씩 나옵니다. 이것이 무엇을 의미합니까? 그는 인생이 자기 마음대로 되는 줄 알았던 것입니다. 자신이 계획하고 노력하면 그대로 다 되는 줄로 생각했습니다. 지금까지 살아오면서 제법 성공했기 때문에 그렇게 생각하게 됐는지도 모릅니다.

그러나 그것은 어디까지나 착각입니다. 자신의 인생이라도 다 자기 계획대로 되는 게 아닙니다. 그러면 세상에 실패하는 인생은 하나도 없을 것입니다. 우리 인생은 우리의 계획이 아니라 하나님의 뜻대로 됩니다. 우리 인생이라고 말하지만 실은 하나님 손 안에 있습니다.

사실 우리 인생이라고 주장하는 것은 이치상으로도 맞지 않습니다. 우리 인생이라면서 우리는 자신의 몸 상태도 잘 모릅니다. 살면서 갑작스럽게 발병하는 경우가 얼마나 많습니까? 어떤 사람은 6개월마다 꼬박꼬박 건강진단을 받았는데도 갑자기 중병에 걸리기도 합니다. 이게 인생입니다. 우리 인생이라면서 일 년이나 십 년 후는 물론이고, 심지어 내일 일도 모릅니다. 언제 어떤 일이 일어날지, 언제 죽을지도 모릅니다. 그래서 잠언 27장 1절은 이렇게 말합니다. "너는 내일 일을 자랑하지 말라 하루 동안에 무슨 일이 일어날는지 네가 알 수 없음이니라."

죽음 이후의 세계

오늘 본문의 부자는 또 죽음 이후의 세상이 없는 줄로 착각했습니다. 그는 이 세상이 너무 좋아 죽기 싫었을 겁니다. 아예 죽음을 외면하고 싶었을 겁니다. 그러나 불현듯 죽음이 그에게 다가왔습니다. "하나님은 이르시되 어리석은 자여 오늘 밤에 네 영혼을 도로 찾으리니 그러면 네 준비한 것이 누구의 것이 되겠느냐 하셨으니"(20절).

죽음은 모든 것을 빼앗아 갑니다. 그리고 그 후 우리는 심판대 앞에 서게 됩니다. 그러므로 착각하지 말고 꼭 기억하십시오. 우리에게는 반드시 죽음과 심판이 있습니다. 육신은 흙에서 왔으니 흙으로 돌아가고, 영혼은 하나님 앞에서 심판받고 내세로 들어갑니다. 히브리서 9장 27절은 말합니다. "한 번 죽는 것은 사람에게 정하신 것이요 그 후에는 심판이 있으리니." 그리고 오늘 여기서 천국 또는 지옥이 결정됩니다. 그러므로 이를 대비해야 합니다.

뒤늦은 후회

과학기술처 장관을 지내고, 호서대학교 총장을 역임한 정근모 장로는 인생에서 가장 후회하는 일이 한 가지 있다고 합니다. 그것은 고등학교 동창이자 절친한 친구인 김재익 박사에게 복음을 전할 기회를 놓쳐버린 것입니다. 당시 김재익 박사는 대통령 경제수석 비서관으로 근무하고 있었습니다. 사랑하는 친구에게 꼭 예수님을 소개하고 싶었던 정근모 장로는 몇 번이나 자리를 만들었지만, 그때마다 기회를 놓치고 말았습니다. 김재익 박사가 대통령을 수행해 동남아로 떠나기 전에 그들은 또 한 번의 만남을 가졌지만, 그때도 망설이다 결국 복음을 전하지 못하고 다음 기회로 미룬 채 헤어졌습니다. 그리고 정근모 장로는 중국으로 회의차 출국했습니다. 그런데 중국에 있던 정근모 장로에게 '아웅산 폭발사건' 소식이 들려왔습니다. 대통령을 수행했던 김재익 박사는 이미 이 세상 사람이 아니었습니다. 정근모 장로는 가장 절친했던 친구의 죽음과 예수님을 전하지 못했다는 자책감에 가슴을 치며 통곡했다고 합니다.

우리는 인생의 마지막이 언제 어떻게 찾아올지 아무도 모릅니다. 그러나 많은 사람이 오늘 본문의 어리석은 부자처럼 자신이 인생의 주인인 것처럼 착각하며 살아갑니다. 이제 그만 착각에서 깨어나십시오. 우리는 한 치 앞도 알지 못하는 연약한 인생이며, 더구나 죽음 이후에는 하나님의 심판이 있다는 사실을 기억하십시오. 그날을 준비하는 지혜로운 인생이 되시길 바랍니다.

죄가 많아서 못 믿겠다는 사람

죄의식 때문에

_요 8:1-11

　미국의 베스트셀러 작가 존 맥아더는 『양심 실종』이라는 책에서, "죄의식은 하나님의 가장 큰 선물이다"라고 말합니다. 그러면서 하나님께서 인간에게 주신 가장 큰 선물인 이 죄의식 곧 양심이 마비되어 가고 있는 시대에 우리가 살고 있다고 지적합니다.

양심을 두드리신 예수님
　어느 날 서기관과 바리새인들이 간음하다 현장에서 잡힌 여인을 끌고와 예수님께 물었습니다. "이 여자가 간음하다 현장에서 잡혔습니다. 모세 율법은 이런 여자는 돌로 치라고 명했습니다. 선생님은 어떻게 말씀하시겠습니까?" 돌로 치라고 내주면 그동안의 사랑과 용서의 가르침에 반대되고, 여인을 감싸고 용서해 주면 모세의 율법을 어기게 되는 곤란한 상황에서, 예수님은 말씀 대신 몸을 굽히시고 땅에 무엇인가를 쓰신 뒤 이렇게 말씀하셨습니다. "너희 중에 죄 없는 자가 먼저 돌로 치라"(7절). 사람들은 이 말씀을 듣고 양심에 가책을 느꼈습니다. 그래서 어른부터 젊은이까지 돌을 버리고 하나둘 사라졌습니다. 정리하던 사람들이 다 떠나고 나자 예수님이 여인에게 말씀하셨습니다. "나도 너를 정죄하지 아니하노니 가서 다시는 죄를 범하지 말라"(11절). 이 이야기에서 "양심에 가책을 느껴"(9절)라는 구절에 주목할 필요가 있습니다.

죄의식의 중요성

세상에는 신앙인이면서도 잘못된 일을 버젓이 행하며 말씀과 상관없이 자기 멋대로 사는 사람이 있습니다. 마치 양심도 죄의식도 없는 것처럼 보입니다. 반면 교회에 다니지는 않지만 스스로 죄를 많이 지었다며 죄의식을 가지고 있는 사람이 있습니다. 이런 사람은 나중에라도 예수님을 받아들이기가 쉽습니다.

성경에도 이 두 종류의 사람이 있습니다. 헤롯 왕은 동생을 죽이고 그의 아내를 취했습니다. 세례 요한이 이를 신랄하게 비판했으나, 헤롯 왕은 전혀 죄의식을 느끼지 못했습니다. 그래서 회개는커녕 결국 세례 요한의 목을 베고 맙니다.

그러나 다윗 왕은 달랐습니다. 다윗이 신하 우리아 장군을 죽이고 그의 아내를 취하자, 나단 선지자가 찾아와 죄를 지적했습니다. 이에 죄의식을 갖게 된 다윗은 눈물로 침상을 적실 정도로 울며 회개했습니다. 결국 똑같이 죄를 지었지만 죄의식이 전혀 없던 헤롯은 폭군으로 남은 반면, 죄의식이 살아 있던 다윗은 이스라엘 역사상 가장 훌륭한 왕이 되었습니다.

스스로 죄가 많다고 느끼는 이유는 죄의식이 있기 때문입니다. 죄의식이 있는 사람은 다윗과 같이 마음을 돌이켜 회개하기가 쉽습니다. 스스로 죄인임을 인정하는 사람에게는 하나님께서 은혜를 주시기 때문입니다.

오늘은 무죄

AP연합통신은 사십 년간 죄책감으로 시달려 온 어느 노인의 이야기를 보도한 적이 있습니다. 그 노인은 죄를 고백하지 않으면 가슴이 터져 죽을 것만 같았다며 스스로 경찰서를 찾아왔습니다. 그리고 평생 은행에서 근무하면서 교묘한 방법으로 사십 년 동안 수억 원을 몰래 빼돌렸다고 고백했습니다. 자수 후 그는 구속되었고, 결국 재판을 받게 되었습니다. 그는 마지막으로 판사 앞에서 이렇게 고백했습니다. "저는 사십 년 동안 수많은 돈을 빼돌렸습니다. 그러나 그 사십 년 동안 하루도 빠짐없이 마음에 압박과 고통을 받았고, 양심에 찔려 얼굴을 들지 못하고 살았습니다. 그러나 이제라도 고백하고 나니 마음이 편안해졌습니다. 이제 어떤 벌이든 달게 받겠습니다." 이 고백을 들은 재판장은 그에게 무죄를 선언했습니다. "당신은 이미 벌을 받았습니다. 죄를 숨긴 대가로 당신은 사십 년 동안 깊은 시름과 압박에 시달려 왔습니다. 그만한 죄의 대가를 이미 받았기에 오늘은 무죄입니다."

점점 양심이 무뎌지고, 죄의식도 사라지는 시대가 되어 가고 있습니다. 그럼에도 죄의식을 느끼고 있다면 오히려 희망적입니다. 아직 양심이 살아 있다는 증거고, 우리 죄를 위해 십자가를 지신 주님께로 나아갈 수 있는 길이 열려 있다는 뜻이기 때문입니다. 의인이 아니라 죄인을 부르시는 예수님께로 나아와 죄의식을 훌훌 털어 버리고 참 평안을 누리시길 간절히 바랍니다.

경제적 여유가 생기면 믿겠다는 사람
돈으로 할 수 없는 것
_눅 12:13-21

본문은 잘 알려진 '어리석은 부자의 비유'와 그 배경이 되는 사건으로 구성되어 있습니다. 어떤 사람이 예수님을 찾아와 선생님이라 부르며 형제들 간의 유산상속에 관한 판결을 내려 달라고 요청합니다. 당시에는 랍비가 법률 자문 역할을 했습니다. 그리고 사람들이 랍비의 권위를 인정했기 때문에, 랍비의 결정이 거의 사법적 효력을 지니고 있었습니다. 이 사람은 예수님을 랍비 정도로 여기고 판결을 부탁한 것입니다.

탐욕의 문제

이 사람은 유산상속 문제와 관련해 예수님께 억울함을 호소했습니다. 당시 유산상속 법에 의하면, 장남이 다른 아들들의 두 배를 유산으로 받도록 되어 있었습니다. 그런데 형제 중 하나가 유산을 나누지 않고 혼자 가로챈 것입니다. 그래서 그는 누군가가 공정하게 판결해 주면 자신의 몫을 되찾을 수 있으리라 생각한 것 같습니다.

그런데 예수님은 이 요청에 대해 단호하게 선을 그으며 거절하셨습니다. 그러면서 그들의 문제가 무엇이고, 무엇이 진짜 중요한지를 말씀하십니다. "삼가 모든 탐심을 물리치라 사람의 생명이 그 소유의 넉넉한 데 있지 아니하니라"(15절). 예수님은 유산상속 문제로 찾아온 사람에게, 돈이 아니라 그 마음에 있는 탐욕이 문제라고 지적하십니다. 그러면서 탐심을 물리치라고 말씀하십니다. 돈 때문에 영혼과 마음이 심각하게 병들었다고 보신 것입니다. 결과적으로 형제도 없고, 인륜도 없고, 미워하는 마음만 남았다고 판단하신 것입니다.

끝없는 탐욕

예수님은 계속해서 한 가지 비유를 드십니다. 한 부자가 농사를 지었는데 소출을 많이 거두게 되었습니다. 아마도 몇 년 동안 계속 풍년이었던 것 같습니다. 그래서 곡식을 쌓아 둘 창고가 모자랐습니다. 어떻게 할까 고민하다, 곳간을 헐고 더 크게 지어 넘쳐 나는 곡식을 저장해 두어야겠다고 생각했습니다. 가만히 생각해 보니 얼마나 흐뭇하고 만족스러운지 모릅니다. "또 내가 내 영혼에게 이르되 영혼아 여러 해 쓸 물건을 많이 쌓아 두었으니 평안히 쉬고 먹고 마시고 즐거워하자 하리라"(19절).

여기까지는 아무 문제가 없습니다. 지극히 당연한 생각입니다. 우리도 이런 호황을 누리면 땅도 사 놓고, 집도 늘리고, 여기저기 투자해 더 많은 수익을 올리려 할 것입니다. 그런데 그다음이 문제입니다. 이렇게 물질을 계속 좇아가다 보면 욕심이 끝이 없어지고, 결국 탐욕의 끝을 보게 되기 때문입니다. 주객이 전도되어 돈을 주인으로 섬기게 됩니다. 돈이 우상과 인생의 목적이 되고, 돈 때문에 그보다 더 가치 있는 것을 잃어버리게 됩니다.

오늘 밤 부르신다면

더구나 만약 그날 밤 하나님이 그 영혼을 불러 가신다면, 그 준비해 놓은 것은 누구의 것이 되겠습니까? 지금 창고를 더 크게 짓고, 더 많은 것을 모아 두는 것이 무슨 의미가 있겠습니까? 욕심은 끝이 없습니다. 하나님의 사람은 이런 욕심에 이끌려 살아서는 안 됩니다. 오늘 본문은 말합니다. "자기를 위하여 재물을 쌓아 두고 하나님께 대하여 부요하지 못한 자가 이와 같으니라"(21절). 이 말씀은 자신을 위해 재물을 쌓아 두려 하지 말고, 하나님에 대해 부요한 자가 되라는 것입니다. 나아가 마태복음 6장 20절에서는 "보물을 하늘에 쌓아 두라"고 말씀하십니다. 이는 재물을 이 땅에서 하나님의 뜻대로 잘 사용하라는 뜻입니다.

재물을 어디에 쌓아 두는지, 어떻게 쓰는지가 왜 중요할까요? 예수님은 본문과 이어지는 12장 34절에서 이렇게 말씀하십니다. "너희 보물 있는 곳에는 너희 마음도 있으리라." 돈을 인생의 가장 큰 보물로 삼고 거기에 마음을 두어서는 결코 행복할 수 없습니다.

어리석은 철새

어떤 철새가 무리와 함께 날아가다 문득 땅에 많은 먹이가 있는 것을 발견했습니다. 배고픔을 이기지 못한 철새는 혼자 그 먹이가 있는 곳에 내려앉아 실컷 주워 먹었습니다. 그러다 무리를 놓쳤고, 결국 그 새는 그곳에 눌러앉고 말았습니다. 일 년이 지나자 동료 철새들이 다시 날아가는 것을 봤지만, 이제는 너무 살이 쪄 날아갈 수가 없었습니다. 다시 일 년이 지나고 또 동료 철새들이 고향으로 날아갑니다. 이 철새는 다시 날갯짓을 해보았습니다. 그러나 그새 몸이 더 무거워져 도저히 날아오르지 못하고 또 주저앉아 버리고 말았습니다. 그렇게 겨울이 세 번 지나자 철새는 몸이 너무 비대해져 고향으로 날아가는 꿈을 영원히 포기할 수밖에 없게 되었습니다.

우리도 자신을 위해서만 물질을 쌓다 보면 어느새 영적으로 둔해집니다. 그러다 정작 하나님의 나라로 가야 할 때, 우리 역시 날지 못하는 안타까운 처지가 될 수도 있습니다. 시편 기자는 말합니다. "우리의 연수가 칠십이요 강건하면 팔십이라도 그 연수의 자랑은 수고와 슬픔뿐이요 신속히 가니 우리가 날아가나이다"(90:10). 한 치 앞도 알 수 없고, 그리 길지도 않은 인생, 세상 욕심 버리고 물질과 비교할 수 없는 영원한 가치를 구하며 지혜롭게 살아가시길 바랍니다.

죄가 없다고 생각하는 사람
만일 우리가 죄 없다 하면
_요일 1:8

　이 세상에 죄 짓지 않고 착하고 의롭게만 사는 사람은 한 사람도 없습니다. 비록 우리가 교회에 다니면서 말씀대로 바르게 살려고 몸부림친다 해도 역시 여전히 죄인일 뿐입니다. 의로운 사람이 되려면, 자신이 어쩔 수 없는 죄인임을 인정하고 회개해 죄 사함을 받는 길밖에 없습니다. 그런 경우에도 죄 용서를 받아 의로운 사람으로 인정받았을 뿐이지 역시 계속해서 죄를 짓고 살 수밖에 없는 것이 우리 인생입니다.

모든 사람이 죄인이다
　세상 사람들은 자신이 죄인이라고 생각하지 않습니다. 물론 흉악한 죄를 지은 사람이야 자신이 죄인이라는 의식을 갖고 있겠지만, 대부분의 사람은 그렇게까지 나쁜 잘못을 저지르진 않았기 때문에, 스스로를 의롭다고 하지는 않더라도 죄인이라고 생각하지도 않습니다.
　그러나 이 세상과 인간을 창조하신 하나님을 없다 하고, 하나님의 것을 제멋대로 사용하면서 살고 있기 때문에 세상 사람도 모두 죄인입니다. 그 사실을 몰라서 그렇다 해도, 죄는 죄입니다. 성경은 사람이 세상을 자세히 살펴보면 하나님이 계심을 알 수 있다고 말합니다. 그래서 하나님을 믿지 않는 사람은 모두 죄인입니다.

만일 죄가 없다고 하면

오늘 본문은 분명히 말합니다. "만일 우리가 죄가 없다고 말하면 스스로 속이고." 스스로 속인다는 말은 자신도 자신의 행동이 잘못인지 알지 못한다는 뜻입니다. 다시 말해 자신이 죄가 없다는 말이 잘못인지도 모른다는 것입니다. 스스로 죄인이 아닌 의인이라고 착각한다는 뜻이기도 합니다. 계속해서 본문은 말합니다. "또 진리가 우리 속에 있지 아니할 것이요." 스스로 죄가 없다고 하면 진리가 그 속에 없다는 뜻이라는 것입니다. 즉, 진리를 알지 못하거나 알면서도 따르지 않는 사람이라는 의미입니다.

성경의 증언

성경은 죄에 대해 무려 1,208회나 언급하고 있습니다. 하나님의 변함없는 진리의 말씀은 한결같이 인간을 죄인이라고 말하고 있습니다. "의인은 없나니 하나도 없으며"(롬 3:10). 성경은 의인이 한 사람도 없다는데 자신만은 의인이라고 우긴다면, 그 사람은 진리를 알지 못하는 것입니다. 또 성경은 스스로 의로운 사람이 될 수 없다는데 자기 스스로 선을 행함으로 의롭게 되려 한다면, 그 사람도 진리를 알지 못하는 것입니다. 예수님께서 그 사실을 아시고 대신 십자가를 지심으로 죄 용서 받는 길을 열어 주셨는데, 끝까지 자신은 죄인이 아니라고 우긴다면 그는 진리에 거하지 않는 것입니다.

신앙의 시작점

신앙은 자신이 죄인이라는 것과, 자신의 힘으로는 아무리 노력해도 의로워질 수 없다는 것을 깨닫고 예수님의 십자가를 붙드는 데서 시작됩니다. 아직도 그 십자가 앞에 무릎 꿇지 못했다면, 신앙생활을 시작도 하지 못한 것입니다. 자신의 고집, 생각, 계획, 지식, 경험이 옳다 생각하고 아직 십자가 앞에 내려놓지 않았다면, 말로는 죄인이라고 고백하지만 사실은 스스로 의로운 사람이라고 생각하고 있는 것임을 명심해야 합니다. 죄인임을 깨닫고 돌이킬 때 비로소 참된 자유가 주어지는 것입니다. "만일 우리가 우리 죄를 자백하면 그는 미쁘시고 의로우사 우리 죄를 사하시며 우리를 모든 불의에서 깨끗하게 하실 것이요"(요일 1:9).

어거스틴은 기독교 역사상 가장 위대한 신학자이자 사상가입니다. 하루는 교회 한 심부름꾼이 어거스틴의 기도실 앞을 지나가다, "나는 죄인입니다. 나를 용서하소서"라고 고백하는 기도 소리를 듣게 되었습니다. 성자로 이름난 어거스틴이 죄인이라고 기도하는 것에 깜짝 놀란 그는 그 자리에 서서 계속 어거스틴의 기도에 귀를 기울였습니다. 그런데 어거스틴이 온종일 드린 기도는 "나는 죄인입니다. 나를 용서하소서"가 전부였습니다.

아무리 성자고 거룩한 사람이라도 하나님 앞에서는 죄인임을 고백할 수밖에 없습니다. 우리는 자신이 하나님 보시기에 끔찍한 죄인임을 깊이 깨달아야 합니다. 그리고 그 죄인 됨을 십자가 앞에서 고백하며 용서를 구해야 합니다. 바로 이 지점에서 바르게 신앙생활을 시작하시길 바랍니다.

의심하는 사람
의심을 버리고
_눅 24:36-43

1800년대 미국 남북전쟁의 영웅이자 문학 천재요, 기독교 비판론자였던 류 월리스(Lew Wallace, 1827~1905)는 기독교를 반박하기 위해 친구 로버트 잉거솔과 함께 전 세계 도서관과 박물관을 다니며 자료를 수집했습니다. 그러나 기독교를 반박하는 글의 제2장 첫 페이지를 쓰다 극적으로 예수님을 만나게 됩니다. 그 후 그는 『벤허』라는 불후의 명작을 남깁니다.

또 미국의 변증가 리 스트로벨(Lee Strobel)은 미주리대학에서 저널리즘을 전공하고, 예일대학교 대학원에서 법학을 공부한 뒤, 1981년까지 시카고 〈트리뷴지〉의 법률부장을 맡았던 사람입니다. 그는 기독교를 공격하던 냉소적인 무신론자였는데, 우연한 기회에 아내를 따라 시카고 윌로우크릭 커뮤니티 교회에 갔다 예수님을 만나게 되었습니다. 그 후 그는 기독교 변증가가 되어 『창조 설계의 비밀』 『부활의 증거』 『예수 사건』 등의 책을 쓰게 됩니다.

주님께로 이끄는 도구

오늘 본문에서 주님은 부활을 의심하는 자들을 책망하기보다 기다려 주십니다. 인내와 용서와 자비의 마음으로 제자들이 믿음을 갖기를 원하시며 "나를 만져 보라"(39절)고 말씀하십니다. 이것이 우리를 향한 주님의 마음입니다. 의심이 다 나쁜 건 아닙니다. 믿기지 않고, 믿을 수 없는 것을 무조건 믿는 것보다는, 정직하게 의심하는 것이 더 좋습니다. 하나님은 믿지 못하는 사람들의 의심을 다 아시고 인내해 주시며, 정직한 의심을 구원으로 인도하는 몽학선생이 되게 하십니다.

『기도』와 『나는 왜 기독교인이 되었는가』라는 베스트셀러를 쓴 오 할레스비(Ole Hallesby)는, 의심이야말로 우리를 주님께로 이끄는 도구라고 말합니다. 믿음은 우리 힘으로 되는 것이 아니라 하나님의 선물이기 때문에, 하나님은 의심을 통해 우리를 십자가 앞에 계속 내려놓게 하심으로 주님께 완전히 굴복하게 하십니다. 그리고 마침내 우리를 구원으로 이끄십니다. 결국 정직한 의심은 나쁜 것이 아니라, 구원으로 가는 입구가 되는 것입니다.

기다려 주심

요한복음 20장 24-29절에서 예수님은 의심 많은 제자 도마를 책망하지 않고 기다려 주십니다. 마태복음 28장 16-17절은, 주님께서 부활하신 후 갈릴리에서 제자들을 모아 놓고 말씀할 때 아직도 의심하는 자가 있었다고 증언하고 있습니다. 또 오늘 본문 36-39절에서도 예수님께서는 부활을 의심하는 제자들에게 "나를 만져 보라"고 말씀하시며 그들을 다 품어 주시고 인내하십니다.

수많은 증거와 증인

미국이 존재한다는 것은, 우리가 직접 갔다 오지 않았더라도 이미 다녀온 많은 사람의 증언을 통해 알 수 있습니다. 이순신 장군을 한 번도 만나 보지는 못했지만 역사가 그분을 증명합니다. 예수 그리스도 역시 수없이 많은 증인과 역사적인 자료, 그리고 전 세계에서 가장 많이 판매된 책이 성경이라는 점이 그분을 증명합니다. 증인이 많을수록 그 사실의 진실성이 입증되는 것입니다. 부활의 증인은 수도 없이 많습니다. 사복음서와 사도행전, 고린도전서 15장에는 부활의 증인들의 목격담이 기록되어 있습니다. 수많은 목격자와 증인이 예수님의 부활의 진실성을 입증하고 있습니다.

어떤 인디언 할아버지가 손자에게 말했습니다. "사람의 마음에는 늑대가 두 마리 있단다. 한 마리는 믿음과 확신과 소망의 늑대고, 또 한 마리는 의심과 분노와 폭력의 늑대란다. 그런데 이 두 마리가 늘 싸운단다." 그럼 어느 늑대가 이기냐고 손사가 묻자, 할아버지는 먹이를 많이 주는 놈이 이긴다고 답해 주었습니다. 의심에 먹이를 주면 의심이 커지고, 믿음에 먹이를 주면 믿음이 커집니다. 더 의심하면 할수록 우리는 불행해집니다. 그러나 의심을 버리고 확신을 가지고 나아가는 사람은 반드시 하나님이 계신 것을 깨닫게 될 것입니다.

끝없는 의심

엊그제 장사 지낸 뒤 병사들이 무덤 문을 봉인하고 밤낮 지켰기 때문에 분명히 시신이 있어야 되는데, 예수님의 무덤이 비어 버렸습니다. 베드로를 비롯해 다른 제자들은 예수님의 무덤이 비어 있는 것을 직접 두 눈으로 확인까지 했습니다. 그러나 그들은 예수님의 부활을 믿지 못했습니다. 예수님이 생전에 복음을 전하시면서 자신의 죽음과 부활에 대해 그렇게 많이 말씀하셨는데도 예수님의 부활을 의심한 것입니다. 그럼에도 예수님은 친히 제자들 앞에 나타나 다시 살아나신 것을 보여주셨습니다.

예수님은 제자들의 의심과 두려움을 다 용납해 주셨습니다. 그리고 그들의 믿음을 위해 못 박힌 손과 창에 찔린 옆구리까지 보여주셨습니다. 하나님은 우리의 의심과 믿음 없음도 이해하시며 용납해 주십니다. 그리고 주님을 만져 보고 확신을 가질 때까지 인내하고 기다리십니다. 이 사실을 먼저 분명히 기억하시길 바랍니다. 그리고 지금의 의심과 불안이 속히 믿음과 확신으로 변화되기를 소망합니다.

미신을 좇는 사람

참 하나님을 예배하라
_출 20:4-6

    2010년 7월 9일 남아공 월드컵 결승전을 앞두고, 독일 오베르하우젠 수족관의 점쟁이 문어 파울이, 스페인 국기가 붙어 있는 상자의 홍합을 먹으며 우승을 예측해 크게 이야깃거리가 된 적이 있습니다. 가장 최근에 열렸던 2018 러시아 월드컵 때는 러시아 고양이, 영국 돼지, 홍콩 강아지 등이 파울의 아성에 도전장을 내밀기도 했습니다.

    2017년 말 기준으로 국내의 대표적인 무속인 단체(대한경신연합회)와 역술인 단체(한국역술인협회)의 회원은 각각 30만 명 정도며, 비회원까지 더하면 약 100만 명이나 된다고 합니다. 이 추산대로라면 인구 50명당 한 명꼴이니 정말 많은 인원입니다. 사람은 모두 종교성을 갖고 있습니다. 하나님께서 사람을 자신의 형상대로 지으셨기 때문입니다. 그래서 사람은 본능적으로 영원한 것을 의지하고 추구합니다.

미신과 기독교 신앙의 차이

    미신과 기독교 신앙에는 큰 차이가 있습니다. 미신을 따르는 데는,

인간이 돈이나 재주로 신을 달램으로 자신의 목적을 성취하려는 의도가 숨어 있습니다. 즉, 자신이 아닌 신을 변화시켜 자신에게 유리하게 만들려는 것입니다. 반면 기독교 신앙은 하나님을 변화시키려는 것이 아니라, 자신이 변화하는 것입니다.

하나님은 영이시니

십계명의 두 번째 계명은 '우상을 만들지 말라'는 명령입니다. 첫 번째 계명이 참 하나님과 가짜 하나님에 대한 것이라면, 둘째 계명은 올바른 예배와 잘못된 예배에 대한 것입니다. 이 계명들을 지키기 위해서는 하나님에 대한 바른 개념을 가지고 있어야 합니다.

오늘 본문은 분명히 말합니다. "너를 위하여 새긴 우상을 만들지 말고"(4절). 하나님을 어떤 형상으로도 만들지 말라는 것입니다. 하나님은 영이십니다(요 4:24). 이 세상 그 어떤 것도 보이지 않는 하나님, 영원히 죽지 않으시는 하나님, 영이신 하나님을 나타낼 수 없습니다. 이사야 40장 25절에서 하나님은 "너희가 나를 누구에게 비교하여 나를 그와 동등하게 하겠느냐"라고 물으십니다. 하나님의 형상을 만들어 내는 것은 불가능합니다.

그런데도 사람들은 영원성을 추구하는 본능 때문에 하나님을 형상화하려 합니다. 이는 엄청난 오류입니다(롬 1:22-23). 하나님을 형상화하는 것은 하나님을 인간화하는 동시에, 인간을 하나님처럼 만들게 되는 위험성이 있습니다. 우리는 영이신 하나님의 형상을 만들고 숭배하는 일을 결코 좇아서는 안 됩니다.

바른 예배의 중요성

나아가 살아계신 하나님과 바른 관계를 가져야 합니다. 성경은 하나님께 잘못된 방식으로 예배를 드림으로 자신도 벌을 받고 자녀들마저 잘못된 길로 가게 된 경우를 여러 차례 언급하고 있습니다. 웃시야 왕이 그 대표적 인물입니다. "그가 강성하여지매 그의 마음이 교만하여 악을 행하여 그의 하나님 여호와께 범죄하되 곧 여호와의 성전에 들어가서 향단에 분향하려 한지라"(대하 26:16). 분향은 오직 제사장만 할 수 있는데 웃시야는 자신이 직접 하려 했습니다. 결국 그는 죽는 날까지 나병환자로 살아야 했습니다. 웃시야의 범죄로 인한 결과는 여기서 멈추지 않았습니다. 그의 아들 요담은 훌륭한 청년이었지만 성전을 멀리 했습니다. 또 다른 아들 아하스는 우상을 섬겼고, 자식을 이방신에게 불태워 희생 제물로 드리는 끔찍한 죄를 저질렀습니다.

하나님께 드리는 예배의 중요성을 제대로 인식하지 못하면 그저 관념적인 예배를 드리기가 쉽습니다. 그러면 살아계신 하나님과 인격적인 관계를 맺지 못합니다. 그래서 바르게 예배드리는 것이 중요합니다.

천 대까지 은혜를

무속인을 찾아가 운세를 보고, 그가 한 말에 매여 두려움과 불안 속에 살거나, 그 말에 현실을 꿰맞추며 사는 사람의 말로는 행복하지 않습니다. 무속인들의 삶을 들여다보면 잘 알 수 있습니다. 반면 오늘 본문 6절에서 하나님은 말씀하십니다. "나를 사랑하고 내 계명을 지키는 자에게는 천 대까지 은혜를 베푸느니라." 하나님을 사랑하고 그 계명을 지키는 사람에게는 천 대까지 부어 주시는 은혜의 약속이 있습니다.

미신 타파 운동

집안 대대로 무속인이었던 심선미 성도는 스물한 살부터 26년간 무속인 생활을 하다가, 2016년 12월 하나님을 만났습니다. 세 번의 자살 시도와 하나뿐인 아들의 죽음, 쓸개 적출 수술과 이혼에 이르기까지 힘든 나날을 보내고 있었습니다.

그러던 어느 날 CTS방송에서 브라이언 목사의 "콜링갓"이라는 프로그램을 시청하다 전화연결을 통해 영접기도를 하고 주님을 만났습니다. 2019년도에는 오륜교회 다니엘기도회의 간증자로서 무속인들의 아픔과 고통을 소개했고, 자신이 어떻게 하나님을 예배하는 백성으로 돌아섰는지를 간증했습니다(2019.11.7, 17일차). 하나님은 강력한 콜링으로 미신을 좇던 한 사람을 사망에서 생명으로 인도하셨습니다.

우상과 미신을 좇는 것은 하나님께서 엄하게 금하신 일임을 기억하십시오. 하나님이 어떤 분이신지를 바르게 깨달아 올바른 예배를 통해 최고의 가치를 하나님께만 드리고 사시길 바랍니다.

교만한 사람

교만한 자의 최후

_단 8:8-27

인간은 누구나 교만하면 죄를 짓게 되고 결국 멸망하게 됩니다. 그러므로 늘 겸손하게 하나님의 은혜로 살아가는 것이 지혜입니다. 오늘 본문에는 이런 교만한 자의 특징이 기록되어 있습니다.

교만한 자

교만이 무엇입니까? 스스로를 높이는 것입니다. 오늘 본문 중 8-12절에서 주목해야 할 단어는 '스스로'입니다. 숫염소는 자기 스스로 강대해졌습니다(8절). 작은 뿔도 스스로 높아졌다고 말합니다(11절). 교만한 자의 특징은 이렇게 자신을 드러내고 높이는 것입니다.

또 스스로를 매우 중요하게 여기기 때문에, 자신이 원하는 것은 필요 이상으로 무엇이든 갖고 싶어 합니다. "너희 중에 싸움이 어디로부터 다툼이 어디로부터 나느냐 너희 지체 중에서 싸우는 정욕으로부터 나는 것이 아니냐 너희는 욕심을 내어도 얻지 못하여 살인하며 시기하여도 능히 취하지 못하므로 다투고 싸우는도다"(약 4:1-2). 과욕으로 다른 사람의 것을 탐내고 있다면 그것도 교만입니다.

교만이 지나치면 심지어 하나님의 권위에 도전하게 됩니다. 그러나 그 길은 멸망의 길입니다. 결국 하나님의 심판을 받게 됩니다. 교만의 배후 조종자가 사탄이기 때문입니다. 사탄은 우리가 단순히 스스로를 높이는 것을 넘어, 자신을 하나님의 자리에 놓도록 유혹합니다. 우리는 이러한 사탄의 유혹에 속지 말아야 합니다.

사울이 스스로 높아져 예수 믿는 사람들에게 갖은 횡포를 다 부리고 있을 때 하나님의 음성이 들려옵니다. "사울아 사울아 네가 어찌하여 나를 박해하느냐 하시거늘"(행 9:4). 교만함으로 하나님의 교회를 박해하고, 주의 일꾼에게 해를 가하는 것은 곧 예수님을 박해하는 것입니다.

그렇다면 교만한 자의 최후는 무엇입니까? 패망입니다. "교만은 패망의 선봉이요"(잠 16:18). 사람이든 국가든 교만함을 회개하지 않고 계속 그 힘을 자랑하면 결국 패망에 이르게 됩니다. 성경은 말합니다. "통치자들과 권세들을 무력화하여 드러내어 구경거리로 삼으시고"(골 2:15).

하나님을 기억하라

욥이 하나님의 시험을 받아 모든 것을 잃자 아내가 말합니다. "하나님을 욕하고 죽으라"(욥 2:9). 모든 재산과 사랑하는 자녀까지 잃은 여인의 분노 가득한 저주였습니다. 그러나 욥은 말합니다. "우리가 하나님께 복을 받았은즉 화도 받지 아니하겠느냐"(욥 2:10). 부부가 똑같이 자식과 재물을 잃었지만 욥은 하나님의 은혜를 기억했습니다. 그분 앞에서 겸손함을 잃지 않았습니다. 하나님께 감사할 줄 알았고, 그분을 기억하는 믿음을 보여주었습니다. "하나님을 잊어버린 너희여 이제 이를 생각하라 그렇지 아니하면 내가 너희를 찢으리니 건질 자 없으리라"(시 50:22). 하나님을 기억해야 교만하지 않습니다.

겸손히 낮아지라

분쟁을 일삼고 교만했던 고린도 교인들은 스스로 하나님 자리에 앉아 왕 노릇 하는 실수를 저질렀습니다. "너희가 이미 배부르며 이미 풍성하며 우리 없이도 왕이 되었도다"(고전 4:8). 그리스도의 겸손을 배우고 본받아야 할 성도가 교만해지면, 자신도 모르는 사이에 사탄의 종으로 변하는 것입니다. 그러므로 그리스도의 낮아지심을 본받아 겸손하기를 힘써야 합니다.

옛날 로마 시대에는 전쟁에서 승리하고 돌아오는 장군이 로마 시가지를 행진할 때면 노예를 시켜 행렬 뒤에서 큰 소리로 이런 말을 외치게 했다고 합니다. "메멘토 모리!"(Memento Mori) 라틴어로 '죽음을 기억하라'는 뜻입니다. 즉, '비록 오늘은 전쟁에서 승리했지만 너도 언젠가는 죽을 것이니 너무 우쭐대지 말고 겸손하게 행동하라'는 메시지가 담겨 있는 것입니다.

혹시 지금 스스로를 높이는 교만함에 빠져 있지는 않습니까? 우리를 교만케 하는 사탄의 거짓말에 속지 마십시오. 교만의 끝은 패망일 뿐입니다. 하나님의 은혜를 기억하고, 그리스도의 낮아지심과 겸손을 본받는 복된 인생이 되시길 바랍니다.

어떻게 믿어야 하는지 잘 모르겠다는 사람

주 예수를 믿으라
_행 16:27-34

하나님과 신앙생활에 대한 관심은 있지만, 교회 다니는 사람들이 싫거나 예수 믿는 사람 때문에 시험에 들면 교회로 발걸음하기가 어렵습니다. 그런 경우 어떻게 예수님을 믿어야 하는지, 어떻게 구원받을 수 있는지 궁금할 수 있습니다. 오늘 본문에 등장하는 간수도 이유는 다르지만 비슷한 고민을 한 것 같습니다.

어떻게 해야 구원을 받으리이까

바울 일행은 2차 선교여행 중 빌립보에서 복음을 전하다 억울하게 감옥에 갇히게 되었습니다. 그런데 한밤중에 그들이 기도와 찬양을 드리고 있을 때, 갑자기 큰 지진이 일어나 옥터가 움직이고 감옥 문이 다 열리며 모든 사람의 매인 것이 다 벗어지는 놀라운 일이 일어났습니다. 이를 본 간수가 죄수들이 다 도망한 줄 알고 칼을 빼 자결하려 하자 바울이 다급히 그를 막았습니다. 간수가 무서워 떨며 바울과 실라 앞에 엎드렸습니다. 그리고는 "선생들이여 내가 어떻게 하여야 구원을 받으리이까"(30절) 하고 물었습니다. 간수는 자신이 무언가를 해야 구원을 받는 줄로 생각했던 것입니다. 구원받으려면 무언가를 해야 한다는 것이 간수가 믿고 있는 방법이었습니다.

하나님이 하신다

사실 이런 생각을 갖고 있는 사람은 이 간수만이 아닙니다. 지금도 많은 사람이 하나님이 하시는 일도, 구원의 길도 잘 알지 못합니다. 큰 지진이 나게 하신 분이 누구입니까? 옥터가 움직이게 하신 분이 누구입니까? 옥문이 다 열리게 하신 분이 누구입니까? 모든 사람의 매인 것이 다 벗어지게 하신 분이 누구입니까? 구원자가 누구입니까? 모든 것은 하나님이 하십니다. 그분을 믿고 따라가는 것이 구원이며 신앙입니다.

이 세상의 모든 종교가 인간의 구원을 말합니다. 그런데 구원의 방법은 제각기 다릅니다. 이는 크게 세 가지로 구분해 볼 수 있습니다. 첫째는 자격 구원입니다. 인간 스스로 구원을 이룰 수 있다는 주장입니다. 둘째는 협력 구원입니다. 신의 은혜와 인간의 노력이 병행될 때 구원받을 수 있다는 것입니다. 셋째는 타락 구원입니다. 오직 하나님의 은혜로만 구원이 가능하다는 주장입니다.

오직 하나님의 은혜로

그렇다면 성경은 무엇이라고 말합니까? "너희는 그 은혜에 의하여 믿음으로 말미암아 구원을 받았으니 이것은 너희에게서 난 것이 아니요 하나님의 선물이라 행위에서 난 것이 아니니 이는 누구든지 자랑하지 못하게 함이라"(엡 2:8-9). 오직 하나님의 은혜로만 구원받을 수 있다고 말합니다. "다른 이로써는 구원을 받을 수 없나니 천하 사람 중에 구원을 받을 만한 다른 이름을 우리에게 주신 일이 없음이라 하였더라"(행 4:12). 오직 예수님만이 우리를 구원하실 수 있다는 것입니다.

하나님의 목적, 구원

계속해서 본문 31-32절은 이렇게 전합니다. "이르되 주 예수를 믿으라 그리하면 너와 네 집이 구원을 받으리라 하고 주의 말씀을 그 사람과 그 집에 있는 모든 사람에게 전하더라." 한마디로 복음, 즉 구원자이신 예수님의 십자가 죽으심과 부활을 전한 것입니다.

"하나님이 세상을 이처럼 사랑하사 독생자를 주셨으니 이는 그를 믿는 자마다 멸망하지 않고 영생을 얻게 하려 하심이라"(요 3:16). "영접하는 자 곧 그 이름을 믿는 자들에게는 하나님의 자녀가 되는 권세를 주셨으니"(요 1:12). 세상을 향한 하나님의 목적은 구원입니다. 하나님은 우리 자신은 물론 우리의 가족과 우리가 사랑하는 사람들까지 구원하고자 하십니다. 그러므로 우리가 먼저 예수님을 믿어 구원받고 나아가 다른 사람들까지 구원받게 해야 합니다.

어떻게 예수님을 믿어야 하는지 고민하는 우리에게 예수님께서 말씀하십니다. "내가 곧 길이요 진리요 생명이니"(요 14:6). 예수님만이 유일한 구원의 길임을 믿으면 됩니다. 우리가 할 수 있는 것은 아무것도 없습니다. 오직 하나님의 은혜로 주어진 구원의 선물을 믿음으로 받아 예수님을 따라가는 이 신앙의 길로 힘차게 발을 내디딜 수 있기를 바랍니다.

가정의 핍박이 두려운 사람
고통에는 뜻이 있다
_호 1:2-9

호세아는 우상숭배에 빠진 백성을 향해 음란을 버리고 하나님께 돌아오라고 선포하도록 부름 받은 선지자입니다. 그런데 하나님은 그 사역을 위해 음란한 아내를 취하고, 음란한 자식까지 낳으라고 호세아에게 말씀하십니다. 상식적으로 도저히 이해가 되지 않는 부분입니다. 그럼에도 그는 말씀에 순종합니다. 그래서 음란한 여인 고멜을 아내로 취해 음란한 자식을 낳았습니다.

고난받는 가정

왜 하나님은 호세아의 가정을 이렇게 비참하게 만드셨을까요? 최초의 가정을 세우신 하나님의 의도와 다르게 가정이 죄로 더럽혀지고 분노가 가득한 곳이 되어 버렸으니 얼마나 가슴 아픈 일입니까? 호세아는 개인적으로 아내와 자녀들 때문에 무척 마음 아팠을 것입니다. 예수님께서 우리의 죄를 대신해 십자가를 지고 가신 것처럼, 호세아도 백성의 음란의 죄를 대신 짊어지고 가는 것만 같습니다. 호세아 가정의 불행은 하나님 역사의 전주곡이었습니다. 또 호세아 가정의 운명은 하나님나라 역사의 거울과 같았습니다.

고난을 주시는 이유

그러나 성경은 그리스도인에 대해 이렇게 말합니다. "근심하는 자 같으나 항상 기뻐하고"(고후 6:10). 근심과 기쁨은 함께 있는 것입니다. 그리고 거기에는 모두 하나님의 뜻이 있습니다. 하나님은 이 세상의 고통과 아픔을 통해 우리에게 말씀하십니다. 현재의 고난은 장차 우리에게 나타날 영광과 비교할 수 없다고 하시면서(롬 8:18), 고통을 허락하신 것은 이 영광을 간절히 고대하게 하기 위함이라고 말씀하십니다.

아울러 육체적·물질적 고난은 우리가 얼마나 타락했는지를 깨닫게 하시기 위함이기도 합니다. 또 하나님이 얼마나 존귀하고 크신 분인지를 알게 하시기 위함이기도 합니다. 그래서 하박국 선지자처럼 고백하게 하시는 것입니다. "비록 무화과나무가 무성하지 못하며 포도나무에 열매가 없으며 감람나무에 소출이 없으며 밭에 먹을 것이 없으며 우리에 양이 없으며 외양간에 소가 없을지라도 나는 여호와로 말미암아 즐거워하며 나의 구원의 하나님으로 말미암아 기뻐하리로다"(3:17-18).

고통을 허락하시는 분은 하나님입니다. 예수님이 십자가에서 죽으신 것도 하나님이 허락하신 것입니다. 하나님이 우리에게 고통을 허락하시는 또 하나의 이유는, 예수님께 집중하게 하시기 위함입니다. 우리의 구원을 위해 십자가에서 죽으신 예수님을 바라보게 하시려는 것입니다. 그러므로 고통의 다른 이름은 하나님의 큰 사랑이며, 큰 은혜입니다. 하나님께서 호세아의 가정에 고난을 허락하신 것도, 음란하고 패역한 세대를 하나님 아버지 앞에 돌아오게 하기 위한 하나님의 사랑에서 기인한 것입니다. 그의 가정을 약 재료로 삼아(겔 47:12) 다른 사람들을 살리려 하신 것입니다.

믿는 자가 받는 핍박

하나님의 말씀대로 살고자 하는 자는 세상에서 고난을 당하기 마련입니다. 양심적으로 떳떳하게 믿고자 하는 사람은 세상의 핍박을 받을 수밖에 없습니다. 적당히 타협하며 믿으면 핍박받을 일이 없습니다. 예수님을 믿으면서도 제사를 지내는 사람에게는 핍박이 없습니다. 단호하게 거부하는 사람만 갖은 핍박을 받게 됩니다. 호세아 선지자 가정의 어려움도 말씀에 순종하다 벌어진 이해할 수 없는 사건들이었습니다. 우리의 잘못된 선택에 의한 것이든, 알 수 없는 이유로 인한 것이든, 거기에 하나님의 뜻이 있음을 믿는다면 고난까지 참고 견뎌야 합니다.

어거스틴은 "기독교인은 고난받지 않기를 기대해서는 안 된다. 만일 그들의 삶에 고난이 없다면 아직 그리스도인이 되지 못한 것이다"라고 말했습니다. 하나님을 믿는 것 때문에 살아가는 것이 어렵고 힘들어 믿음을 포기하고 싶습니까? 주님께서 우리를 위해 지신 십자가를 생각하십시오. 예수 믿는 것 때문에 핍박받는다면 그것은 영광스러운 것입니다. 예수 믿는 것 때문에 손해를 보았다면 그 손해는 반드시 하나님께서 채워 주실 것입니다. 예수님을 진실하게 믿는 것 때문에 받는 핍박이라면 얼마든지 받으십시오. 하나님께서 장차 그와 비교할 수 없는 영광이 나타나게 하실 것입니다.

하나님의 존재를 부인하는 사람
하나님이 계시다는 증거
_시 14:1-7

오늘 본문은 말합니다. "어리석은 자는 그의 마음에 이르기를 하나님이 없다 하는도다"(1절). 하나님이 없다고 말하는 것은 그가 어리석은 사람이라는 증거입니다. 엄청난 거짓말이기 때문입니다. 너무 큰 거짓말이라 진실처럼 여겨질 뿐입니다. 하나님의 존재를 부인하는 사람도 세상이 악하다는 데는 동의할 것입니다. 그러나 세상이 이처럼 악하게 된 것은 사람들이 하나님을 인정하지 않기 때문입니다.

죄로 인한 두려움

"여호와께서 하늘에서 인생을 굽어 살피사 지각이 있어 하나님을 찾는 자가 있는가 보려 하신즉 다 치우쳐 함께 더러운 자가 되고 선을 행하는 자가 없으니 하나도 없도다"(2-3절). 사람이 하나님의 존재를 부인하는 것은 죄 짓는 삶과 밀접하게 연관되어 있습니다. 즉, 본문 5절의 말씀처럼 두려움 때문입니다. "그러나 거기서 그들은 두려워하고 두려워하였으니." 마치 큰 잘못을 저지른 아이가 매 맞을 것이 두려워 아버지가 안

계시면 좋겠다고 생각하는 것과 같습니다. 사람들은 자신이 지은 죄에 대한 두려움에서 벗어나려고 무신론으로 숨어드는 것입니다.

하나님이 계신 곳

이 세상에서 가장 무서운 말은 하나님이 없다는 말입니다. 무슨 죄든 다 지어도 되기 때문입니다. 그러면 사람들이 묻습니다. '하나님이 어디 계시냐?' 성경은 답합니다. "하나님이 의인의 세대에 계심이로다"(5절). 하나님은 의인들과 함께 계신다는 것입니다. 의인들을 보면 하나님이 계심을 알 것이라는 뜻입니다. 그러면 의인이 어디 있습니까? 예수님을 믿는 사람들이 바로 의인입니다.

사람들이 하나님이 안 믿는 것은 하나님을 경험하지 못했기 때문입니다. 하나님이 존재하지 않거나, 숨어 계셔서가 아닙니다. 어린 시절에는 친구들이 하나님이 어디 있는지 보여 달라고 하면 교회에 계시다고 대답했습니다. 그러나 왕 같은 제사장이요, 거룩한 나라요, 하나님의 소유 된 백성으로 부름 받은 성도가 바로 교회입니다. 하나님이 성도 안에 계시니, 성도가 바로 하나님의 존재를 드러내야 하는 교회인 것입니다.

목욕탕과 같은 교회

교회는 마치 목욕탕과 같다고 할 수 있습니다. 목욕탕은 더러움을 씻는 곳입니다. 마찬가지로 교회는 성령의 생수로 죄를 씻는 곳입니다. 예수님은 죄인을 부르러 이 땅에 오셨다고 말씀하셨습니다. 교회에 모인 사람은 모두 죄와 상관이 있습니다. 어떤 사람은 이미 죄의 더러움을 다 씻은 반면, 어떤 사람은 아직도 더러움을 씻고 있는 중이며, 개중에는 심지어 옷도 벗지 않은 사람도 있습니다. 사람들이 하나님의 존재를 부인하는 것은, 그분을 따르는 사람들의 이러한 불완전한 모습에 실망했기 때문입니다. 그럼에도 진정한 그리스도인은 하나님의 자녀답게 살기 위해 노력한다는 사실을 볼 수 있어야 합니다.

하나님의 편지

예수 그리스도를 영접함으로 죄 사함 받고 성령으로 충만해지면 누구든 하나님을 믿을 수 있게 됩니다. 하나님은 결코 숨어 계시지 않는다는 것입니다. 또 아무도 하나님을 볼 수 없지만, 하나님은 예수님을 믿고 의로워진 그리스도인들을 통해 자신을 드러내길 원하십니다. 그러므로 그리스도인은 하나님의 편지입니다. "너희는 우리의 편지라 우리 마음에 썼고 뭇 사람이 알고 읽는 바라 너희는 우리로 말미암아 나타난 그리스도의 편지니 이는 먹으로 쓴 것이 아니요 오직 살아 계신 하나님의 영으로 쓴 것이며 또 돌판에 쓴 것이 아니요 오직 육의 마음판에 쓴 것이라"(고후 3:2-3).

하나님이 어디 있냐고 묻고 싶습니까? 그렇다면 그리스도인들을 보십시오. 하나님은 믿는 자들 안에 계십니다. 성경은 그리스도인들에게 이렇게 약속합니다. "내가 아버지께 구하겠으니 그가 또 다른 보혜사를 너희에게 주사 영원토록 너희와 함께 있게 하리니 그는 진리의 영이라 세상은 능히 그를 받지 못하나니 이는 그를 보지도 못하고 알지도 못함이라 그러나 너희는 그를 아나니 그는 너희와 함께 거하심이요 또 너희 속에 계시겠음이라"(요 14:16-17). 하나님의 편지인 그리스도인들을 통해 하나님의 존재를 발견하고, 함께 그 하나님을 섬길 수 있기를 간절히 바랍니다.

"오직 오늘이라 일컫는 동안에 매일 피차 권면하여
너희 중에 누구든지 죄의 유혹으로 완고하게 되지 않도록 하라"

_히 3:13

심방설교 110

초판 1쇄 발행   2020년 11월 13일
초판 2쇄 발행   2023년 06월 09일

지은이   정영교, 노지훈

펴낸이   곽성종
기획편집   방재경
디자인   윤지은

펴낸곳   (주)아가페출판사
등록   제21-754호(1995. 4. 12)
주소   (08806) 서울시 관악구 남부순환로 2082-33
전화   584-4835(본사) 522-5148(편집부)
팩스   586-3078(본사) 586-3088(편집부)
홈페이지   www.agape25.com
판권   ⓒ (주)아가페출판사 2020
ISBN   978-89-537-9635-5 (03230)

서지정보유통지원시스템 홈페이지(http://seoji.nl.go.kr)와
국가자료공동목록시스템(http://www.nl.go.kr/kolisnet)에서
이용하실 수 있습니다. (CIP 제어번호: CIP2020046311)

저작권법에 의하여 한국 내에서 보호받는 저작물이므로
무단전재와 복제를 금합니다.

아가페 출판사